COLECCIÓN "CAMINO DE SANTIDAD"

YO SOY IDENTIDAD Y ESENCIA

VICTOR M. ROMERO C.

Este libro, titulado "**YO SOY…IDENTIDAD Y ESENCIA**", está registrado ante la Oficina de Derechos de Autor de los Estados Unidos (U.S. Copyright Office) bajo el número de caso 1-15148058441.

Fecha de sumisión: 23 de Abril de 2026.
Registro en trámite ante la U.S. Copyright Office.
Tipo de obra: Literaria.

Este libro forma parte de la colección "**Camino de Santidad**", dedicada a la formación espiritual, restauración del alma y discernimiento profético en los tiempos finales.

Toda similitud con personas, lugares o eventos reales ha sido tratada con respeto y propósito espiritual.
La obra ha sido consagrada como instrumento de luz, enseñanza y llamado pastoral.

ISBN: 979-8-9937568-7-5
Diseño de cubierta y edición: Victor Manuel Romero Celis
Impreso en los Estados Unidos de América

Para contacto, colaboraciones o acceso a contenido adicional, escanee el código QR en la contraportada.

"He manifestado tu nombre a los hombres que del mundo me diste; tuyos eran, y me los diste, y han guardado tu palabra."

(Juan 17:6)

ÍNDICE GENERAL

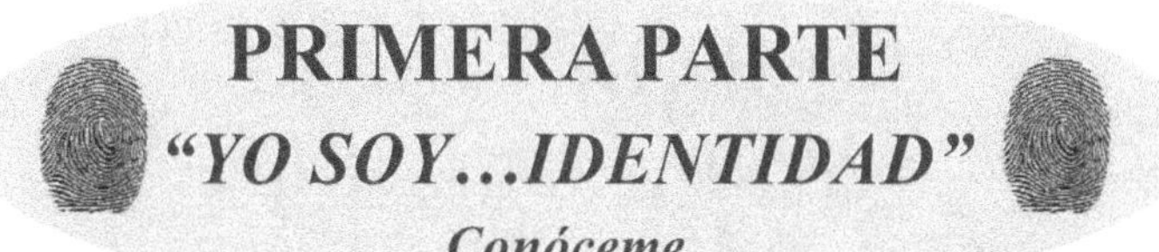

PRIMERA PARTE
"YO SOY...IDENTIDAD"
Conóceme

SEGUNDA PARTE

"YO SOY...ESENCIA"

Respírame

INTRODUCCIÓN

Yo Soy... Identidad y Esencia

Hay verdades que no se aprenden: se perciben.

Antes de que el ser humano piense, antes de que nombre, antes incluso de que entienda quién es, ya está respirando un mundo lleno de aromas. Aromas que revelan, que despiertan, que anuncian. Aromas que cuentan historias invisibles.

Porque toda esencia desprende un olor, y todo olor despierta una sensación, y toda sensación provoca una emoción, y toda emoción impulsa un comportamiento, y todo comportamiento revela un propósito.

Así funciona la vida, el alma y el espíritu... Y así funciona este libro.

Imagina una esencia pura, fragante, delicada. Una esencia que, por su naturaleza, solo puede ser envasada como perfume. Su identidad, la etiqueta, no la define: simplemente la describe. Su propósito es inevitable: aromatizar, embellecer, elevar.

Ahora imagina una esencia tóxica, corrosiva, mortal. No importa el frasco, ni el diseño, ni la intención humana de suavizarla: su propósito será el mismo.

La esencia determina la identidad...

La identidad revela el propósito...

El propósito manifiesta la verdad de la esencia...

Esta es la trilogía que sostiene la existencia. Esta es la arquitectura que recorre la Escritura. Y esta es la columna vertebral de este libro.

Este volumen forma parte de la colección "**Camino de Santidad**", un recorrido espiritual que explora la transformación del ser humano desde su origen hasta su destino. Y aunque puede leerse de manera independiente, su mensaje se enmarca dentro de un proceso mayor: la restauración del hombre hacia su diseño original.

Pero aquí no comenzamos con la caída… No comenzamos con el pecado… No comenzamos con la distorsión…

Comenzamos con el diseño… Con la pureza… Con la intención original… Con el modelo perfecto.

Por eso este libro inicia en el Edén: en el silencio antes del ruido, en la armonía antes del conflicto, en la esencia antes de la identidad, en la identidad antes del propósito, en el propósito antes de la historia humana.

LA ARQUITECTURA DEL LIBRO

Este libro está construido como un templo: dos partes, cuatro secciones, doce capítulos.

Una estructura simétrica que no busca rigidez, sino claridad; no busca encerrar el misterio, sino acompañar al lector en un recorrido ordenado hacia lo profundo.

La Primera Parte contempla la Identidad de Dios: Aquí miramos Su Nombre, Sus complementos, Su revelación progresiva y Su manifestación en la historia y en la vida humana.

La Segunda Parte contempla la Esencia de Dios: Aquí entramos en Su sustancia eterna, en aquello que Él es más allá de los nombres, más allá de las manifestaciones, más allá de la percepción humana.

El hombre aparece, sí, pero solo como espejo; como puente; como ventana.

El centro del libro es Dios...

Su identidad...

Su esencia...

Su propósito eterno...

LO QUE ESTE LIBRO NO INTENTA HACER

A lo largo de la historia, el hombre ha intentado comprender a Dios desde categorías que nunca fueron diseñadas para contenerlo.

Concilios, escuelas teológicas, sistemas filosóficos, debates académicos y hasta ciencias modernas han intentado definir a Dios como si fuera una sustancia física, una energía medible, un fenómeno observable o una estructura que pudiera diseccionarse con las herramientas de la materia.

El hombre quiso explicar a Dios desde la química, como si Su amor fuera reacción.

- Quiso explicarlo desde la física, como si Su gloria fuera energía.
- Quiso explicarlo desde la biología, como si Su vida fuera proceso.
- Quiso explicarlo desde la psicología, como si Su esencia fuera emoción.
- Quiso explicarlo desde la metafísica, como si Su eternidad fuera concepto.

Pero Dios no es materia. Dios no es átomo. Dios no es energía. Dios no es fenómeno. Dios no es emoción. Dios no es idea.

Dios es esencia.

Y la esencia no se estudia: se revela...

No se analiza: se contempla...

No se define: se recibe...

Por eso este libro no intenta encerrar a Dios en categorías humanas, ni traducir Su naturaleza a los límites del espacio, del tiempo o de la materia.

Este libro se basa en la revelación escrita, en lo que Dios dijo de Sí mismo, en lo que Él decidió mostrar, en lo que Su Nombre y Su Palabra han declarado desde la eternidad.

Porque una cosa es describir algo desde la tierra, y otra muy distinta es describirlo desde el cielo. Una cosa es hablar desde la materia, y otra es hablar desde la eternidad. Una cosa es mirar desde el tiempo, y otra es mirar desde Aquel que lo creó.

La esencia de Dios no puede comprenderse desde abajo... Solo puede comprenderse desde arriba.

Solo puede percibirse desde la perspectiva celestial, aun cuando se experimente en la tierra.

Solo puede entenderse desde la infinitud, aun cuando toque nuestra finitud.

Solo puede recibirse desde la eternidad, aun cuando ilumine nuestro tiempo.

Por eso este libro contempla dos temas centrales: la identidad de Dios y la esencia de Dios.

Todo lo demás es camino, reflejo, eco, sombra o puente.

UN VIAJE HACIA ADENTRO

Este libro es un viaje. Un viaje desde el aroma original hasta la fragancia eterna. Desde el Nombre revelado hasta la Esencia contemplada. Desde lo que Dios dijo de Sí mismo hasta lo que Él es en Su eternidad.

Y tú, lector, estás a punto de entrar en ese viaje.

Acércate…

Respira…

Huele la inspiración…

La esencia está a punto de hablar.

Victor Manuel Romero Celis

Primera Parte
YO SOY...
IDENTIDAD
Conóceme...

PRIMERA PARTE

- YO SOY...IDENTIDAD -

Conóceme

Hay momentos en los que el alma humana necesita detenerse, respirar hondo y volver a mirar aquello que siempre ha estado allí, pero que la costumbre ha vuelto invisible.

Esta primera parte del libro nace precisamente desde ese llamado: el llamado a volver a mirar a Dios no desde la distancia fría de los conceptos, sino desde la cercanía viva de Su identidad. Porque antes de hablar de Su esencia, antes de intentar comprender Su profundidad, antes de explorar Su misterio, necesitamos reconocer quién es Él, cómo se revela, cómo se nombra, cómo se deja conocer.

La Identidad es la puerta, el umbral, el primer resplandor que antecede al fuego. Por eso esta primera parte se divide en dos secciones que acompañan al lector en un movimiento natural, casi respiratorio.

La Sección I nos invita a contemplar el Nombre y los complementos que revelan la identidad de Dios, como quien observa un rostro por primera vez y descubre que cada rasgo tiene un significado, una historia, una intención.

La Sección II, en cambio, nos conduce hacia la revelación progresiva y experiencial de esa identidad, no como un concepto estático, sino como una presencia que se despliega en la historia, en la humanidad y en la vida personal.

Así, esta primera parte es un viaje hacia el reconocimiento. Un viaje que comienza con el Nombre y termina con la experiencia. Un viaje que nos susurra, con paciencia y con ternura: **CONOCEME.**

Sección
I
Yo Soy...El que Soy
IDENTIDAD
DIOS DE ABRAHAM
ETERNO
NUNCA FALLA
NUNCA PIERDE
TODOPODEROSO
INIGUALABLE
DIOS DE ISAAC
AMOR
El Nombre y Los Complementos
...Que Revelan Su Identidad

SECCION I

YO SOY… EL QUE SOY

El Nombre y los Complementos que Revelan Su Identidad

Toda identidad comienza con un nombre, y todo nombre verdadero es más que un sonido: es una declaración, un gesto, una revelación.

En esta **primera sección** nos acercamos al Nombre con el que Dios decidió presentarse ante el hombre, no como un título impuesto, sino como una expresión de Su propio ser.

Aquí el lector es invitado a caminar despacio, a dejar que cada palabra se asiente, a permitir que el Nombre "YO SOY… EL QUE SOY" abra un espacio interior donde la identidad divina pueda ser contemplada sin prisa.

Esta sección se despliega en tres capítulos que forman un arco natural:

El Capítulo 1, nos introduce en la identidad de Dios manifestada en Su Nombre, como quien escucha por primera vez la voz que define todas las voces.

El Capítulo 2, nos conduce hacia los complementos de existencia, relación y función, esos matices que amplían el Nombre y lo llenan de profundidad, mostrando que Dios no es un concepto aislado, sino un ser que se relaciona, que actúa, que sostiene.

Finalmente, el Capítulo 3, nos invita a mirar cómo esa identidad se manifestó en la historia bíblica, la cual es organizada en tablas, para que el lector pueda tener una mejor visualización.

Esta sección es un acto de contemplación. Un espacio donde el lector aprende a escuchar el Nombre, a reconocerlo, a dejar que lo nombre a él también.

Capítulo 1
LA IDENTIDAD DE DIOS
Manifestada en Su Nombre

"Y respondió Dios a Moisés: YO SOY EL QUE SOY. Y dijo: Así dirás a los hijos de Israel: YO SOY me envió a vosotros."
(Éxodo 3:14)

Cuando la Identidad es revelada en el nombre...

Todas las naciones alrededor del mundo necesitan identificar a sus ciudadanos, y la mayoría lo hacen por medio de documentos de identidad (ID).

Y esa identificación sirve para asegurarse quien pertenece a esa nación y por consiguiente saber quién tiene derechos para recibir ciertos beneficios de esa nación, como también saber quién tiene la obligación de cumplir ciertas responsabilidades para con la nación.

La identificación de una persona no es simplemente un instrumento de clasificación ni mucho menos uno para etiquetar personas.

La identificación es un instrumento necesario que identifica a aquel que tiene derechos y responsabilidades.

Estas identificaciones, en términos generales, poseen elementos únicos que sirven para diferenciar los diferentes ciudadanos de una nación:

- ✓ Nombre asignado
- ✓ Imagen, foto de rostro
- ✓ Huella dactilar
- ✓ Fecha de nacimiento
- ✓ Lugar de nacimiento
- ✓ Estatura
- ✓ Numero asignado por la nación.

Cada uno de estos elementos vienen a ser un algoritmo, en donde, su combinación se convierte en una identidad única, improbable a que se repita de una persona a otra con exactitud en todos sus elementos.

- ➢ El nombre, dato no único, escogido por los padres.
- ➢ Fotografía, dato único, La Imagen actualizada del rostro.
- ➢ La huella dactilar, elemento único en cada persona.
- ➢ La fecha de nacimiento, dato no único.
- ➢ El lugar de nacimiento, dato no único.
- ➢ La estatura, dato no único.
- ➢ Y, por último, el numero único o código único de identificación asignado por el gobierno de dicha nación.

Con esos datos, un gobierno declara:

“Este eres tú… Así te reconozco… Así te distingo de los demás.”

Ahora, siguiendo esto, podemos ver que todos los elementos que componen la identificación de una persona no necesariamente reflejan la totalidad de los elementos que componen la identidad de una persona.

Existen varios elementos de la identidad de una persona que no están en sus identificaciones, entonces, yo podría entender, que la identidad de una persona es revelada o mostrada en diferentes escenarios y si me permito, investigar esos escenarios en donde esa persona se desenvuelve, entonces podre completar la identidad de esa persona.

EJEMPLO:

Ilustremos esto con un ejemplo para abrirnos un canal de aprendizaje…

Ernesto, es un joven de 30 años, nacido en Francia. Y posee una identificación con los siguientes datos:

- **Nombre y Apellido**: Ernesto Rocha
- **Fotografía**: imagen de su rostro
- **Fecha y Lugar de Nacimiento**: 30/5/1977, Rodez, Francia
- **Número de Identificación**: S7HI8RLE3EY
- Etc.

Esta persona, Ernesto, será identificado por el gobierno de Francia con esos datos, contenidos en una base de datos donde se puede corroborar la autenticidad de ellos.

Sin embargo, yo, amigo de Ernesto, quizás no conozca su número de identificación, o quizás ni conozca su apellido, pero… sí sé que Ernesto:

✓ Es Ingeniero

✓ Juega Voleibol

- ✓ Le gusta comer pizza
- ✓ Tiene un noviazgo con Julieta
- ✓ Tiene los ojos verdes
- ✓ Etc.

Ernesto trabaja en una empresa de transporte, y sus compañeros de trabajo también es posible que conozcan algunos elementos de la identidad de Ernesto que ni el gobierno, ni yo conozcamos, por ejemplo.

Ernesto es conocido en su trabajo como alguien que es puntual, dedicado, meticuloso, respetuoso, etc.

Entonces, el gobierno, yo y los compañeros de trabajo de Ernesto, poseen un conocimiento de quien es Ernesto, y entre más me acerque a su vida y su rutina, tendré un mayor conocimiento de quien es el.

Ahora veamos otro asunto, aun cuando hay cosas que identifican a Ernesto solo en determinado entorno, solo hay un elemento que coincidirá como un elemento esencial en cualquier entorno, y esto es …. Su nombre.

El nombre de la persona en combinación a algún elemento de identidad de la persona permitirá identificar QUIEN ES EL QUE ES, sin ningún margen de error.

Para el gobierno francés: Ernesto Rocha número de identificación S7HI8R4L3EY

Para mí: Ernesto, mi amigo con quien juego voleibol

Para la Empresa: Ernesto, el Ingeniero, quien es puntual, meticuloso y respetuoso.

De esta manera, podemos comprender que la IDENTIDAD de un individuo, no solo es un nombre, no es solo lo que hace, sino que son varios aspectos que revelan el todo.

IDENTIDAD PRIMARIA

Pero, en el principio, la identidad humana no comenzó en una oficina gubernamental…

…comenzó en el aliento de Dios.

Antes de que existieran pasaportes, documentos, huellas o fotografías, ya existía una identidad más profunda, más antigua y verdadera:

Existía la identidad que nace de la esencia divina.

Pero, para entender la identidad del hombre, debemos discernir su esencia… y para discernir la esencia del hombre debemos conocer la esencia de Dios que fue soplada en el hombre… pero como estamos incapacitados para ver la esencia de Dios, debemos discernir la esencia de Dios por medio de Su Identidad Revelada a lo largo de la historia.

Conociendo la Identidad de Dios… Podemos Discernir Su Esencia.

Discernir la Esencia de Dios, ya es una evidencia de una relación con El.

Porque la esencia es el aroma interno… pero la identidad es el rostro visible.

La esencia es lo que eres en secreto… pero la identidad es lo que otros perciben.

La esencia es raíz… la identidad es fruto.

Y cuando Dios reveló Su Nombre diciendo "YO SOY" ...

¿qué identidad manifiesta su Nombre?

¿Qué más deseaba Dios que conociéramos desde su Nombre?

Este capítulo es un viaje hacia ese reconocimiento: cómo Dios se revela en su nombre, y cómo el nombre, se convierte en una ventana hacia la identidad.

EL NOMBRE DE DIOS... *YO SOY*

"Dijo Moisés a Dios: He aquí que llego yo a los hijos de Israel, y les digo: El Dios de vuestros padres me ha enviado a vosotros. Si ellos me preguntaren: ¿Cuál es su nombre?, ¿qué les responderé? Y respondió Dios a Moisés: YO SOY EL QUE SOY. Y dijo: Así dirás a los hijos de Israel: YO SOY me envió a vosotros."
(Éxodo 3:13-14)

Cuando Moises se encuentra con Dios en el monte Horeb (Sinai), recibe una gran asignación, que ponía su vida en riesgo. Y además de aquella asignación, Moisés debía liderar a un pueblo. Un pueblo que estaba sufriendo, y en esa condición no estaban de buen ánimo como para soportar el liderazgo de alguien desconocido y recién aparecido.

Y esta situación sumada a otros factores, impulsaron a Moises a preguntarle a Dios cuál era Su nombre. Para que entonces Moises pudiera decirle al pueblo hebreo... ".... ME ENVIO".

Y aquel nombre revelado serviría para identificar al que lo enviaba delante de aquel pueblo, y, en otras palabras, sería un puente, sería el documento que ratificaba la asignación que Moises había recibido.

De esta manera, el nombre revelaba la identidad. Y aun cuando el libro de éxodo comienza con la identidad de Moises, el libro de Genesis comienza con la Identidad de Dios.

La identidad no comienza en el hombre. Comienza en Dios. Antes de que el hombre pudiera pronunciar un "yo soy", ya existía un YO SOY eterno, pronunciado desde la eternidad.

La identidad divina:

- ✓ no es aprendida
- ✓ no es otorgada
- ✓ no es construida

La identidad divina:

- ❖ Existe por sí misma.
- ❖ No depende de nada ni de nadie.
- ❖ No necesita validación, referencia ni comparación.

Por eso, cuando Moisés preguntó por el Nombre de Dios, Dios no respondió con un título, ni con una función, ni con una descripción.

Respondió con una frase que es más que un nombre…

Una frase que es una revelación ontológica.

EL NOMBRE… *COMO REVELACIÓN DE IDENTIDAD*

Si estudiamos el nombre de Dios revelado a Moises, en el idioma original con que se escribió la biblia (Hebreo), tenemos que…

Dios dijo:

אֶהְיֶה אֲשֶׁר אֶהְיֶה
Ehyeh Asher Ehyeh

"Yo Soy el que Soy / Seré el que Seré."
(Éxodo 3:14)

La palabra Ehyeh (אֶהְיֶה) proviene del verbo hebreo hayah (היה), que significa:

- ser
- existir
- acontecer
- manifestarse

Pero en hebreo, el tiempo verbal no funciona como en español.

Ehyeh no es solo presente. Tampoco es solo futuro.

Es un estado continuo de existencia.

Dios no dice individualmente:

"Yo fui."

"Yo soy."

"Yo seré."

Dios dice algo que abarca los tres tiempos a la vez:

"Yo existo. Yo permanezco. Yo soy."

Es la identidad de una esencia en estado puro.

Es la identidad de una esencia sin tiempo.

Es la identidad de una esencia sin límites.

Es la Identidad de una esencia sin cambio.

El Nombre de Dios no es una etiqueta. Es esencia pronunciada. Es identidad revelada.

Su nombre nos lleva a su esencia ilimitada, a su eternidad, a su vida, a su pureza.

Mientras la flor se marchita dando su aroma en el tiempo de vida, el aroma del Creador destila para siempre.

EL TETRAGRÁMATON... *(יהוה — YHWH)*

A través de muchos años...

Después de decir Ehyeh, Dios revela Su Nombre en tercera persona:

יהוה — YHWH

"El que es."

Mientras Ehyeh significa "Yo Soy", YHWH significa "Él Es".

Ambos provienen de la misma raíz hebrea: HYH / HWH (היה / הוה) — ser, existir.

Pero YHWH tiene un misterio adicional: no tiene vocales. No tiene sonido fijo. No tiene pronunciación definitiva.

¿Por qué?

Porque la identidad divina no puede ser encerrada en un sonido humano.

No puede ser domesticada por un idioma.

No puede ser reducida a una sílaba.

Muchos estudiosos han observado que YHWH suena como inhalar y exhalar.

Como si el Nombre de Dios fuera el sonido de la vida misma.

Es como si El Nombre que no se pronunciaba… era el Nombre que todos respiraban.

YHWH es:

- El que es.
- El que existe.
- El que permanece.
- El que sostiene.
- El que no cambia.
- El que es vida en sí mismo.

La Identidad Divina es existencia absoluta.

Y aquí ocurre algo hermoso, en las escrituras podemos ver que el hombre fue formado por un soplo. Ahora descubrimos que ese soplo llevaba dentro el Nombre.

- El hombre respira porque Dios es.
- El hombre vive porque Dios es.

- El hombre existe porque Dios es.

Todo hombre cuando quiera identificarse, aun sin saberlo, estará pronunciando el nombre de Dios.

Si alguien nos preguntara: ¿Quiénes somos?

Inevitablemente todos responderán:

- ✓ YO SOY.... Carlos, María, etc. (un nombre)

Cuando decimos con nuestros labios YO SOY......antes de pronunciar nuestro nombre de identidad, estamos pronunciando el nombre de Dios.

Y esto ocurre en la mayoría de los idiomas...

YO SOY... "nombre"

I AM... "name"

EU SOU... "nome"

JE SUIS... "nom"

De esta forma, más allá del nombre, adjetivo, función o propósito que las personas usen para identificarte en cualquier parte del mundo, estarán pronunciando el nombre de Dios con sus labios.

Todo hombre lleva el nombre de Dios plasmado en su interior.

¿EL NOMBRE SE PRONUNCIÓ... *O SE REVELÓ?*

Cuando Moisés se encontró con Dios en el monte Horeb, no solo recibió una asignación; recibió una revelación.

Una revelación tan profunda que no podía ser reducida a un sonido humano.

Y aquí surge una pregunta que atraviesa los siglos:

¿Dios pronunció Su Nombre... o lo mostró?

El texto bíblico no dice que Dios haya pronunciado las cuatro letras del Tetragrámaton.

No dice que Moisés escuchó "YHWH".

No dice que el Nombre fue articulado en el aire.

Solo dice que Dios reveló Su Nombre.

El verbo original usado en hebreo que después fue traducido como "decir, dijo," es la palabra #559 (amar אָמַר) Y puede significar señalar, publicar, recitar, cantar, contar, etc

Y si el Nombre no fue pronunciado, sino visto, entonces el Nombre pertenece a otra dimensión. Una dimensión donde la identidad no se expresa por sonido, sino por esencia. Una dimensión donde el Nombre no vibra en el aire, sino en el ser.

- Quizás Moisés no escuchó un sonido… quizás vio un Nombre.
- Quizás el Nombre no descendió como palabra, sino como visión.
- Quizás el Nombre no fue oído, sino comprendido.

Si el Nombre no puede pronunciarse, entonces no puede encerrarse en el tiempo.

Si no puede pronunciarse, entonces no puede pertenecer a la materia.

Si no puede pronunciarse, entonces no puede ser reducido a un idioma.

El Nombre de Dios no es un sonido... El Nombre de Dios es una identidad.

Y si el hombre no puede pronunciar el Nombre, ¿cómo podrá conocer al que lo lleva?

¿Cómo podrá discernir Su esencia?

¿Cómo podrá comprender Su identidad?

La respuesta no vino en el Sinaí... La respuesta vino siglos después, cuando la Palabra eterna se hizo carne.

- Porque si el Nombre no podía pronunciarse... entonces el Nombre debía encarnarse.
- Si el Nombre no podía sonar... entonces el Nombre debía caminar.
- Si el Nombre no podía ser dicho... entonces el Nombre debía ser visto.

Jesús no vino para reemplazar el Nombre.

- ✓ Vino para revelarlo.
- ✓ Vino para mostrar al Padre.
- ✓ Vino para expresar lo que no podía pronunciarse.
- ✓ Vino para ser la imagen visible del Dios invisible.
- ✓ Vino para que el hombre pudiera conocer al que existe desde la eternidad.

Así como las cuatro letras del Tetragrámaton revelaban la identidad divina en forma escrita, los cuatro evangelios revelan la identidad divina en forma viviente.

- Cuatro letras…
- cuatro testigos…
- cuatro perspectivas…
- cuatro ventanas hacia el mismo Nombre.

No son el Nombre…

No son Dios…

Pero revelan al que es…

Así como la visión del Nombre no era Dios, sino la revelación de Su identidad, Jesús no es el Padre, pero es la revelación perfecta del Padre.

- La Palabra hecha carne.
- El Nombre hecho vida.
- La identidad eterna caminando entre los hombres.

El Nombre que no podía pronunciarse… se hizo audible en Su voz.

El Nombre que no podía escribirse… se hizo visible en Su rostro.

El Nombre que no podía comprenderse… se hizo cercano en Su humanidad.

Y así, el misterio del Sinaí encuentra su eco en los evangelios:

el Dios que dijo "YO SOY" en la zarza…

… dijo "YO SOY" caminando entre nosotros.

COMPLEMENTOS AL NOMBRE... *DE DIOS*

"Además dijo Dios a Moisés: Así dirás a los hijos de Israel: Jehová, el Dios de vuestros padres, el Dios de Abraham, Dios de Isaac y Dios de Jacob, me ha enviado a vosotros."
(Éxodo 3:15)

Cuando Dios revela su nombre a Moises, cuando este se lo pregunto, Dios le añadió tres frases más:

... el Dios de vuestros padres, el Dios de Abraham, Dios de Isaac y Dios de Jacob...

Entonces, en esa situación en particular, Dios se identifica no solo con su nombre, sino que se identifica en su relación con los padres del pueblo hebreo (pueblo que inicia en Abram).

Es como si alguien te pregunte quién eres tú...y tú le respondas: Yo soy Carlos, el esposo de maría y el padre de Juan y Patricia.

Y en este sentido, la identidad puede ir acompañada no solo con un nombre, sino con un complemento relacional, existencial, funcional, etc.

Veamos cómo podemos ilustrar esto...

Una mujer puede identificarse de la siguiente manera:

Yo soy Patricia, soy la madre de Carlos, la que tiene los ojos azules... soy la alcaldesa de la ciudad.

Nombre: Patricia

Complemento relacional: Madre de Carlos

Complemento existencial: Ojos azules

Complemento funcional: Alcaldesa de la Ciudad

De esta manera, el nombre de Dios es uno solo… y su nombre refleja su identidad. Pero también, existen complementos relacionales, existenciales y funcionales, con que Dios se identifica a sí mismo, para expresar o resaltar un aspecto de su identidad, y por consiguiente un aspecto de su esencia.

Porque en toda identidad… hay una esencia que destila su aroma

LA IDENTIDAD DE DIOS… *NOMBRE Y COMPLEMENTOS*

Ahora, la identidad puede ser revelada o expresada desde dos perspectivas:

- La perspectiva de aquel que es lo que es
- La perspectiva de quien se relaciona con el que es lo que es

Hagamos otra ilustración, para visualizar esto.

Una mujer que se identifica así misma con el nombre de maría… Yo la conozco, y comparto con ella en una conversación jovial y armoniosa, y días después doy referencia de ella, pudiendo decir que conocí a una mujer llamada María que es muy culta y agradable. Al pasar los días aquella persona que escucho mis referencias de María me va a hacer un comentario de esa María, y seguramente me dirá: …. ¿Recuerdas a María la mujer culta y agradable?

Así tenemos lo siguiente:

- María: La identidad mostrada en un nombre por la misma persona quien es.

- La mujer culta y agradable: La identidad mostrada en un complemento relacional experimentado por otra persona.

Esto ocurre con el nombre de Dios y los diferentes complementos que revelan su identidad, algunos revelado por Dios mismo, otros expresado por otros.

Y esto es lo que desarrollaremos en el siguiente capitulo.

Capítulo 2
LA IDENTIDAD DE DIOS
Complementos de Existencia, Relación y Función

"Además dijo Dios a Moisés: Así dirás a los hijos de Israel: Jehová, el Dios de vuestros padres, el Dios de Abraham, Dios de Isaac y Dios de Jacob, me ha enviado a vosotros. Este es mi nombre para siempre; con él se me recordará por todos los siglos."
(Éxodo 3:15)

Cuando Dios pronunció Su Nombre ante Moisés, no lo dejó suspendido en el aire como una palabra aislada. Lo acompañó con una frase que ancla Su identidad en la historia:

"El Dios de Abraham, de Isaac y de Jacob."

Es decir:

El Nombre no viaja solo...

El Nombre se encarna en relaciones...

El Nombre se reconoce en la historia.

Desde ese momento, la identidad divina comenzó a desplegarse en la experiencia del pueblo hebreo. Cada generación, cada patriarca, cada profeta, cada salmista, cada juez, cada rey... todos ellos vieron un matiz distinto del Dios que "ES".

Y cada vez que uno de ellos tuvo un encuentro con Él, surgió un complemento, una expresión, un título, una descripción que revelaba un aspecto de Su identidad.

No era un nombre nuevo. Era una ventana nueva hacia el mismo Nombre.

Así, a lo largo de las Escrituras Hebreas, Dios se deja conocer:

- ✓ como Padre de una nación
- ✓ como Guía en el desierto
- ✓ como Guerrero en batalla
- ✓ como Pastor en tiempos de confusión
- ✓ como Roca en tiempos de inestabilidad
- ✓ como Fuego, Paz, Justicia, Misericordia, Vida, Gloria, Escudo, Redentor

Cada uno de estos complementos no cambia Su Nombre... pero revela Su identidad.

¿POR QUÉ UNA TABLA?

Porque la revelación de la identidad divina en las Escrituras Hebreas no es lineal.

- ❖ Es progresiva.
- ❖ Es experiencial.
- ❖ Es multiforme.

Las tablas que presentaremos en este y los próximos capítulos tienen tres propósitos:

1. Organizar la revelación: Cada identidad revelada aparece en un contexto distinto: patriarcal, profético, poético, narrativo, colectivo.

La tabla permite ver el mapa completo.

2. Mostrar los complementos del Nombre: El Nombre es uno: YHWH. Pero los complementos son muchos, y cada uno ilumina un aspecto de Su ser.

La tabla permite ver los matices.

3. Comprender la identidad para discernir la esencia: La identidad es el rostro visible. La esencia es el aroma interno.

La tabla te entrega factores para discernir.

Al observar cómo Dios se identifica a lo largo de la historia, podemos comenzar a discernir quién es Él en Su ser más profundo.

Este es el objetivo central de esta Primera Parte del libro: comprender la identidad divina para poder entrar en la esencia divina.

¿Qué veremos en este capítulo?

En las páginas que siguen, recorreremos las Escrituras Hebreas para escuchar:

- cómo Dios se nombra a Sí mismo
- cómo los patriarcas lo reconocen
- cómo los profetas lo describen
- cómo los salmistas lo cantan
- cómo Israel lo confiesa como nación

Cada una de estas voces aporta un complemento. Y cada complemento aporta un destello de Su identidad.

Al final, la tabla completa nos permitirá ver la identidad de Dios en su revelación histórica, como un mosaico que, pieza por pieza, revela el rostro del "YO SOY".

CÓMO LEER ESTA REVELACIÓN

(Metodología para comprender las tablas de la Identidad Divina)

La identidad de Dios, tal como se despliega en las Escrituras Hebreas, no aparece en un solo momento ni en una sola voz.

Es una revelación que avanza como un río: a veces suave, a veces torrencial, pero siempre constante.

Cada generación, cada encuentro, cada profeta, cada patriarca y cada salmista aporta un matiz distinto del Dios que "ES".

Para organizar esta revelación utilizaremos tablas, no para reducir el misterio, sino para ordenar la belleza y permitir que el lector vea el mapa completo.

Cada tabla tendrá cinco columnas, y cada columna cumple un propósito específico.

1. EL NOMBRE DE DIOS. (El Único Nombre… y los Títulos que no son Nombre)

En las Escrituras Hebreas, Dios tiene un solo Nombre propio:
YHWH.

Ese es Su Nombre personal, eterno, inmutable.

Todo lo demás —Elohim, El Shaddai, Adonai, El Elyon, El Olam— no son nombres, sino títulos, categorías o descripciones que revelan aspectos de Su identidad, pero no sustituyen Su Nombre.

Elohim es un sustantivo masculino plural. No identifica a nadie por sí mismo. Puede referirse a Dios, a dioses, a ángeles, a jueces o incluso a ídolos.

Por eso, cada vez que aparece en la Escritura, necesita un complemento para especificar identidad:

- ✓ Elohim de Israel
- ✓ Elohim de Abraham
- ✓ Elohim viviente

Sin complemento, Elohim no dice quién es. Solo indica una categoría espiritual.

El Shaddai tampoco es un nombre. Es un título que describe lo que Dios hace: el Todopoderoso, el Suficiente, el que nutre y sostiene.

Adonai significa “Mi Señor”. Es un título de autoridad, no un nombre personal. Israel lo usaba para evitar pronunciar YHWH.

Por eso, cuando encontramos expresiones como:

- ➢ YHWH Rapha
- ➢ YHWH Jireh

- YHWH Nissi

- YHWH Shalom

No estamos frente a nuevos nombres. Estamos frente a complementos que revelan un aspecto de Su identidad.

-En "YHWH Rapha":

- ✓ El Nombre es YHWH.

- ✓ El complemento es Rapha.

Y Rapha es un complemento funcional-relacional, porque expresa una acción (sanar) dentro de una relación (sanar a Su pueblo).

-En "El Roi", Agar no recibió un nombre… Ella describió una experiencia:

"Tú eres el Dios que me ve."

- "El" es un título genérico.

- "Roi" es la percepción de una acción divina.

No es un nombre. Es una interpretación humana de un encuentro.

Así ocurre con muchos otros títulos y expresiones… No cambian el Nombre… No añaden nombres nuevos.

Solo abren ventanas hacia la identidad del Dios que "ES".

El Nombre es el punto de partida. Los complementos son las ventanas que se abren alrededor de Él.

2. EL COMPLEMENTO. Es la frase que acompaña al Nombre y revela un aspecto particular de Su identidad.

Ejemplos:

- Dios de Abraham
- Mi Pastor
- Roca mía
- Escudo de Israel
- Fuego consumidor

El complemento es la forma en que Dios permite que Su identidad sea percibida, experimentada y nombrada en la historia.

3. TIPO DE COMPLEMENTO. Cada complemento revela un ángulo distinto de la identidad divina.

Por eso los clasificamos en tres categorías principales:

A. Existencial: Describe lo que Dios ES en Su naturaleza. Ejemplos:

- ❖ Dios es santo
- ❖ Dios es luz
- ❖ Dios es vida

Revela Su ser, Su esencia eterna.

B. Relacional: Describe cómo Dios se vincula con alguien. Ejemplos:

- ❖ Dios de Abraham
- ❖ Mi Pastor

- ❖ Tu Escudo

Revela Su cercanía, Su pacto, Su vínculo personal o colectivo.

C. Funcional. Describe lo que Dios hace, Su acción en la historia. Ejemplos:

- ❖ Mi Libertador
- ❖ Mi Refugio
- ❖ Mi Sanador

Revela Su obra, Su intervención, Su movimiento.

D. Complementos mixtos (Relacional-Funcional). A veces una expresión combina complemento de relación y función.

Ejemplo:

"Yo soy tu escudo."

"escudo" → función

"tu" → relación

Por lo tanto, es relacional y funcional a la vez.

4. ATRIBUTO REVELADO. Esta columna es la clave para el capítulo. El atributo revelado es la esencia detrás del complemento.

En este capítulo hablaremos de atributos, pero es importante aclarar que un atributo no es lo mismo que la esencia.

El atributo es una característica que se manifiesta en un contexto específico.

La esencia es aquello que Dios ES, independientemente del contexto.

El atributo depende de la situación… La esencia no depende de nada.

Por ejemplo, cuando la Escritura dice:

-YHWH Rapha

- ✓ el Nombre es YHWH.
- ✓ El complemento es Rapha.
- ✓ Y el atributo revelado es la capacidad divina de sanar.

Pero ese atributo solo se manifiesta en un contexto donde hay enfermedad.

No es esencia… Es una expresión funcional-relacional de la identidad divina.

Lo mismo ocurre con:

-YHWH de los Ejércitos

Este complemento aparece en contextos de guerra. Revela atributos como:

- ➢ estrategia
- ➢ autoridad
- ➢ orden
- ➢ poder

- liderazgo
- defensa

Pero estos atributos no son esencia... Son manifestaciones situacionales.

La esencia, en cambio, es aquello que permanece, aunque no haya guerra, enfermedad, provisión o conflicto.

La esencia es lo que Dios ES en sí mismo, antes de actuar, antes de intervenir, antes de manifestarse.

Así como el agua puede congelarse, evaporarse o fluir —atributos que dependen de la circunstancia— pero su esencia (H_2O) nunca cambia, así también los atributos divinos revelan Su identidad en la historia, pero Su esencia permanece eterna, inmutable, absoluta.

Los atributos son ventanas... La esencia es la casa.

Los atributos son manifestaciones... La esencia es la fuente.

Los atributos son percepciones humanas... La esencia es realidad divina.

En esta Primera Parte estudiaremos los atributos revelados en la historia.

En la Segunda Parte entraremos en la esencia eterna que sostiene todos los atributos.

5. BASE BIBLICA/PERSONA. Es la referencia exacta donde aparece la identidad: Libro. Capítulo. Versículo.

La base bíblica es el ancla que sostiene toda afirmación. Es la garantía de que cada identidad está arraigada en la Escritura, no en interpretación humana.

Anexando también en esta columna el nombre de quien expreso esa identidad de Dios, por ejemplo:

- ✓ Dios mismo
- ✓ Abraham
- ✓ Moisés
- ✓ David
- ✓ Isaías
- ✓ Israel como nación
- ✓ Un profeta
- ✓ Un salmista

Cada voz aporta un ángulo distinto: Cuando Dios se nombra a Sí mismo, revela Su identidad desde la eternidad.

Cuando un patriarca lo nombra, revela Su identidad desde la experiencia… Cuando un profeta lo proclama, revela Su identidad desde la visión… Cuando Israel lo confiesa, revela Su identidad desde la memoria colectiva.

REGLAS DE UNICIDAD POR TABLA

Para mantener claridad y evitar repeticiones innecesarias, seguiremos esta regla:

1. Cada identidad aparecerá UNA sola vez dentro de cada tabla. Si un patriarca repite la misma identidad varias veces, solo se registrará una vez en la tabla correspondiente.

2. Pero una misma identidad puede aparecer en varias tablas. ¿Por qué? Porque cada tabla representa una voz distinta dentro de la revelación:

Si Dios dice “Yo soy tu escudo”, aparecerá en la tabla de Dios mismo. Si un patriarca dice “Él es mi escudo”, aparecerá en la tabla de los patriarcas. Si un salmista dice “Jehová es mi escudo”, aparecerá en la tabla de los salmistas.

La identidad es la misma, pero la voz cambia el ángulo.

3. No eliminamos identidades entre tablas porque cada voz aporta un matiz distinto. El contexto cambia. La experiencia cambia. La relación cambia. El propósito cambia. El atributo revelado puede profundizarse.

Por eso, cada tabla es un mosaico independiente, y al final, todas juntas forman el rostro completo de la identidad divina en las Escrituras Hebreas.

4. No están colocadas el 100% de las identidades mencionadas en las escrituras. Se han preparado las tablas para enseñar e ilustrar al lector sobre este tema, y no para mostrar la “exactitud” de esto, por lo tanto, se han tomado un promedio del 50% de las diferentes expresiones que se usó para la identificación de Dios en las escrituras.

Cada lector podrá construir sus propias tablas, dentro de un programa de lectura bíblica, haciendo de esto una actividad autodidacta y enriquecedora.

Capítulo 3
LA IDENTIDAD DE DIOS
Mostrada en Tablas

"Hay tablas que mostraron los mandamientos de Dios... y otras tablas ahora muestran Su identidad"

En este capítulo se mostrarán 11 tablas:

Desde la Escritura Hebrea...

a) La Identidad de Dios Revelada por Dios Mismo
b) La Identidad de Dios Expresada por los Patriarcas
c) La Identidad de Dios Expresada por los Profetas
d) La Identidad de Dios Expresada en los Salmos
e) La Identidad de Dios Expresada por otros Personajes
f) La Identidad de Dios Expresada en la Narrativa Histórica
g) La Identidad de Dios Expresada por el Colectivo de Israel
h) La Identidad de Dios Expresada en la Literatura Sapiencial

Desde la Escritura Apostólica...

i) La Identidad de Dios Expresada por Jesucristo
j) La Identidad de Dios Expresada por los Apóstoles
k) La Identidad de Dios Expresada por otros Personajes

Y para cada uno de los casos, se tendrá una introducción, la tabla y una síntesis de la tabla.

Nota metodológica sobre las tablas: En estas tablas solo se registran identidades, no acciones.

La identidad se expresa mediante sustantivos (“escudo”, “pastor”, “fortaleza”), mientras que la acción se expresa mediante verbos (“me respondió”, “me guardó”, “me libró”).

La identidad revela quién es Dios… La acción describe lo que Dios hizo en un momento específico.

Las identidades son estables, universales y permanentes… Las acciones son circunstanciales, personales y temporales.

Por eso, expresiones como:

- “YHWH es mi escudo”
- “El Dios Altísimo”
- “YHWH Proveerá”

sí aparecen en las tablas, porque son declaraciones de identidad.

Mientras que expresiones como:

- “El Dios que me respondió”
- “El Dios que me guardó”
- “El Ángel que me libró”

no aparecen, porque describen acciones, no identidades.

Esta distinción es esencial para mantener la pureza conceptual del capítulo: primero estudiamos identidad, luego, en la segunda parte del libro, discerniremos la esencia que se revela detrás de cada identidad.

A-. LA IDENTIDAD DE DIOS REVELADA POR DIOS MISMO *(Desde las Escrituras Hebreas)*

Antes de que los patriarcas lo nombraran… antes de que los profetas lo proclamaran… antes de que los salmistas lo cantaran… antes de que Israel lo confesara como nación…

Dios habló de Sí mismo.

La primera voz que revela la identidad divina no es humana. Es la voz del Eterno pronunciando Su Nombre, Su ser, Su existencia, Su función y Su relación con Su pueblo.

Cada vez que Dios se identifica a Sí mismo en las Escrituras Hebreas, lo hace con una intención precisa:

- ✓ revelar quién es
- ✓ revelar cómo es
- ✓ revelar lo que hace
- ✓ revelar cómo se relaciona
- ✓ revelar Su esencia a través de Su identidad

Cuando Dios dice "Yo soy…", no está describiendo un rol temporal.

Está revelando una verdad eterna.

Por eso, este primer tema recoge todas las veces en que Dios mismo declara Su identidad, ya sea:

- ➢ con Su Nombre
- ➢ con un complemento
- ➢ con una función
- ➢ con una relación
- ➢ con un atributo

- con una acción
- con una promesa
- con una advertencia
- con una auto-definición directa

Cada una de estas declaraciones es una ventana abierta hacia Su ser.

¿Qué mostrará esta tabla?

Esta tabla presentará todas las identidades expresadas directamente por Dios, organizadas en las cinco columnas que ya explicamos:

1. Nombre de Dios
2. Complemento
3. Tipo de complemento
4. Atributo revelado
5. Base bíblica/Persona → Dios mismo (omitido en la tabla por ser explicito)

Y siguiendo la regla establecida:

Cada identidad aparecerá una sola vez en esta tabla, aunque Dios la repita en varios textos.

Pero si esta misma identidad aparece en boca de patriarcas, profetas o salmistas, también aparecerá en sus respectivas tablas, porque cada voz aporta un matiz distinto.

¿Por qué comenzar aquí?

Porque la identidad no nace en la percepción humana. Nace en la auto-revelación divina.

Antes de que el hombre pudiera decir "Tú eres...", Dios ya había dicho "Yo soy...".

Este tema A es el fundamento sobre el cual se construyen todos los demás.

Aquí escuchamos la voz original.

- La voz eterna.
- La voz que define.
- La voz que revela.
- La voz que no cambia.
- La voz del YO SOY.

TABLA A...LA IDENTIDAD DE DIOS REVELADA POR DIOS MISMO *(Desde las Escrituras Hebreas)*

Nombre de Dios	Complemento	Tipo de Complemento	Atributo Revelado	Base Bíblica
YHWH	**El Shaddai** Dios Todopoderoso	Existencial	Omnipotente Suficiente	Génesis 17:1
—	Dios de Abraham, Isaac y Jacob	Relacional	Fidelidad, Pacto	Éxodo 3:6
—	El que soy / El que seré	Existencial	Autoexistencia Eternidad	Éxodo 3:14
YHWH	—	Existencial	Ser eterno Inmutable	Éxodo 6:2
YHWH	tu Dios	Relacional	Pertenencia Pacto	Éxodo 6:7
YHWH	que te saqué de Egipto	Funcional	Libertador	Éxodo 20:2
YHWH	**El Qanna** Dios celoso	Relacional	Exclusividad Santidad	Éxodo 20:5

Nombre de Dios	Complemento	Tipo de Complemento	Atributo Revelado	Base Bíblica
YHWH	**Rafah** tu sanador	Funcional	Sanador Restaurador	Éxodo 15:26
YHWH	**Qadash** que os santifico	Funcional	Santificador	Éxodo 31:13
YHWH	cuyo nombre es Celoso	Existencial	Exclusividad divina	Éxodo 34:14
YHWH	**Alah** que os hago subir de Egipto	Funcional	Redentor	Levítico 11:45
YHWH	**Elohim** vuestro Dios	Relacional	Autoridad Pacto	Levítico 18:2
YHWH	el Santo de Israel	Existencial	Santidad absoluta	Isaías 41:14
YHWH	**Jazaq** el que te sostiene	Funcional	Protector Sustentador	Isaías 41:13
YHWH	fuera de mí no hay salvador	Existencial	Unicidad Exclusividad	Isaías 43:11
YHWH	**Majah** el que borra tus rebeliones	Funcional	Misericordioso Perdonador	Isaías 43:25
YHWH	vuestro Santo, Creador de Israel	Existencial Funcional	Santidad, Creatividad	Isaías 43:15
YHWH	que lo hago todo	Funcional	Soberanía Poder creador	Isaías 44:24
YHWH	el primero y el último	Existencial	Eternidad Preeminencia	Isaías 44:6
YHWH	ninguno más hay	Existencial	Exclusividad divina	Isaías 45:5
—	Dios, y no hay otro	Existencial	Unicidad	Isaías 45:22
YHWH	**El Lamad** tu Dios, que te enseña	Funcional	Guía, Sabiduría	Isaías 48:17
YHWH	que hago misericordia, juicio y justicia	Funcional	Justo Misericordioso	Jeremías 9:24
YHWH	tu Dios desde Egipto	Relacional	Fidelidad histórica	Oseas 12:9

¿Qué revela esta tabla? Esta tabla es el fundamento de toda revelación posterior. Aquí no vemos a Dios interpretado por el hombre, sino a Dios interpretándose a Sí mismo.

Cada identidad declarada por Dios revela un aspecto eterno de Su ser:

- ✓ Se presenta como auto existente: el que es, el que será.
- ✓ Se revela como Todopoderoso, suficiente en Sí mismo.
- ✓ Se muestra santo, justo, misericordioso, paciente.
- ✓ Se acerca como escudo, sanador, ayudador, sustentador.
- ✓ Actúa como Redentor, Salvador, Creador, Hacedor.
- ✓ Se manifiesta como Fuego consumidor, purificador y justo.
- ✓ Se define como el Primero y el Último, dueño del tiempo y de la historia.

Estas identidades no nacen de la experiencia humana, sino de la autorrevelación divina.

Son declaraciones eternas, inmutables, absolutas.

Cada complemento es una ventana abierta a la identidad de Dios, y cada atributo revelado es un destello que ilumina Su carácter.

Aquí escuchamos la voz original…

La voz que define…

La voz que revela…

La voz que no cambia…

La voz del YO SOY…

REFLEXION: El Dios Que Habla de Sí Mismo

Mi querido lector...las Escrituras registran lo que Dios mismo pronunció acerca de Su identidad.

No son opiniones humanas, ni interpretaciones, ni conclusiones teológicas.

Son palabras del Dios eterno diciendo:

"Así Soy Yo."

Él dijo que es el Altísimo, el Todopoderoso, el Santo, el que es, el que será, el que permanece.

Si Él es todo eso... entonces para Él no hay nada imposible.

¿Tienes una dificultad que humanamente no tiene solución?

- ✓ Ora...
- ✓ Clama...
- ✓ Acércate al Único Dios Omnipotente...
- ✓ Él no cambia...
- ✓ Él no falla...
- ✓ Él no retrocede...

Y si Él dijo quién es...
...entonces tú puedes descansar en lo que Él dijo.

LEE SU PALABRA, ESCUDRIÑALA, PROFUNDIZALA...Y DESDE ALLI, EXACTAMENTE DESDE SU PROFUNDIDAD...HABLA CON DIOS

B-. LA IDENTIDAD DE DIOS EXPRESADA POR LOS PATRIARCAS *(Desde las Escrituras Hebreas)*

Los patriarcas no conocieron a Dios por libros, templos o sistemas religiosos. Lo conocieron en el camino, en tiendas de campaña, en altares improvisados, en noches de incertidumbre, en promesas imposibles y en encuentros que marcaron su destino.

Cada vez que Abraham, Isaac o Jacob nombraron a Dios, lo hicieron desde una experiencia viva, concreta y transformadora. Sus palabras no son teología académica...Son memorias de encuentro... Aquí no vemos a Dios hablándose a Sí mismo, sino a hombres intentando poner en palabras lo que vivieron con Él. Por eso, cada identidad expresada por los patriarcas es un testimonio, un fragmento de historia, un destello de revelación encarnada en la vida real.

TABLA B...LA IDENTIDAD DE DIOS EXPRESADA POR LOS PATRIARCAS *(Desde las Escrituras Hebreas)*

Nombre de Dios	Complemento	Tipo de Complemento	Atributo Revelado	Base Bíblica / Persona
—	**El Elyon** El Dios Altísimo	Existencial	Soberano, Supremo	Génesis 14:22 (Abraham)
YHWH	**Adonai** Señor	Relacional	Señorio	Genesis 15:2 (Abraham)
YHWH	**Ra'ah (yir'eh)** Sera Visto	Existencial	Perceptible Visible	Génesis 22:14 (Abraham)
-	**El Shaddai** Dios Todopoderoso	Existencial	Omnipotente Suficiente	Genesis 28:3 (Isaac)
—	**Pajad** El Temor de Isaac	Relacional	Reverenciado, Santo	Génesis 31:42 (Jacob, refiriéndose a Isaac)

Nombre de Dios	Complemento	Tipo de Complemento	Atributo Revelado	Base Bíblica / Persona
—	**(Beit El)** El Dios de Betel	Relacional	Cercano, Presente	Génesis 31:13 (Jacob)
—	Dios de Abraham y Dios de Isaac	Relacional	Fidelidad generacional	Génesis 32:9 (Jacob)
—	**Ra'ah** El Pastor de Israel	Funcional	Guía, Protector	Génesis 48:15 (Jacob)

¿Qué revela esta tabla? Los patriarcas no definieron a Dios desde doctrinas, sistemas o conceptos abstractos.

Lo conocieron en el camino, en el cruce entre: fragilidad humana, fidelidad divina, altar, viaje, pérdida, promesa, encuentro…

Cada identidad aquí no es una idea… Es un momento… Un choque entre cielo y tierra… Un instante donde Dios se dejó percibir, se dejó sentir, se dejó conocer.

Y ahora, con la corrección del hebreo, entendemos algo aún más profundo:

1. ABRAHAM NO LLAMÓ A DIOS "PROVEEDOR"… LLAMÓ AL LUGAR "YHWH SERÁ VISTO/SE MANIFESTARA".

En Génesis 22:14, el texto hebreo dice: YHWH yir'eh — "YHWH será visto / se manifestará".

La palabra usada es רָאָה — ra'á (7200): ver, percibir, revelar, hacer visible.

No significa "proveer".

En la historia, al momento de ofrecer el sacrificio, el carnero no apareció de la nada…Ya estaba allí… Solo fue visto… fue manifestado

Y esto abre la puerta a la lectura profética: En ese monte, siglos después, Dios sería visto o se revelaría en la cruz. No en la figura del Mesías caminando, sino en el acto supremo del amor: la entrega del Hijo de Dios en sacrificio para el perdón de los pecados.

Por eso, esta escrito que:

"Porque de tal manera amó Dios al mundo, que ha dado a su Hijo unigénito, para que todo aquel que en él cree, no se pierda, mas tenga vida eterna." (Juan 3:16)

La esencia suprema de Dios...SU AMOR, mostrado en su máxima expresión.... En el sacrificio del Hijo por amor a ti, por amor a mí, por amor a todos.

2. ISAAC... Y LOS 20 AÑOS DE ESTERILIDAD

Jacob lo llamó: El Temor de Isaac "Pajad Yitzhak". Un título único en toda la Biblia. No describe a Dios como concepto, sino como relación vivida. Pero esta expresión fue hecha por Jacob, en las escrituras en relación a Isaac, su padre.

Isaac reconoció y se expresó hacia Dios, como el Dios omnipotente (El Shaddai), y esto fue experimentado en su vida, ya que según Genesis 25:20, 21,26; su matrimonio sufrió la esterilidad por 20 años, 20 años de esterilidad en su matrimonio, porque aun cuando la esterilidad venia de Rebeca, envolvía al matrimonio. Hasta que Aquel Dios Omnipotente se manifestó eliminando la esterilidad y haciendo fructífero no solo el vientre de Rebeca, sino haciendo fructífero el matrimonio

3. JACOB CONOCIÓ A DIOS COMO PRESENCIA, FIDELIDAD Y GUÍA.

- El Dios de Betel
- El Dios de Abraham y de Isaac
- El Pastor de Israel

Y aquí ocurre algo hermoso: El "Pastor" de Génesis 48:15 NO viene de la raíz de "ver".

Viene de רָעָה — ra'ah (7462): pastorear, guiar, cuidar, alimentar.

Dos raíces distintas… Dos revelaciones distintas.

- Ra'á (7200): ver, percibir, revelar.
- Ra'ah (7462): pastorear, guiar, cuidar.

4. CADA IDENTIDAD PATRIARCAL ES UN TESTIMONIO, NO UNA DOCTRINA.

Los patriarcas no estaban construyendo teología… Estaban sobreviviendo, caminando, obedeciendo, luchando, soñando.

Y en ese proceso, Dios se les reveló en matices distintos:

- Altísimo (soberanía)
- Señor (señorío)
- Será visto (revelación)
- Temor (reverencia)
- Dios de Betel (presencia)
- Dios de los padres (fidelidad generacional)
- Pastor (guía y cuidado)

- Dios Todopoderoso (Omnipotencia, Suficiencia)

Cada complemento es una ventana…

Cada atributo es un destello…

Cada nombre es un encuentro…

ASI COMO LOS PATRIARCAS EXPERIMENTARON ENCUENTROS CON EL CREADOR EN SU CAMINAR, TU TAMBIEN LO EXPERIMENTARAS… SOLO DEBES DEJAR DE ESTAR DISTRAIDO PARA QUE PUEDAS RECONOCERLO…

REFLEXIÓN: El Dios que se Revela en el Camino Humano

Mi querido lector… las identidades que aparecen en esta tabla no nacieron en templos ni en montes sagrados.

Nacieron en el camino, en la vida real, en la fragilidad de hombres que buscaban a Dios mientras cargaban dudas, promesas, miedos y esperanzas.

Abraham, Isaac y Jacob no definieron a Dios desde la distancia.

Lo nombraron desde la experiencia, desde el altar improvisado, desde la noche larga, desde la voz que los llamó por su nombre.

Por eso, cuando ellos dijeron “Dios Altísimo”, “Dios de Betel”, “Pastor de Israel”, no estaban haciendo teología…

estaban recordando un encuentro.

Y tú también tienes tu camino…
Tu tienda…
Tu noche…
Tu promesa…
Tu lucha…

¿Te sientes perdido, cansado, confundido, sin dirección?

- ✓ Habla con el Dios que acompaña…
- ✓ Habla con el Dios que guía…
- ✓ Habla con el Dios de tus padres…
- ✓ Habla con el Dios que no abandona generaciones…
- ✓ Habla con el Pastor que conoce tu nombre…

Cada identidad patriarcal es una invitación:

Dios también quiere encontrarte a ti en tu propio camino.

Detente un momento…

Respira…

Recuerda…

Y desde tu historia… exactamente desde allí…

habla con el Dios que se deja conocer en la vida real.

DIOS NO SOLO CONOCE TU HISTORIA, SINO QUE ESCRIBE TU HISTORIA…NO TE INTERPONGAS ENTRE LA PLUMA Y EL PAPEL…DEJALO QUE LA ESCRIBA

C-. LA IDENTIDAD DE DIOS EXPRESADA POR LOS PROFETAS *(Desde las Escrituras Hebreas)*

La revelación profética ocupa un lugar único en la historia bíblica. Mientras la Ley establece la voluntad de Dios y los patriarcas narran sus encuentros personales, los profetas son quienes más profundamente describen quién es Dios.

Ellos no hablaron desde la teoría, sino desde la inspiración directa del Espíritu, que venía sobre ellos en tiempos donde Su presencia no habitaba permanentemente en nadie.

Por eso, la identidad de Dios se despliega con una riqueza extraordinaria en los libros proféticos.

Allí encontramos nombres, títulos, atributos y expresiones que no aparecen en ninguna otra parte de la Escritura.

Si alguien desea conocer a Dios —al menos en teoría, en esencia, en carácter— debe mirar a los profetas, porque allí es donde Dios se nombra, se describe y se revela con mayor claridad.

Debido a la abundancia y profundidad de esta revelación, este subtema será presentado en tres grupos de tablas independientes, cada una mostrando un ángulo distinto de la voz profética:

C1. La Identidad de Dios expresada por los Profetas Mayores
(Isaías, Jeremías, Ezequiel, Daniel)
"Profetas de larga voz, de visión amplia, de revelación profunda."

C2. La Identidad de Dios expresada por los Profetas Menores
(Oseas a Malaquías)
"Breves en extensión, pero inmensos en identidad."

C3. La Identidad de Dios expresada por los Profetas Narrativos
(Samuel, Natán, Gad, Elías, Eliseo, Micaías, Hulda, Débora)

"Hombres y mujeres en quienes el Espíritu posó para momentos específicos, revelando a Dios en situaciones reales, humanas y dramáticas."

Cada una de estas tablas mostrará identidades únicas, sin duplicados, permitiendo ver cómo la mayor parte de la identidad divina revelada en la Escritura Hebrea proviene de los profetas.

Ellos fueron la voz, el eco y el espejo donde Dios dejó ver Su nombre, Su carácter y Su esencia.

Los profetas no conocieron a Dios solo por tradición o herencia. Lo conocieron por revelación directa, por visiones que estremecían la tierra, por palabras que quemaban los labios, por encuentros que quebraban el alma y levantaban al pueblo.

Cuando los profetas nombran a Dios, lo hacen desde:

- la visión celestial
- la justicia divina
- la misericordia que restaura
- la santidad que confronta
- la esperanza que anuncia lo que viene

Sus palabras no describen a Dios: lo revelan.

C1. LA IDENTIDAD DE DIOS EXPRESADA POR LOS PROFETAS MAYORES *(Desde las Escrituras Hebreas)*

Los Profetas Mayores ocupan un lugar central en la revelación bíblica.

No son "mayores" por su importancia espiritual, sino por la amplitud de sus escritos, por la profundidad de sus visiones y por la magnitud de la revelación que recibieron.

En ellos, la identidad de Dios se despliega con una riqueza incomparable: nombres, títulos, atributos y expresiones que no aparecen en ninguna otra parte de la Escritura.

Isaías, Jeremías, Ezequiel y Daniel no hablaron desde la especulación humana.

Hablaron desde la inspiración directa del Espíritu, que venía sobre ellos en tiempos donde Su presencia no habitaba permanentemente en nadie.

Por eso, cada identidad que pronunciaron es un rayo de luz que atraviesa la historia, una ventana abierta al carácter eterno de Dios.

En estos cuatro libros encontramos la mayor concentración de identidades divinas de toda la Biblia Hebrea.

Aquí Dios se revela como Santo, Altísimo, Redentor, Pastor, Juez, Rey, Creador, Libertador, Fuego, Roca, Padre, Esposo, Señor de los Ejércitos… y mucho más.

Si alguien desea conocer a Dios —no solo en teoría, sino en esencia— debe mirar a los Profetas Mayores, porque ellos son el espejo más amplio donde Dios dejó ver Su nombre y Su naturaleza.

Esta tabla reúne todas las identidades únicas reveladas por estos profetas, sin duplicados, permitiendo contemplar la grandeza del Dios que habló, llamó, confrontó, restauró y prometió.

Aquí comienza el despliegue profético de Su identidad.

TABLA C1.1 LA IDENTIDAD DE DIOS EXPRESADA POR EL PROFETAS MAYOR (*ISAIAS*)

Nombre de Dios	Complemento	Tipo de complemento	Atributo revelado	Cita
YHWH	Santo de Israel	Existencial Relacional	Santidad absoluta – Fidelidad	1:4
YHWH	de los ejércitos	Existencial Funcional	Soberanía – Autoridad absoluta	1:9
YHWH	nuestro Juez	Existencial Funcional	Justicia perfecta	33:22
YHWH	nuestro Legislador	Funcional	Autoridad moral – Ley divina	33:22
YHWH	nuestro Rey	Existencial Relacional	Gobierno – Soberanía	33:22
YHWH	Redentor tuyo	Relacional Funcional	Rescate – Fidelidad	41:14
YHWH	Creador de los confines de la tierra	Existencial Funcional	Omnipotencia – Poder creador	40:28
YHWH	Pastor	Funcional Existencial	Cuidado – Guía	40:11
YHWH	Alto y Sublime	Existencial	Trascendencia – Majestad	57:15
YHWH	Dios eterno	Existencial	Eternidad	40:28
YHWH	Dios de toda la tierra	Existencial Relacional	Universalidad – Señorío	54:5
YHWH	Dios de Israel	Existencial Relacional	Pacto – Identidad nacional	45:3
YHWH	Santo	Existencial	Pureza absoluta	6:3
YHWH	Redentor de Israel	Relacional Funcional	Rescate – Misericordia	43:14

Nombre de Dios	Complemento	Tipo de complemento	Atributo revelado	Cita
YHWH	tu Hacedor	Relacional Funcional	Diseño – Propósito	54:5
YHWH	tu Salvador	Relacional Funcional	Salvación – Protección	43:3
YHWH	tu Redentor	Relacional Funcional	Liberación – Misericordia	48:17
YHWH	tu Pastor	Relacional Funcional	Guía – Cuidado	40:11
YHWH	tu Dios	Relacional	Pacto – Presencia	41:10
YHWH	tu Santo	Relacional Existencial	Santidad cercana	43:15
YHWH	tu Rey	Relacional Existencial	Gobierno espiritual	43:15
YHWH	tu Formador	Relacional Funcional	Identidad – Propósito	44:2
YHWH	tu Libertador	Relacional Funcional	Liberación	49:26
YHWH	tu Fuerte	Existencial	Fortaleza – Poder	49:26
YHWH	tu Padre	Relacional	Paternidad divina	63:16
YHWH	tu Esposo	Relacional	Amor de pacto	54:5
YHWH	tu Ayudador	Relacional Funcional	Asistencia – Protección	41:10
YHWH	tu Justicia	Existencial	Rectitud – Integridad	45:24
YHWH	tu Luz	Existencial Funcional	Iluminación – Guía	60:19
YHWH	tu Gloria	Existencial Relacional	Presencia – Honor	60:19
YHWH	tu Protector	Funcional	Defensa – Cuidado	52:12
YHWH	tu Consolador	Funcional	Consuelo – Misericordia	51:12

TABLA C1.2 LA IDENTIDAD DE DIOS EXPRESADA POR EL PROFETAS MAYOR (*JEREMIAS*)

Nombre de Dios	Complemento	Tipo de complemento	Atributo revelado	Cita
YHWH	de los ejércitos	Existencial Funcional	Soberanía Autoridad absoluta	7:3
YHWH	Dios de Israel	Existencial Relacional	Pacto Identidad nacional	7:3
YHWH	tu Dios	Relacional	Pacto Presencia	2:17
YHWH	tu Hacedor	Relacional Funcional	Diseño Propósito	10:16
YHWH	tu Salvador	Relacional Funcional	Salvación Protección	14:8
YHWH	tu Esperanza	Relacional Existencial	Confianza Seguridad	17:13
YHWH	tu Fortaleza	Existencial	Poder Protección	16:19
YHWH	tu Refugio	Funcional	Protección Amparo	16:19
YHWH	tu Sanador	Funcional	Restauración Misericordia	17:14
YHWH	tu Justicia	Existencial	Rectitud Integridad	23:6
YHWH	Justicia nuestra	Existencial Relacional	Rectitud Restauración	33:16
YHWH	Redentor de Israel	Relacional Funcional	Rescate Fidelidad	50:34
YHWH	Dios vivo	Existencial	Vida – Realidad	10:10
YHWH	Rey eterno	Existencial	Eternidad Soberanía	10:10
YHWH	Dios de toda carne	Existencial Relacional	Universalidad Señorío	32:27
YHWH	Dios de toda la tierra	Existencial Relacional	Dominio universal	25:31
YHWH	Santo	Existencial	Pureza Santidad	51:5

Nombre de Dios	Complemento	Tipo de complemento	Atributo revelado	Cita
YHWH	Pastor de Israel	Funcional Relacional	Guía – Cuidado	31:10
YHWH	Fuente de aguas vivas	Funcional Existencial	Vida – Sustento	2:13
YHWH	Fuerte guerrero	Funcional Existencial	Defensa – Poder	20:11

TABLA C1.3 LA IDENTIDAD DE DIOS EXPRESADA POR EL PROFETAS MAYOR (*EZEQUIEL*)

Nombre de Dios	Complemento	Tipo de complemento	Atributo revelado	Cita
YHWH	Dios de Israel	Existencial Relacional	Pacto Identidad nacional	8:4
YHWH	Señor de toda la tierra	Existencial Relacional	Soberanía universal	7:2
YHWH	Santo	Existencial	Pureza Santidad	39:7
YHWH	Pastor	Funcional Existencial	Guía Cuidado	34:11
YHWH	tu Dios	Relacional	Pacto Presencia	34:30
YHWH	Dios de sus padres	Relacional	Fidelidad generacional	20:5
YHWH	Dios de toda la casa de Israel	Existencial Relacional	Identidad colectiva	11:5
YHWH	Dios celoso	Existencial	Exclusividad Fidelidad	39:25
YHWH	Dios vivo	Existencial	Vida Realidad	33:11
YHWH	Dios fuerte	Existencial	Poder Fortaleza	34:31
YHWH	Dios de justicia	Existencial	Rectitud Juicio	7:27

Nombre de Dios	Complemento	Tipo de complemento	Atributo revelado	Cita
YHWH	Dios de misericordia	Existencial	Compasión Restauración	39:25
YHWH	Dios de paz	Existencial	Shalom Restauración	37:26
YHWH	Dios que santifica	Funcional Existencial	Santificación Pureza	37:28
YHWH	Dios que está allí **(YHWH-Shammah)**	Existencial Presencial	Presencia permanente	48:35

TABLA C1.4 LA IDENTIDAD DE DIOS EXPRESADA POR EL PROFETAS MAYOR (*DANIEL*)

Nombre de Dios	Complemento	Tipo de complemento	Atributo revelado	Cita
—	Dios del cielo	Existencial Relacional	Soberanía universal Trascendencia	2:18
—	Dios de los dioses	Existencial	Supremacía absoluta	2:47
—	Señor de los reyes	Existencial–Funcional	Autoridad sobre gobernantes	2:47
YHWH	Dios grande y temible	Existencial	Majestad Temor reverente	9:4
—	Dios viviente	Existencial	Vida Permanencia	6:26
—	Altísimo	Existencial	Supremacía Dominio eterno	4:17
—	Dios de Daniel	Relacional	Fidelidad Protección	6:26

C2. LA IDENTIDAD DE DIOS EXPRESADA POR LOS PROFETAS MENORES *(Desde las Escrituras Hebreas)*

Los Profetas Menores no son “menores” en revelación, sino en extensión. Sus libros son breves, pero sus palabras son fuego comprimido. En pocas líneas condensan visiones, advertencias, promesas y revelaciones que estremecen la historia.

En ellos, la identidad de Dios aparece con una fuerza sorprendente:

Dios es Santo en medio del pueblo, Dios fuerte, Dios celoso, Dios compasivo, Dios de justicia, Dios de toda la tierra. Cada declaración es un destello que ilumina el carácter divino en medio de crisis nacionales, juicios inminentes y restauraciones inesperadas.

Los Profetas Menores hablan desde el borde del abismo y desde la esperanza del amanecer. Sus voces son breves, pero sus identidades son inmensas. Allí encontramos a un Dios que confronta, que llama, que restaura, que promete, que disciplina y que salva.

Esta tabla reúne todas las identidades únicas reveladas por estos doce profetas, permitiendo ver cómo, aun en los libros más cortos, la identidad divina se despliega con una profundidad que no cabe en su tamaño.

Aquí la brevedad no limita la revelación... la concentra.

TABLA C.2 LA IDENTIDAD DE DIOS EXPRESADA POR LOS PROFETAS MENORES

Nombre de Dios	Complemento	Tipo de complemento	Atributo revelado	Cita
YHWH	Santo en medio de ti	Existencial Relacional	Santidad Presencia	Oseas 11:9
YHWH	tu Dios desde la tierra de Egipto	Relacional	Fidelidad Pacto	Oseas 12:9
YHWH	Dios de los ejércitos	Existencial Funcional	Soberanía Autoridad	Oseas 12:5
YHWH	misericordioso y clemente	Existencial	Misericordia Gracia	Joel 2:13
YHWH	fuerte	Existencial	Poder Fortaleza	Joel 3:16
YHWH	Dios de los ejércitos	Existencial Funcional	Soberanía Juicio	Amós 4:13
YHWH	Dios de Israel	Existencial Relacional	Identidad nacional Pacto	Amós 5:27
YHWH	Altísimo sobre la tierra	Existencial	Supremacía Majestad	Abdías 1:4
YHWH	Dios compasivo	Existencial	Misericordia Piedad	Jonás 4:2
YHWH	Dios clemente	Existencial	Gracia Paciencia	Jonás 4:2
YHWH	Dios grande	Existencial	Majestad Poder	Jonás 1:9
YHWH	Dios de Jacob	Relacional	Fidelidad Elección	Miqueas 4:2
YHWH	Dios de mi salvación	Relacional Funcional	Salvación Protección	Habacuc 3:18
YHWH	Dios celoso	Existencial	Exclusividad Fidelidad	Nahúm 1:2
YHWH	fuerte y poderoso	Existencial	Poder Justicia	Nahúm 1:3
YHWH	Rey de Israel	Existencial Relacional	Gobierno Protección	Sofonías 3:15

Nombre de Dios	Complemento	Tipo de complemento	Atributo revelado	Cita
YHWH	tu Dios en medio de ti	Relacional	Presencia Gozo	Sofonías 3:17
YHWH	Dios de los ejércitos	Existencial Funcional	Soberanía Autoridad	Hageo 1:2
YHWH	tu Dios	Relacional	Pacto Presencia	Zacarías 8:8
YHWH	Dios de toda la tierra	Existencial Relacional	Universalidad Señorío	Zacarías 14:9
YHWH	grande y temible	Existencial	Majestad Temor reverente	Malaquías 1:14
YHWH	Dios de justicia	Existencial	Rectitud Juicio	Malaquías 2:17
YHWH	Sol de justicia	Funcional Existencial	Sanidad Restauración	Malaquías 4:2

C3. LA IDENTIDAD DE DIOS EXPRESADA POR LOS PROFETAS NARRATIVOS *(Escrituras Hebreas)*

Los Profetas Narrativos no dejaron libros propios, pero dejaron historias donde Dios se revela con una intensidad única. No escribieron tratados proféticos: vivieron momentos proféticos. Sus palabras aparecen en medio de batallas, decisiones reales, crisis nacionales, milagros inesperados y encuentros que cambiaron destinos.

Samuel, Natán, Gad, Elías, Eliseo, Micaías, Hulda y Débora no hablaron desde un escritorio, sino desde el campo de batalla, desde el palacio, desde la cueva, desde el altar, desde la voz que interrumpe la historia humana para revelar la voluntad divina.

En ellos, la identidad de Dios se muestra en acción:

Dios vivo, Dios de Israel, Dios de tus padres, Dios justo, Dios de los ejércitos, Dios que responde, Dios que permanece. Cada identidad nace en un momento dramático donde la intervención divina es innegable.

Los Profetas Narrativos son testigos de un Dios que irrumpe en la historia, que confronta reyes, que levanta a los humildes, que derriba ídolos, que restaura al pueblo y que se revela en medio de lo cotidiano.

Esta tabla recoge esas identidades vividas, no solo proclamadas.

Aquí no vemos visiones largas, sino momentos intensos donde Dios se deja ver en la vida real.

TABLA C.3 LA IDENTIDAD DE DIOS EXPRESADA POR LOS PROFETAS NARRATIVOS

Nombre de Dios	Complemento	Tipo de complemento	Atributo revelado	Cita bíblica / Profeta
YHWH	Dios de Israel	Existencial Relacional	Pacto Identidad nacional	1 Samuel 7:3 Samuel
YHWH	de los ejércitos	Existencial Funcional	Soberanía Autoridad	1 Samuel 17:45 David
YHWH	Dios vivo	Existencial	Vida Realidad	1 Samuel 17:26 David
YHWH	Dios de tus padres	Existencial Relacional	Fidelidad generacional	1 Samuel 12:6 Samuel
YHWH	Dios de Israel	Existencial Relacional	Pacto Identidad	2 Samuel 7:27 Natán
YHWH	Dios de justicia	Existencial	Rectitud Juicio	2 Samuel 12:7 Natán
YHWH	Dios de Israel	Existencial Relacional	Identidad nacional	1 Crónicas 21:9 Gad
YHWH	Dios de Abraham, Isaac y Jacob	Existencial Relacional	Fidelidad Pacto	1 Reyes 18:36 Elías
YHWH	Dios de Israel	Existencial Relacional	Identidad nacional	1 Reyes 17:1 Elías
YHWH	Dios de Eliseo	Relacional	Fidelidad Presencia	2 Reyes 2:14 Eliseo
YHWH	Dios de los ejércitos	Existencial Funcional	Soberanía Autoridad	1 Reyes 22:19 Micaías hijo de Imla
YHWH	Dios de Israel	Existencial Relacional	Identidad nacional	2 Reyes 22:15 Hulda

Nombre de Dios	Complemento	Tipo de complemento	Atributo revelado	Cita bíblica / Profeta
YHWH	Dios de Israel	Existencial Relacional	Identidad nacional	Jueces 5:3 Débora
YHWH	Dios justo	Existencial	Rectitud Santidad	Jueces 5:11 Débora

¿Qué revela este bloque profético? Los profetas no hablan de YHWH desde la memoria, ni desde la tradición, ni desde la teología aprendida. Hablan desde la visión.

Ellos ven lo que otros no ven, oyen lo que otros no oyen, y nombran a Dios desde dimensiones donde la historia se abre, la tierra tiembla y el cielo habla.

Pero esta intensidad no surge en el vacío…

Los profetas hablan así porque Israel había perdido su identidad:

- había perdido su tierra,
- había perdido su pacto,
- había perdido su adoración,
- había perdido su obediencia,
- había perdido su relación,
- y finalmente había perdido la memoria del Dios que los formó desde Abram.

Al mezclarse con otros pueblos, al adorar otros dioses, al adoptar otras costumbres, Israel olvidó quién era… y al olvidar quién era, olvidó quién era su Dios.

Por eso, en los profetas, la identidad divina se multiplica, se expande, se intensifica.

Dios no está dando títulos: está gritando Su Nombre para recuperar a Su pueblo.

Como un padre que ve a su hijo caminando hacia un precipicio, como un esposo que busca a su amada perdida, como un rey que llama a su nación dispersa, Dios levanta Su voz y dice:

- ✓ Yo soy tu Legislador.
- ✓ Yo soy tu Juez.
- ✓ Yo soy tu Rey.
- ✓ Yo soy tu Padre.
- ✓ Yo soy tu Esposo.
- ✓ Yo soy tu Pastor.
- ✓ Yo soy tu Salvador.
- ✓ Yo soy tu Dios.

Cada identidad principal genera identidades derivadas:

- Del Esposo surge el Dios celoso, protector, fiel.
- Del Padre surge el Dios consolador, sustentador, amoroso.
- Del Juez surge el Dios justo, misericordioso, defensor del débil.
- Del Rey surge el Dios fuerte, soberano, guerrero.
- Del Altísimo surge el Dios de gloria, luz, santidad.

Los profetas no solo nombran a Dios: lo muestran… Lo muestran en el templo, en el desierto, en el exilio, en la guerra, en la restauración, en la intimidad, en la confrontación, en la esperanza.

¿Qué revela este bloque profético? Que cuando el pueblo pierde su identidad, Dios revela la Suya con más fuerza.

Por eso:

Isaías lo ve como Santo de Israel, Redentor, Esposo, Pastor, Luz eterna, Gloria, Creador, Rey, Juez, Legislador, Fuerte, Padre, Formador, Libertador.

Jeremías lo reconoce como Fuente de aguas vivas, Justicia nuestra, Esperanza, Fortaleza, Refugio, Sanador, Dios vivo, Rey eterno.

Ezequiel lo contempla como YHWH-Shammah, Dios celoso, Dios de justicia, Dios de paz, Dios que santifica, Pastor, Dios de toda la casa de Israel.

Daniel lo proclama como Dios del cielo, Altísimo, Dios viviente, Señor de los reyes, Dios de los dioses, Dios grande y temible.

Los Profetas Menores lo nombran como Santo en medio de ti, Dios fuerte, Dios compasivo, Dios clemente, Rey de Israel, Dios de justicia, Sol de justicia, Dios de toda la tierra.

Los Profetas Narrativos lo revelan como Dios vivo, Dios de Abraham, Isaac y Jacob, Dios de tus padres, Dios justo, Dios de Eliseo, Dios de Israel.

¿Desde dónde nombran a Dios los profetas? Desde: la visión celestial, la santidad que confronta, la justicia que corrige, la misericordia que restaura, la esperanza que anuncia lo que viene, la soberanía que gobierna la historia, la presencia que permanece, la gloria que llena el templo y el exilio.

Ellos no hablan de Dios… hablan desde Dios.

El bloque C revela que la mayor parte de la identidad divina en la Escritura Hebrea proviene de los profetas.

Ellos son el espejo donde YHWH se refleja con mayor claridad, la voz donde Su Nombre se expande, y el lugar donde Su esencia se deja ver.

Porque cuando el pueblo olvida quién es, Dios recuerda quién es Él…

Y lo dice con fuerza…

con amor…

con urgencia…

para traerlos de vuelta a casa.

REFLEXION: Abre Tu Boca y Profetiza Su Nombre, Su Identidad en tu Vida

Los profetas no inventaban palabras...pronunciaban lo que veían. Ellos no declaraban deseos humanos... declaraban identidades divinas.

Ellos abrían la boca y el cielo se abría con ellos.

Estas tablas, estas identidades, no son títulos, no son metáforas, no son poesía religiosa.

Son visiones... Son encuentros... Son rostros de Dios revelados en medio del fuego, del exilio, del juicio, de la restauración, del silencio, y de la esperanza.

Y ahora... estas identidades no son solo para estudiar... Son para proclamar.

Porque la boca que calla se hunde, pero la boca que declara la Palabra de YHWH se levanta. Necesitamos declarar la Palabra de Dios, no palabras vacías

- No se trata de repetir frases motivacionales.
- No se trata de inventar decretos.
- No se trata de “afirmaciones positivas”.

Se trata de proclamar lo que Dios ya dijo de sí mismo... Se trata de tomar la identidad revelada y convertirla en oración, en confesión, en batalla, en esperanza, en resistencia, en adoración.

Porque cuando tú declaras la identidad de Dios, no estás manipulando el cielo: estás alineando tu alma con la verdad eterna.

Proclamar Su identidad es un acto profético

Cuando dices: **"YHWH de los ejércitos pelea por mí",** no estás inventando nada. Estás declarando lo que Isaías vio:

- ✓ que Él es YHWH de los ejércitos
- ✓ el Dios que nunca pierde
- ✓ el Dios que no conoce derrota
- ✓ el Dios que gobierna sobre toda fuerza visible e invisible

Cuando dices: **"YHWH es mi Redentor",** estás proclamando lo que los profetas vieron:

- ✓ que Él rescata
- ✓ libera
- ✓ restaura
- ✓ y rompe cadenas que tú no puedes romper

Cuando dices: **"YHWH es mi Pastor"**, estás entrando en la visión de Ezequiel:

- ✓ el Dios que busca
- ✓ que levanta
- ✓ que cura
- ✓ que guía
- ✓ que no abandona

Cuando dices: **"YHWH es mi Justicia"**, estás entrando en la revelación de Jeremías:

- ✓ el Dios que endereza lo torcido
- ✓ que limpia lo impuro
- ✓ que restaura lo perdido

Cuando dices: **“YHWH es mi Luz”,** estás entrando en la visión de Isaías:

- ✓ el Dios que ilumina tu noche
- ✓ que rompe tu sombra
- ✓ que abre tu camino

Todos necesitamos abrir la boca… Porque la fe que no se pronuncia, se marchita.

La verdad que no se declara… se debilita, la identidad de Dios que no se proclama…se olvida.

Por eso esta tabla no es un archivo:

- ❖ Es un arsenal
- ❖ Es un altar
- ❖ Es un mapa profético para tu boca

Cada identidad aquí es una llave… Cada complemento es una puerta… Cada atributo revelado es una espada.

Y tú necesitas usarlas.

Abre tu boca…

Declara Su Nombre…

Proclama Su identidad…

No desde la emoción, no desde el deseo, no desde la imaginación, sino desde la revelación.

Di:

- YHWH es mi Redentor
- YHWH es mi Pastor
- YHWH es mi Luz
- YHWH es mi Justicia
- YHWH es mi Fortaleza
- YHWH es mi Sanador
- YHWH es mi Paz
- YHWH es mi Esperanza
- YHWH es mi Padre
- YHWH es mi Rey
- YHWH es mi Libertador
- YHWH es mi Gloria
- YHWH es mi Protector

Declaralo en tu valle… Declaralo en tu noche… Declaralo en tu batalla… Declaralo en tu exilio… Declaralo en tu silencio… Declaralo en tu esperanza.

Porque los profetas no solo nombraron a Dios… lo proclamaron. Y ahora… te toca a ti.

DECLARA LA PALABRA DE DIOS… QUE ESTREMEZCA TU ALMA… SOPLE TU ESPIRITU… RETUMBE EN TODO TU SER… Y TODO A TU ALREDEDOR GLORIFIQUE QUE EL ES DIOS

D-. LA IDENTIDAD DE DIOS EXPRESADA EN LOS SALMOS *(Desde las Escrituras Hebreas)*

Los Salmos son el santuario emocional de la Escritura. No nacen en el monte de la visión profética ni en el altar patriarcal, sino en el corazón humano: en la respiración entre el miedo y la fe, entre la noche y el amanecer, entre la herida y la esperanza. Allí, la identidad de Dios no se revela desde el trono ni desde la nube, sino desde el suspiro, el llanto, la canción y la confesión.

Cuando los salmistas nombran a Dios, lo hacen cantando…

…Y en sus cantos, Dios se vuelve cercano, íntimo, respirable.

En los Salmos, Dios es Pastor, Roca, Escudo, Luz, Refugio, Fortaleza, Porción, Gloria, Ayudador.

- No es un concepto: es un encuentro.
- No es una doctrina: es una experiencia.
- No es una definición: es una relación.

Aquí, la identidad divina se vuelve humana… sin dejar de ser eterna. Se vuelve cercana… sin dejar de ser infinita. Se vuelve íntima… sin dejar de ser soberana.

Esta tabla recoge esas identidades cantadas, lloradas, proclamadas y celebradas por los salmistas.

Cada una es un eco del alma humana encontrándose con el Dios eterno.

TABLA D...LA IDENTIDAD DE DIOS EXPRESADA EN LOS SALMOS *(Desde las Escrituras Hebreas)*

Nombre de Dios	Complemento	Tipo de Complemento	Atributo Revelado	Base bíblica / Persona
YHWH	Mi pastor	Relacional Funcional	Guía, provisión, cuidado	Salmo 23:1 David
YHWH	Mi luz y mi salvación	Existencial Funcional	Iluminación, liberación, seguridad	Salmo 27:1 David
YHWH	Fortaleza de mi vida	Relacional Funcional	Fuerza, estabilidad, protección	Salmo 27:1 David
YHWH	Mi roca	Existencial Funcional	Firmeza, estabilidad, refugio	Salmo 18:2 David
YHWH	Mi castillo	Funcional	Defensa, seguridad, protección	Salmo 18:2 David
YHWH	Mi libertador	Funcional	Rescate, intervención, salvación	Salmo 18:2 David
YHWH	Mi escudo	Funcional	Protección, defensa, cobertura	Salmo 18:2 David
YHWH	La fuerza de mi salvación	Funcional	Poder, victoria, intervención	Salmo 18:2 David
YHWH	Mi alto refugio	Funcional	Seguridad, altura, resguardo	Salmo 18:2 David
YHWH	Mi ayudador	Relacional Funcional	Auxilio, socorro, intervención	Salmo 54:4 David
YHWH	Mi porción	Relacional	Satisfacción, herencia, plenitud	Salmo 73:26 Asaf

Nombre de Dios	Complemento	Tipo de Complemento	Atributo Revelado	Base bíblica / Persona
YHWH	Mi refugio	Funcional	Protección, seguridad, amparo	Salmo 91:2 Autor anónimo
YHWH	Mi fortaleza	Funcional	Fuerza, estabilidad, poder	Salmo 91:2 Autor anónimo
YHWH	Mi Dios en quien confiaré	Relacional	Confianza, fidelidad, seguridad	Salmo 91:2 Autor anónimo
YHWH	Escudo alrededor de mí	Funcional	Protección envolvente, defensa	Salmo 3:3 David
YHWH	Mi gloria	Relacional Existencial	Honor, dignidad, presencia	Salmo 3:3 David
YHWH	El que levanta mi cabeza	Relacional Funcional	Restauración, ánimo, dignificación	Salmo 3:3 David
YHWH	Mi roca y mi redentor	Existencial Funcional	Firmeza, rescate, restauración	Salmo 19:14 David
YHWH	Mi socorro	Funcional	Ayuda, intervención, apoyo	Salmo 121:2 Peregrino
YHWH	El guardador de Israel	Funcional	Vigilancia, protección constante	Salmo 121:4 Peregrino

¿Qué revela esta tabla? Los salmistas no hablan de Dios desde la visión profética ni desde la historia patriarcal.

Hablan desde la vida diaria, desde la respiración, desde la vulnerabilidad humana.

Por eso, en los Salmos, la identidad divina aparece casi siempre unida al Nombre YHWH.

Y esto no es casualidad ni estilo literario: **es invocación.**

Fundamento hebreo de la invocación: Desde Génesis 4:26, la Escritura establece que la humanidad no solo ora… invoca el Nombre.

El hebreo lo deja claro:

קָרָא — **cará** (Strong #7121) llamar, clamar, gritar, invocar, proclamar… implica urgencia, dirección, necesidad

שֵׁם — **shem** (Strong #8034) nombre, identidad, esencia, reputación… no es un sonido: es quién es

El texto no dice “comenzaron a orar a Dios”…

Dice: “comenzaron a invocar el Nombre de YHWH.”

Invocar el Nombre no es pronunciarlo. Es llamar a Su identidad. Es alinearse con Su presencia. Es respirar Su esencia.

Por eso los Salmos usan YHWH de manera tan consistente: porque los Salmos no describen a Dios… lo llaman.

El Nombre YHWH como respiración: El Nombre no se pronuncia… Se respira.

Y — inhalación

H — exhalación suave

W — inhalación profunda

H — exhalación final

El Nombre es aliento, el mismo aliento que Dios sopló en Adán. Por eso, cuando el alma está rota, cuando la angustia aprieta, cuando la noche se hace larga... el alma no busca un título teológico...

...Busca el Nombre...

...Busca respirar otra vez.

Los Salmos como arquitectura del alma: Cuando el alma invoca el Nombre, ocurre algo:

- ❖ la respiración se alinea
- ❖ la distracción se disipa
- ❖ la presencia se siente
- ❖ el espíritu asciende

No es que Dios regrese... Es que la persona regresa a Dios.

Por eso, en los Salmos, Dios es: mi Pastor, mi Roca, mi Escudo, mi Luz, mi Refugio, mi Porción, mi Gloria, mi Libertador, mi Fortaleza, mi Ayudador.

Cada identidad es un suspiro... Cada complemento es un grito... Cada atributo es una respiración convertida en teología viva.

Fundamento hebreo del ascenso (Salmo 121): El título del salmo revela la mecánica espiritual:

שִׁיר לַמַּעֲלוֹת — shir la-ma'alot

shir (Strong #7892): canto, vibración interior

ma'alot (Strong #4609): ascenso, elevación, peldaño, progresión

No es un "cántico gradual" musical... Es un cántico de ascenso espiritual.

El alma sube gradualmente, porque debe soltar peso en el camino.

El verso 1 confirma el movimiento:

אֶשָּׂא עֵינַי — esá einai

esá (Strong #5375): alzar, elevar, subir

einai (Strong #5869): mis ojos, mi enfoque, mi intención

El salmista no está mirando montes... Está ascendiendo. Y cuando sube, pregunta: "¿De dónde vendrá mi socorro?"

No es teología... Es desesperación.

Y la respuesta viene desde arriba: "Mi socorro vendrá de YHWH..."

- Futuro profético
- Vio lo que viene.
- Escuchó lo que ya está hecho en lo eterno.
- Descendió con certeza.

Los salmistas hablan de Dios desde: la angustia, la adoración, la batalla interior, la confianza, la noche oscura, la esperanza, la gratitud, la vulnerabilidad.

David conoció a YHWH como Pastor, Roca, Escudo, Libertador, Gloria, Ayudador, Fortaleza.

Asaf lo vio como Porción, la herencia que satisface el alma.

Los salmos anónimos lo proclamaron como Refugio, Fortaleza, Dios confiable, Guardador.

Por eso:

Los Salmos no son poemas…

…Son respiraciones del alma…

…Son invocaciones al Nombre…

…Son ascensos espirituales.

Los salmistas no solo describen a Dios… lo sienten. Lo respiran. Lo invocan. Lo buscan. Lo encuentran.

Y en ese encuentro…

…la identidad de Dios se vuelve identidad del alma.

REFLEXION: Abre Tu Corazón y desde Allí… Reconoce la Identidad del Dios Creador

Mi querido lector…

Los Salmos nos enseñan que Dios no solo se revela en el monte, sino también en el valle. No solo en la visión, sino en la lágrima. No solo en la profecía, sino en la respiración.

Cuando el salmista dice "mi Pastor", "mi Roca", "mi Luz", "mi Refugio", no está haciendo poesía: está sobreviviendo. Está confesando. Está recordando. Está respirando a Dios en medio de la noche.

Y tú también puedes hacerlo.

- Si estás cansado… Él es tu Roca.
- Si estás confundido… Él es tu Luz.
- Si estás herido… Él es tu Refugio.
- Si estás solo… Él es tu Pastor.
- Si estás en guerra… Él es tu Escudo.
- Si estás sin fuerzas… Él es tu Fortaleza.
- Si estás sin rumbo… Él es tu Ayudador.

Los Salmos no son canciones antiguas… Son mapas del alma. Son espejos donde tu corazón puede encontrarse con el Dios eterno.

Respira…

Lee…

Canta…

Declara…

Y desde tu propia historia, exactamente desde allí…habla con el Dios que se revela en el canto humano.

E-. LA IDENTIDAD DE DIOS EXPRESADA POR OTROS PERSONAJES *(Escrituras Hebreas)*

Hay momentos en la Escritura donde la voz que nombra a Dios no es la del profeta, ni la del patriarca, ni la del salmista, ni la del sacerdote. Es la voz del extranjero, del enemigo, del rey pagano, del marinero asustado, del gobernante poderoso, del esclavo marginado, del pueblo que no conoce el pacto.

Estas voces externas son una joya teológica… No hablan desde la alianza… sino desde la sorpresa. No hablan desde la tradición… sino desde la irrupción divina.

No hablan desde la fe heredada, sino desde el impacto directo de Dios en su historia.

Cuando estas personas nombran a Dios, lo hacen porque:

- lo vieron actuar
- lo vieron salvar
- lo vieron juzgar
- lo vieron revelar misterios
- lo vieron abrir mares
- lo vieron derribar ídolos
- lo vieron hacer lo imposible.

La identidad de Dios, entonces, trasciende Israel:

- ✓ Las naciones también lo ven
- ✓ Los reyes también lo reconocen
- ✓ Los enemigos también lo temen
- ✓ Los extranjeros también lo nombran.

Este bloque muestra que la revelación divina no está encerrada en un solo pueblo:

Dios se deja ver donde Él quiere, cuando Él quiere y por quien Él quiere.

TABLA E...LA IDENTIDAD DE DIOS EXPRESADA POR OTROS PERSONAJES *(Desde las Escrituras Hebreas)*

Nombre de Dios	Complemento	Tipo de Complemento	Atributo Revelado	Base bíblica / Persona
—	Dios Altísimo	Existencial	Supremacía, autoridad universal	Génesis 14:18-20 Melquisedec
—	**El Ra'ah** Dios que ve	Existencial Relacional	Atención, sensibilidad divina	Génesis 16:13 Agar
—	Dios de toda la tierra	Existencial	Universalidad, dominio global	Isaías 54:5 Naciones
—	Dios de Daniel	Relacional	Fidelidad, protección, poder	Daniel 6:26 Rey Darío
—	Dios viviente	Existencial	Vida, eternidad, realidad divina	Daniel 6:26 Rey Darío
—	Dios que salva, libra y hace señales	Funcional	Milagros, intervención, poder	Daniel 6:27 Rey Darío
—	Dios de dioses, Señor de reyes	Existencial	Soberanía sobre autoridades humanas	Daniel 2:47 Nabucodonosor
—	Revelador de misterios	Funcional	Sabiduría, revelación, conocimiento	Daniel 2:47 Nabucodonosor

Nombre de Dios	Complemento	Tipo de Complemento	Atributo Revelado	Base bíblica / Persona
—	Dios grande	Existencial	Majestad, grandeza, poder	Daniel 2:45 Nabucodonosor
YHWH	Dios del cielo	Existencial	Trascendencia, autoridad celestial	Esdras 1:2 Ciro
—	Dios poderoso	Existencial	Fuerza, dominio, autoridad	Jonás 1:16 Marineros
YHWH	Dios que hace lo que quiere	Existencial Funcional	Soberanía, voluntad irresistible	Jonás 1:14 Marineros
—	Dios justo	Existencial	Rectitud, juicio verdadero	1 Samuel 6:5 Filisteos
—	Dios que hiere y sana	Existencial Funcional	Juicio, restauración	1 Samuel 6:3 Sacerdotes filisteos
—	Dios temible	Existencial	Temor reverente, poder	Josué 2:11 Rahab
YHWH	Dios en los cielos arriba y en la tierra abajo	Existencial	Soberanía universal	Josué 2:11 Rahab

¿Qué revela esta tabla? Esta tabla es una joya teológica: muestra que la identidad de Dios trasciende Israel.

Esta tabla es una de las más sorprendentes del capítulo, porque muestra que la identidad de Dios no depende del pacto, sino de Su manifestación. Aquí vemos que:

- **Melquisedec** lo reconoce como Dios Altísimo, soberano sobre todas las naciones.
- **Agar**, una esclava egipcia, lo llama Dios que ve, revelando Su compasión hacia los marginados.

- **Faraón** reconoce que YHWH es Dios de los hebreos, aunque lo resista.
- **Rey Darío** lo proclama Dios viviente, salvador, libertador.
- **Nabucodonosor** lo llama Revelador de misterios, Dios de dioses, Señor de reyes.
- **Ciro**, rey persa, lo reconoce como Dios del cielo.
- **Los marineros** lo ven como Dios poderoso y soberano.
- **Rahab** una mujer cananea, confiesa que Él es Dios en los cielos y en la tierra.
- **Los filisteos** enemigos históricos, lo reconocen como Dios justo, el que hiere y sana.

Estas voces externas revelan que:

- ✓ Dios no es un dios tribal.
- ✓ Su identidad es visible incluso para quienes no lo buscan.
- ✓ Su gloria trasciende fronteras, culturas y religiones.
- ✓ Las naciones lo reconocen cuando Él actúa.
- ✓ Su soberanía se impone incluso en territorios paganos.
- ✓ Su nombre se levanta aun en bocas que no lo conocen.

Cada identidad aquí es un eco universal.... Cada complemento es una confesión involuntaria... Cada atributo revelado es un testimonio de que Dios gobierna más allá del pacto.

REFLEXION: Ora para que Dios se Revele también a los que no le Conocen

Mi querido lector…

En estas identidades no escuchamos la voz de profetas, ni de patriarcas, ni de salmistas… Escuchamos la voz de extranjeros, de reyes paganos, de marineros, de enemigos, de esclavas, de gobernantes, de pueblos sin pacto.

- Personas que no crecieron con la Ley.
- Personas que no conocían el Nombre.
- Personas que adoraban otros dioses.
- Personas que jamás habían orado a YHWH.

Y aun así…Dios se les reveló.

- ✓ Melquisedec lo llamó Dios Altísimo.
- ✓ Agar lo llamó Dios que ve.
- ✓ Rahab lo llamó Dios en los cielos y en la tierra.
- ✓ Darío lo llamó Dios viviente.
- ✓ Nabucodonosor lo llamó Dios de dioses.
- ✓ Los marineros lo llamaron Dios poderoso.
- ✓ Los filisteos lo llamaron Dios justo.

Ninguno de ellos lo buscaba… Pero Dios los encontró.

Ninguno de ellos lo conocía… Pero Dios se dio a conocer.

Ninguno de ellos pertenecía al pacto… Pero Dios irrumpió en su historia.

Y si Dios lo hizo antes…

…Dios puede hacerlo otra vez.

Por eso, hoy te invito a orar con fe, con esperanza, con valentía:

- por los que se llaman incrédulos,
- por los que siguen otras religiones,
- por los que se burlan,
- por los que dudan,
- por los que se alejaron,
- por los que nunca han escuchado Su Nombre,
- por los que dicen que no creen en nada.

Ora para que Dios se revele como:

- ❖ Dios Altísimo a quienes se sienten autosuficientes.
- ❖ Dios que ve a quienes se sienten invisibles.
- ❖ Dios viviente a quienes creen que todo es casualidad.
- ❖ Dios poderoso a quienes están en tormenta.
- ❖ Dios justo a quienes claman por verdad.
- ❖ Dios del cielo a quienes buscan sentido.
- ❖ Dios que hace lo que quiere a quienes creen que controlan su destino.
- ❖ Dios de dioses a quienes adoran ídolos modernos.

Dios no está limitado por fronteras, religiones, culturas ni creencias.

Él puede tocar un corazón en un palacio, en un barco, en un desierto, en una cárcel, en una ciudad pagana, en una casa humilde, en una vida rota.

Él puede revelarse donde nadie lo espera…

Él puede hablar donde nadie lo escucha…

Él puede manifestarse donde nadie lo invoca…

Abre tu corazón… y desde allí, ora para que Dios se revele a todos los que te rodean.

- ✓ A tus amigos.
- ✓ A tus vecinos.
- ✓ A tus compañeros de trabajo.
- ✓ A tu familia.
- ✓ A los que dicen no creer.
- ✓ A los que creen en otra cosa.
- ✓ A los que nunca han escuchado Su voz.

Porque el Dios que se reveló a Melquisedec, a Agar, a Rahab, a Darío, a Nabucodonosor y a los marineros…

sigue siendo el mismo Dios que se revela hoy...

…Y Él puede hacerlo otra vez.

F-. LA IDENTIDAD DE DIOS EXPRESADA EN LA NARRATIVA HISTORICA *(Escrituras Hebreas)*

En la narrativa histórica de la Escritura —Josué, Jueces, Samuel, Reyes, Crónicas, Esdras, Nehemías y Ester— la identidad de Dios no aparece en boca de un profeta, ni de un patriarca, ni de un salmista, ni de un sabio.

Aquí, la identidad divina surge de la voz del narrador, del escritor inspirado que relata los hechos del pueblo.

No es una voz que ora, ni que canta, ni que profetiza.

Es la voz que cuenta la historia.

Mientras registra conquistas, derrotas, exilios, restauraciones y decisiones nacionales, el narrador nombra a Dios con títulos que describen cómo Israel entendía a Dios en el fluir de su historia.

En este bloque, las identidades de Dios no nacen de una experiencia individual, sino de la lectura teológica de los acontecimientos.

Son nombres que aparecen en la narración misma, como parte del relato histórico.

Aquí, la identidad divina no surge de un personaje…

…sino de la historia misma.

TABLA F…LA IDENTIDAD DE DIOS EXPRESADA EN LA NARRATIVA HISTORICA *(Desde las Escrituras Hebreas)*

Nombre de Dios	Complemento	Tipo de Complemento	Atributo Revelado	Base bíblica / Narrador
YHWH	Dios de Israel	Relacional	Pacto, pertenencia, identidad nacional	Josué 24:23
YHWH	Dios de toda la tierra	Existencial	Universalidad, dominio global	Josué 3:11
YHWH	Dios de los ejércitos	Existencial Funcional	Poder, autoridad en batalla	1 Samuel 17:45
—	Dios de nuestros padres	Relacional	Continuidad generacional, fidelidad histórica	1 Crónicas 29:18
—	Dios grande	Existencial	Majestad, grandeza	Nehemías 8:6
—	Dios grande y temible	Existencial	Reverencia, autoridad, soberanía	Nehemías 1:5
—	Dios fiel	Existencial Relacional	Fidelidad al pacto y a Su palabra	Nehemías 9:8
—	Dios justo	Existencial	Rectitud, juicio verdadero	Nehemías 9:33
—	Dios misericordioso	Existencial	Compasión, bondad, paciencia	Nehemías 9:31
—	Dios que perdona	Existencial Funcional	Gracia, restauración	Nehemías 9:17
—	Dios que oye	Existencial Relacional	Atención, sensibilidad divina	Nehemías 9:27
—	Dios de toda la creación	Existencial	Soberanía sobre lo creado	Nehemías 9:6

Nombre de Dios	Complemento	Tipo de Complemento	Atributo Revelado	Base bíblica / Narrador
—	Dios fuerte	Existencial	Poder, capacidad, fuerza divina	2 Crónicas 14:11
—	Dios del cielo	Existencial	Trascendencia, autoridad celestial	Esdras 5:11

¿Qué revela esta tabla? Esta tabla revela algo único: en la narrativa histórica, no es un personaje quien nombra a Dios, sino la historia misma.

Aquí no escuchamos la voz del profeta, ni del patriarca, ni del salmista, ni del sabio, ni del extranjero sorprendido.

Aquí escuchamos la voz del narrador inspirado, del escritor que observa los acontecimientos y reconoce la mano de Dios en cada capítulo del tiempo. Esta tabla muestra que:

- **La identidad de Dios está incrustada en la historia del pueblo:** No como una opinión, no como una emoción, no como una experiencia personal, sino como un hecho histórico.
- **El narrador reconoce a Dios como el Dios de Israel:** No por tradición, sino porque lo vio actuar en la historia nacional.
- **Lo llama Dios de los ejércitos:** Porque vio Su poder en batallas reales, no en metáforas poéticas.
- **Lo llama Dios de nuestros padres:** Porque la historia de Israel es una historia de continuidad divina.
- **Lo llama Dios grande, temible, justo, misericordioso:** Porque la historia revela Su carácter tanto en la victoria

como en el exilio, tanto en la reconstrucción como en el juicio.

- **Lo llama Dios del cielo y Dios de toda la tierra:** Porque la historia demuestra que Su soberanía no está limitada a un territorio, ni a un templo, ni a un rey, ni a una época.
- **Lo llama Dios fiel:** Porque la historia confirma que Dios cumple Su palabra y sostiene Su pacto a través de generaciones.
- **Lo llama Dios que perdona y Dios que oye:** Porque la historia registra Su misericordia y Su sensibilidad hacia el clamor del pueblo.

¿Qué revela esta tabla en conjunto?

- ✓ Que Dios no solo se revela en encuentros personales… sino también en los acontecimientos colectivos.
- ✓ Que Su identidad no depende de la emoción humana… sino de Su presencia constante en la historia.
- ✓ Que Su nombre no aparece solo en oraciones o cantos… sino también en crónicas, censos, decretos y reconstrucciones.
- ✓ Que la historia de Israel no puede contarse sin nombrar a Dios… porque Él es el protagonista invisible de cada capítulo.
- ✓ Que la narrativa histórica no interpreta a Dios… lo reconoce.
- ✓ Que la identidad divina no es un concepto… es una realidad histórica.

Esta tabla nos recuerda que:

Dios no solo actúa en la vida de las personas…Dios actúa en la historia de los pueblos.

REFLEXION: Ora para Ver a Dios en tu Propia Historia

Mi querido lector…

En este capítulo no escuchamos la voz de un profeta, ni de un patriarca, ni de un salmista, ni de un sabio, ni de un extranjero sorprendido.

Aquí escuchamos la voz del narrador, la voz que mira hacia atrás y reconoce a Dios en el tejido de la historia.

Y esa es la invitación para ti hoy:

Aprende a mirar tu vida como una narrativa histórica. No solo como una secuencia de eventos, sino como un relato donde Dios ha estado presente aunque tú no lo hayas notado.

Así como el narrador bíblico vio a Dios en:

- ➢ conquistas
- ➢ derrotas
- ➢ exilios
- ➢ regresos
- ➢ reconstrucciones
- ➢ decisiones
- ➢ silencios
- ➢ y comienzos nuevos…

tú también puedes aprender a ver a Dios en:

- ✓ tus victorias
- ✓ tus pérdidas
- ✓ tus temporadas de confusión

- ✓ tus regresos inesperados
- ✓ tus reconstrucciones internas
- ✓ tus decisiones difíciles
- ✓ tus silencios largos
- ✓ tus nuevos capítulos

La narrativa histórica nos enseña que:

- ❖ Dios no solo se revela en momentos extraordinarios… sino también en los capítulos ordinarios.
- ❖ Dios no solo se manifiesta en montes y templos… sino también en días comunes y caminos polvorientos.
- ❖ Dios no solo actúa en encuentros personales… sino también en procesos largos, lentos y colectivos.
- ❖ Dios no solo habla en visiones… sino también en la memoria.

Por eso, hoy te invito a orar así:

- Ora para ver a Dios en tu historia… Ora para reconocer a Dios en los capítulos que entendiste y en los que todavía no comprendes.
- Ora para ver a Dios en las batallas que ganaste y en las que te dejaron herido.
- Ora para ver a Dios en los exilios que viviste y en los regresos que nunca imaginaste.
- Ora para ver a Dios en las puertas que se abrieron y en las que se cerraron sin explicación.
- Ora para ver a Dios en los silencios y en los momentos donde Su voz fue clara.

- Ora para ver a Dios en tu pasado, en tu presente, y en tu futuro.

Ora para reconocer a Dios como:

- ✓ Dios de tu historia
- ✓ Dios de tus capítulos
- ✓ Dios de tus padres
- ✓ Dios de tus generaciones
- ✓ Dios de tus batallas
- ✓ Dios de tus reconstrucciones
- ✓ Dios del cielo
- ✓ Dios de toda tu tierra
- ✓ Dios fiel
- ✓ Dios justo
- ✓ Dios misericordioso
- ✓ Dios que oye
- ✓ Dios que perdona
- ✓ Dios grande
- ✓ Dios fuerte.

Porque así como el narrador bíblico vio a Dios en la historia de Israel… tú también puedes ver a Dios en la historia de tu vida.

Él ha estado allí…

Él está allí…

Él estará allí…

Tu vida también es una narrativa sagrada…Y Dios sigue escribiendo.

G-. LA IDENTIDAD DE DIOS EXPRESADA POR EL COLECTIVO DE ISRAEL *(Desde las Escrituras Hebreas)*

En esta sección no escuchamos la voz de un individuo, sino la voz de un pueblo entero.

Aquí habla Israel como comunidad, como nación reunida, como asamblea que recuerda, canta, confiesa y proclama quién es Dios.

Estas identidades no nacen de una experiencia personal, sino de la memoria colectiva, de la fe compartida, de la adoración comunitaria, y de la historia vivida juntos.

Cuando Israel nombra a Dios como pueblo:

- ✓ reconoce Su pacto
- ✓ afirma Su fidelidad
- ✓ proclama Su grandeza
- ✓ y declara Su soberanía sobre ellos

Este bloque revela algo esencial:

Dios respalda a la comunidad organizada que teme Su Nombre y busca Su voluntad.

Cuando Israel se reúne, se ordena, se humilla y se vuelve a Dios, la identidad divina se manifiesta con fuerza en medio del pueblo.

Aquí veremos cómo la nación entera reconoce a Dios como: su Rey, su Salvador, su Pastor, su Escudo, su Roca, su Redentor, su Dios.

Estas identidades no surgen de un individuo aislado… sino de la voz unida del pueblo que camina bajo Su Nombre.

TABLA G...LA IDENTIDAD DE DIOS EXPRESADA POR EL COLECTIVO DE ISRAEL *(Desde las Escrituras Hebreas)*

Nombre de Dios	Complemento	Tipo de Complemento	Atributo Revelado	Base bíblica / Colectivo
YHWH	Dios de Israel	Relacional	Pacto, pertenencia nacional	Éxodo 24:10 Asamblea
YHWH	Dios de nuestros padres	Relacional	Fidelidad generacional	Deuteronomio 26:7 Pueblo
YHWH	Dios grande	Existencial	Majestad, grandeza	Deuteronomio 10:17 Israel
YHWH	Dios fuerte	Existencial	Poder, autoridad	Deuteronomio 10:17 Israel
YHWH	Dios temible	Existencial	Reverencia, santidad	Deuteronomio 10:17 Israel
YHWH	Dios de los ejércitos	Existencial Funcional	Soberanía, defensa nacional	1 Samuel 4:4 Israel
YHWH	Dios de toda la tierra	Existencial	Universalidad, dominio global	Josué 3:13 Israel
YHWH	Dios santo	Existencial	Pureza, santidad absoluta	Josué 24:19 Asamblea
—	Dios de salvación	Relacional Funcional	Liberación, protección	Salmo 68:20 Congregación
—	Dios de nuestra fortaleza	Relacional Existencial	Seguridad, estabilidad	Salmo 81:1 Asamblea
—	Dios de nuestra justicia	Relacional Existencial	Rectitud, integridad	Isaías 45:24 Israel
—	Dios de toda la creación	Existencial	Soberanía creadora	Nehemías 9:6 Asamblea
—	Dios fiel	Existencial Relacional	Fidelidad al pacto y a Su palabra	Deuteronomio 7:9 — Israel
—	Dios misericordioso	Existencial	Compasión, bondad	Nehemías 9:31 Asamblea

Nombre de Dios	Complemento	Tipo de Complemento	Atributo Revelado	Base bíblica / Colectivo
—	Dios que perdona	Existencial Funcional	Gracia, restauración	Nehemías 9:17 Asamblea

¿Qué revela esta tabla? Esta tabla revela algo que ninguna otra voz puede mostrar:

cómo un pueblo entero reconoce a Dios cuando está unido, ordenado y consciente de Su presencia.

Aquí no habla un profeta, ni un patriarca, ni un rey, ni un salmista individual.

Aquí habla la nación, la asamblea, la congregación, el pueblo reunido bajo el Nombre.

Esta tabla muestra que:

- ✓ **La identidad de Dios se hace más clara cuando el pueblo está unido**: Cuando Israel se reúne, canta, confiesa, recuerda y proclama, la identidad divina se vuelve colectiva, pública, nacional.
- ✓ **El pueblo reconoce a Dios como su Dios**: No como "mi Dios", sino como nuestro Dios, el Dios de nuestros padres, el Dios de Israel, el Dios de toda la tierra.

El colectivo ve atributos que un individuo no siempre percibe… El pueblo unido reconoce a Dios como: grande, fuerte, temible, santo, fiel, justo, misericordioso, creador, salvador, escudo, roca, defensor.

Porque la comunidad ve lo que el individuo a veces olvida.

La identidad divina se revela en la memoria compartida. Israel recuerda juntos: el éxodo, el pacto, la liberación, la fidelidad generacional, la protección en batalla, la restauración después del exilio.

La memoria colectiva se convierte en identidad colectiva.

Dios se manifiesta con fuerza cuando Su pueblo está organizado…

- No disperso.
- No dividido.
- No confundido.
- No rebelde.

Sino organizado, unido, congregado, alineado.

Esta tabla muestra que Dios respalda a la comunidad organizada que teme Su Nombre y busca Su voluntad.

Cuando Israel se ordena, cuando se humilla, cuando se reúne, cuando se somete al pacto, cuando busca Su rostro…

Dios se manifiesta como:

- ✓ Dios de Israel.
- ✓ Dios de nuestros padres.
- ✓ Dios grande y temible.
- ✓ Dios fiel.
- ✓ Dios santo.
- ✓ Dios de toda la tierra.

La identidad divina se vuelve visible, poderosa, colectiva, histórica, nacional.

¿Qué revela esta tabla en conjunto?

- ✓ Que Dios no solo se revela a individuos… sino a comunidades.
- ✓ Que Su identidad no es solo personal… es también corporativa.
- ✓ Que Su fidelidad no es solo privada… es generacional.
- ✓ Que Su presencia no es solo íntima… es congregacional.
- ✓ Que Su respaldo no es solo para personas… es para pueblos que se ordenan bajo Su Nombre.

Esta tabla nos recuerda que:

Dios no solo bendice a personas que lo buscan… Dios bendice a comunidades que lo honran.

Y cuando un pueblo entero reconoce quién es Él, Dios se manifiesta con una fuerza que transforma la historia.

REFLEXION: Dios se Manifiesta en Cada Colectivo que lo INVITA

Mi querido lector…

Cuando leemos esta tabla, es fácil pensar inmediatamente en Israel como nación, y luego trasladarlo a la iglesia como congregación.

Y sí…

Dios se manifiesta en Su pueblo reunido. Dios respalda a la comunidad organizada que teme Su Nombre y busca Su voluntad.

Pero si solo pensamos en "congregación", nos quedamos cortos… Muy cortos.

Porque la historia de Israel no nos muestra únicamente a un pueblo religioso… nos muestra a un pueblo organizado, a una comunidad estructurada, a un colectivo humano que camina bajo el Nombre.

Y aquí está una revelación que tú debes recibir:

Cada uno de nosotros pertenece a múltiples colectivos. Y en cada uno de ellos, Dios puede manifestar Su identidad.

- No solo en la iglesia.
- No solo en el templo.
- No solo en el culto.

Dios puede manifestarse en:

- ✓ tu equipo deportivo
- ✓ tu grupo de trabajo
- ✓ tu familia
- ✓ tu comunidad vecinal
- ✓ tu empresa

- ✓ tu escuela
- ✓ tu círculo creativo
- ✓ tu proyecto social
- ✓ tu grupo de estudio
- ✓ tu emprendimiento
- ✓ tu equipo de liderazgo
- ✓ tu organización comunitaria

Porque cada uno de esos espacios es un colectivo humano. Y donde hay un colectivo... hay un lugar donde Dios puede ser invitado.

Dios en un equipo deportivo: Si un equipo busca a Dios, si honra Su Nombre, si reconoce Su identidad... Dios puede manifestarse allí como:

- ➢ fortaleza
- ➢ unidad
- ➢ excelencia
- ➢ disciplina
- ➢ victoria.

Porque donde Dios entra, entra orden, entra propósito, entra dirección.

Dios en una organización vecinal: Si una comunidad lo busca, Dios puede manifestarse como:

- ✓ paz
- ✓ convivencia
- ✓ resolución de conflictos
- ✓ protección
- ✓ bienestar común

Porque donde Dios entra, entra shalom.

Dios en un lugar de trabajo: Si un equipo laboral lo honra, Dios puede manifestarse como:

- sabiduría
- eficiencia
- creatividad
- productividad
- prosperidad

Porque donde Dios entra, entra propósito y excelencia.

Dios en la familia: Si un hogar lo invita, Dios puede manifestarse como:

- amor
- perdón
- restauración
- paz
- unidad

Porque donde Dios entra, entra vida.

La clave es esta:

Dios respalda a todo colectivo que se organiza bajo Su Nombre.

No importa si es:

- un templo
- un equipo
- una empresa
- una familia
- una comunidad

- ➢ un proyecto
- ➢ una nación

Si ese colectivo: teme Su Nombre, busca Su voluntad, se ordena bajo Su identidad, y lo reconoce como Dios...entonces:

- ✓ Dios se manifiesta.
- ✓ Dios respalda.
- ✓ Dios transforma.
- ✓ Dios deja huella.
- ✓ Dios deja aroma.

Porque Su identidad no es solo personal... es también colectiva.

Y aquí está la invitación para ti, lector:

Invita a Dios a cada uno de tus colectivos... No solo a tu vida personal... No solo a tu congregación. Invítalo a:

- ➢ tu familia
- ➢ tu trabajo
- ➢ tu equipo
- ➢ tu comunidad
- ➢ tu proyecto
- ➢ tu círculo social

Invoca Su Nombre... Honra Su identidad... Busca Su voluntad.

Y verás cómo cada colectivo donde Él entra se convierte en un espacio de: orden, paz, propósito, excelencia, victoria, bendición, transformación.

Porque donde Dios se manifiesta...

...nada queda igual.

H-. LA IDENTIDAD DE DIOS EXPRESADA EN LA LITERATURA SAPIENCIAL *(Desde las Escrituras Hebreas)*

La literatura sapiencial —Job, Proverbios, Eclesiastés, Cantar de los Cantares y algunos salmos de sabiduría— revela a Dios desde un ángulo distinto al de la historia, la profecía o la adoración.

Aquí no encontramos grandes eventos nacionales, ni visiones proféticas, ni cantos litúrgicos, ni relatos de guerra o de pacto.

Aquí encontramos:

- reflexión
- observación
- preguntas profundas
- poesía
- sabiduría práctica
- y la búsqueda humana por comprender la vida

En estos libros, Dios no siempre habla directamente, pero siempre está presente. A veces en silencio, a veces en proverbios, a veces en la voz de un sabio que intenta descifrar el sentido de la existencia.

La literatura sapiencial nos muestra que la identidad de Dios también se revela: en la vida cotidiana, en la experiencia humana, en la reflexión profunda, y en la sabiduría que ordena el mundo.

Así como Israel reconoció a Dios en la historia, en la profecía y en la adoración…

…también lo reconoció en la sabiduría.

TABLA H...LA IDENTIDAD DE DIOS EXPRESADA EN LA LITERATURA SAPIENCIAL *(Desde las Escrituras Hebreas)*

Nombre de Dios	Complemento	Tipo de Complemento	Atributo Revelado	Base bíblica / Libro sapiencial
—	Dios sabio	Existencial	Sabiduría, entendimiento	Job 12:13
—	Dios poderoso	Existencial	Fuerza, autoridad	Job 36:5
—	Dios justo	Existencial	Rectitud, juicio verdadero	Job 34:12
—	Dios grande	Existencial	Majestad, grandeza	Job 36:26
—	Dios perfecto	Existencial	Integridad, plenitud	Job 37:16
—	Dios de mi vida	Relacional	Sostenimiento, propósito	Salmo 42:8 (salmo sapiencial)
—	Dios de mi roca	Relacional	Estabilidad, refugio	Salmo 42:9
—	Dios de gloria	Existencial	Honor, majestad	Salmo 29:3 (salmo sapiencial)
—	Dios de justicia	Existencial	Rectitud, equidad	Proverbios 21:12
—	Dios creador	Existencial	Origen, diseño	Eclesiastés 12:1
—	Dios dador de sabiduría	Existencial Funcional	Revelación, guía	Proverbios 2:6
—	Dios protector	Funcional	Cuidado, resguardo	Proverbios 30:5
—	Dios escudo	Funcional	Defensa, seguridad	Proverbios 30:5

Nombre de Dios	Complemento	Tipo de Complemento	Atributo Revelado	Base bíblica / Libro sapiencial
—	Dios santo	Existencial	Pureza, perfección moral	Proverbios 9:10
—	Dios de amor	Existencial	Afecto, entrega	Cantar de los Cantares 8:6

¿Qué revela esta tabla? La literatura sapiencial revela a Dios desde un ángulo distinto al de la historia, la profecía o la adoración.

Aquí no vemos a Dios en montes que humean, ni en visiones que estremecen, ni en batallas, ni en cantos congregacionales.

Aquí lo vemos en la vida misma.

Esta tabla muestra que:

- ✓ **La sabiduría es un lugar donde Dios se revela:** No solo en el templo, no solo en el desierto, no solo en el exilio, sino en la reflexión profunda, en la observación del mundo, en la búsqueda sincera de sentido.
- ✓ **Los sabios reconocen a Dios en la estructura moral del universo:** En Job, Proverbios, Eclesiastés y los salmos sapienciales, Dios aparece como Aquel que sostiene, ordena, guía y da sentido a la existencia.
- ✓ **La identidad de Dios se revela en la experiencia humana:** En el dolor, en la duda, en la injusticia, en la belleza, en el amor, en la vida cotidiana.

La sabiduría no es un concepto... es una forma de ver a Dios

Los sabios no describen a Dios desde visiones, sino desde la vida real: desde el trabajo, desde la familia, desde la creación, desde la justicia, desde el paso del tiempo.

Dios se revela tanto en el silencio como en la palabra.

- En Job, Dios calla por largos capítulos… pero Su identidad sigue presente.
- En Proverbios, Dios habla a través de principios.
- En Eclesiastés, Dios aparece en la búsqueda del sentido.
- En Cantares, Dios se deja ver en el amor humano.

¿Qué revela esta tabla en conjunto?

- Que Dios no solo se revela en lo extraordinario… sino también en lo cotidiano.
- Que Su identidad no solo se manifiesta en milagros… sino en la sabiduría que sostiene la vida.
- Que Su presencia no solo se percibe en el templo… sino en la reflexión, en la conciencia y en la experiencia humana.
- Que la sabiduría no es un camino intelectual… es un camino espiritual.

La literatura sapiencial nos recuerda que:

Dios está presente en cada pregunta honesta…

en cada búsqueda sincera…

en cada reflexión profunda…

y en cada intento humano por entender la vida…

REFLEXION: INVITA a Dios a Cada Area de tu Vida

Mi querido lector…

La literatura sapiencial nos enseña algo que ninguna otra parte de la Biblia muestra con tanta claridad:

La presencia de Dios no es automática. Es invitada. Y cuando es invitada, transforma.

En la vida humana siempre hay dos posibilidades:

1. **La presencia de Dios acompañando al hombre**, iluminando, guiando, fortaleciendo, consolando.
2. **La ausencia de Dios exponiendo al hombre**, dejándolo a merced de su propia fuerza, de su propio entendimiento, de sus propias decisiones.

Y esta ausencia no significa que Dios no ame. Significa que el hombre se apartó.

Porque Dios nunca se niega a entrar donde es invitado.

Cuando el hombre busca a Dios, cuando lo invoca, cuando lo llama… Dios se manifiesta.

Y cuando Dios se manifiesta, Su identidad se adapta a la situación:

- Si lo invitas a tu matrimonio… Él entra como gozo, unidad y ternura.
- Si lo invitas a tu duelo… Él entra como consuelo, abrazo y esperanza.
- Si lo invitas a tu confusión… Él entra como luz, claridad y sabiduría.

- Si lo invitas a tu guerra... Él entra como victoria, paz y dirección.
- Si lo invitas a tu trabajo... Él entra como excelencia, creatividad y favor.
- Si lo invitas a tu familia... Él entra como amor, perdón y restauración.
- Si lo invitas a tus decisiones... Él entra como guía, prudencia y entendimiento.
- Si lo invitas a tus temores... Él entra como fortaleza y refugio.

Porque Su identidad no es estática. Su identidad es funcional. Se manifiesta según la necesidad del corazón humano.

La sabiduría es esto: Reconocer a Dios en cada área de la vida.

- No solo en el templo.
- No solo en la oración.
- No solo en el culto.

Sino en:

- ✓ tus relaciones
- ✓ tus emociones
- ✓ tus decisiones
- ✓ tus luchas
- ✓ tus proyectos
- ✓ tus pérdidas
- ✓ tus sueños
- ✓ tus responsabilidades
- ✓ tus silencios
- ✓ tus preguntas

La literatura sapiencial nos enseña que:

Dios puede manifestarse en toda situación humana...si el hombre lo invita.

Y cuando Dios entra, entra con Su identidad:

- como escudo
- como roca
- como sabiduría
- como justicia
- como creador
- como protector
- como guía
- como vida
- como amor

La invitación para ti, lector, es simple y profunda:

Invita a Dios a cada área de tu vida...

A cada situación...

A cada decisión...

A cada momento...

No vivas con la ausencia de Dios exponiéndote...

...Vive con la presencia de Dios acompañándote.

Porque donde Dios entra...entra luz... Entra orden... Entra paz... Entra propósito... Entra vida... Y Su identidad se manifestará exactamente como la necesitas.

I-. LA IDENTIDAD DE DIOS REVELADA POR JESUCRISTO *(Desde las Escrituras Apostólicas)*

Hasta este punto hemos escuchado muchas voces: la voz de Dios mismo, la voz de los patriarcas, la voz de los profetas, la voz del pueblo, la voz de los sabios.

Pero ahora entramos en un terreno único. Aquí no habla un hombre inspirado, ni un líder escogido, ni un profeta levantado para una generación.

Aquí habla Jesucristo, la Palabra eterna hecha carne, el Hijo que viene del Padre, Aquel que no solo conoce a Dios… sino que procede de Él.

Por eso, las identidades que Jesús declara acerca de Dios tienen un peso incomparable.

No son percepciones humanas, ni interpretaciones teológicas, ni conclusiones espirituales.

Son revelaciones directas. Son palabras del que vio al Padre, del que estaba con el Padre, del que vino del Padre.

¿Y quién puede revelar la identidad de Dios con mayor precisión que Aquel que viene de Él?

En esta sección reuniremos todas las identidades de Dios expresadas por Jesucristo según los Evangelios.

Cada declaración es una ventana abierta al corazón del Padre, una luz que ilumina Su carácter, y una revelación que solo el Hijo podía entregar.

Aquí no estudiamos lo que otros dijeron de Dios…

…Aquí estudiamos lo que Jesús dijo de Dios.

TABLA I...LA IDENTIDAD DE DIOS REVELADA POR JESUCRISTO *(Desde las Escrituras Apostólicas)*

Nombre de Dios	Complemento	Tipo de Complemento	Atributo Revelado	Base bíblica / Jesús hablando
—	Padre celestial	Relacional	Paternidad divina, trascendencia	Mateo 6:9
—	Padre perfecto	Relacional Existencial	Perfección moral	Mateo 5:48
—	Padre bueno	Relacional Existencial	Bondad absoluta	Lucas 18:19
—	Padre que ve en lo secreto	Relacional Funcional	Omnisciencia, intimidad	Mateo 6:6
—	Padre que da buenas cosas	Relacional Funcional	Generosidad, provisión	Mateo 7:11
—	Padre Señor del cielo y de la tierra	Relacional Existencial	Soberanía universal	Mateo 11:25
—	Padre que envió al Hijo	Relacional	Misión, amor	Juan 5:37
—	Padre que trabaja	Relacional Funcional	Actividad divina continua	Juan 5:17
—	Padre que santifica	Relacional Funcional	Santidad activa	Juan 10:36
—	Padre mayor que todos	Relacional Existencial	Supremacía absoluta	Juan 10:29
—	Padre verdadero	Relacional Existencial	Verdad, autenticidad	Juan 7:28
—	Padre que da vida	Relacional Funcional	Fuente de vida	Juan 5:21
—	Padre que glorifica al Hijo	Relacional	Honor divino	Juan 8:54
—	Padre que ama al Hijo	Relacional	Amor eterno	Juan 3:35
—	Padre agricultor	Relacional Funcional	Cuidado, formación, poda	Juan 15:1

¿Qué revela esta tabla? Esta tabla revela algo que ninguna otra voz en toda la Escritura puede mostrar con tanta claridad:

Jesús no enfatiza el nombre propio de Dios... Jesús enfatiza la relación con Dios.

Mientras los patriarcas, los profetas, los reyes y el pueblo usaban nombres como:

- ✓ Dios Altísimo
- ✓ Dios de los ejércitos
- ✓ Dios Creador
- ✓ Dios de Israel
- ✓ Dios Santo
- ✓ Dios Fuerte...

Jesús usa una sola palabra: **PADRE...** Y esa palabra lo cambia todo.

Jesús revela a Dios desde la comunión, no desde la distancia... En el Antiguo Testamento, los nombres de Dios describen:

- ➢ Su poder
- ➢ Su grandeza
- ➢ Su autoridad
- ➢ Su santidad
- ➢ Su soberanía

Pero Jesús revela algo más profundo:

- ❖ Dios no solo es grande... Dios es cercano.
- ❖ Dios no solo es santo... Dios es íntimo.
- ❖ Dios no solo es poderoso... Dios es relacional.

Jesús no vino a revelar un título... Jesús vino a revelar un vínculo.

La relación Padre–Hijo es la forma más alta de comunión. Y aquí podemos decir con una precisión hermosa:

- Un padre ama.
- Un padre protege.
- Un padre sustenta.
- Un padre forma.
- Un padre corrige.
- Un padre acompaña.
- Un padre da identidad.
- Un padre comparte esencia con su hijo.

¿Cuál hijo se comunica con su padre terrenal pronunciando su nombre?

No se como es tu cultura, tu formación familiar… pero en mi caso, llamaba a mi papa como papa, aun cuando su nombre era Luis, no me dirigía hacia el con su nombre, sino que decía, papa… pronunciar su nombre para llamarle, constituía un irrespeto a nuestra relación…era como distanciarme de él, apartarme de nuestro vinculo.

Y Jesús revela exactamente eso:

Jesús no se refirió al Padre diciéndole YHWH, sino que le llamo PADRE…Y así lo revelo...

Y esta es la razón por la que cuando Dios revela su nombre, lo hace de una forma que sea INPRONUNCIABLE, porque no le interesa tanto como le interesa la relación… El quiere que le llamemos PADRE, El quiere ser NUESTRO PADRE.

Jesús no usa los títulos antiguos porque vino a restaurar lo que se perdió en Edén… En Edén, el hombre perdió:

- ✓ la comunión
- ✓ la intimidad

- ✓ la cercanía
- ✓ la relación
- ✓ la confianza
- ✓ la identidad.

Jesús vino a restaurar eso… Por eso no dice:

- ➢ “Dios de los ejércitos”,
- ➢ “Dios Altísimo”,
- ➢ “Dios de Abraham”.

Jesús dice:

- ❖ “Mi Padre”
- ❖ “Vuestro Padre”
- ❖ “Padre celestial”

Porque Jesús vino a devolvernos la relación…

En otras tablas se muestran diferentes tipos de relación, tales como:

- ➢ Dios de los ejércitos → relación comandante–soldado
- ➢ Dios Creador → relación creador–criatura
- ➢ Dios Altísimo → relación adorado–adorador
- ➢ Dios Pastor → relación guía–oveja
- ➢ Dios Rey → relación rey-súbdito

Pero Jesús revela la relación más profunda: **Padre–Hijo**

La relación donde hay:

- ✓ amor
- ✓ identidad
- ✓ pertenencia
- ✓ herencia
- ✓ formación

- ✓ protección
- ✓ cercanía
- ✓ esencia compartida

Por eso Jesús insiste tanto en "Padre".

Porque la relación Padre–Hijo es la forma más alta de comunión entre Dios y el hombre.

Definitivamente, esta tabla muestra que Jesús vino a revelar al Padre, no solo a Dios

Jesús no vino a revelar un título... Vino a revelar un rostro... Vino a revelar un corazón... Vino a revelar una relación.

Por eso Jesús dice:

- ❖ "El Padre celestial"
- ❖ "El Padre perfecto"
- ❖ "El Padre bueno"
- ❖ "El Padre que da vida"
- ❖ "El Padre que ama al Hijo"
- ❖ "El Padre que ve en lo secreto"
- ❖ "El Padre que glorifica al Hijo"

Cada una de estas identidades es una invitación a la intimidad.

- ✓ Jesús no revela un nombre... Jesús revela una relación.
- ✓ Jesús no revela un título... Jesús revela una comunión.
- ✓ Jesús no revela un concepto... Jesús revela un vínculo.
- ✓ Jesús no revela al Dios lejano del Sinaí... Jesús revela al Padre cercano del Reino.

Y esta tabla lo muestra con una claridad absoluta:

Para Jesús, la identidad de Dios es esencialmente relacional...

...Dios es Padre.

REFLEXION: El Dios Creador quiere ser TU PADRE

Mi querido lector…

Cuando Jesús habló de Dios, no usó nombres antiguos, ni títulos solemnes, ni fórmulas religiosas.

Jesús usó una sola palabra: **Padre.**

Y esa palabra no es un concepto…

- ✓ Es una relación.
- ✓ Es un vínculo.
- ✓ Es una invitación.

Jesús vino a restaurar lo que se perdió en Edén:

- la comunión
- la cercanía
- la confianza
- la intimidad entre Dios y el hombre

Por eso Jesús no enseñó a orar diciendo:

- ➢ "Dios Altísimo"
- ➢ ni "Dios de los ejércitos"
- ➢ ni "Dios de Abraham"

Jesús enseñó a orar diciendo: **"Padre nuestro…"**

Porque antes de pedir, antes de agradecer, antes de confesar, antes de interceder…

…Jesús quiere que recuerdes quién es Él para ti… Y quién eres tú para Él.

Dios no quiere que lo llames por Su nombre… quiere que lo llames por Su relación.

Un hijo no llama a su padre por su nombre propio… No dice "Luis", "Carlos" o "Manuel"… Dice papá.

- ✓ Porque el nombre identifica… pero "papá" conecta.
- ✓ El nombre describe… pero "papá" abraza.
- ✓ El nombre informa… pero "papá" une.

Y Jesús revela exactamente eso:

Dios no quiere que lo conozcas por un título… Dios quiere que lo conozcas por un vínculo.

La relación Padre–hijo transforma cada área de tu vida, cuando invitas a Dios como Padre, Él entra en tu vida con Su identidad, y Su identidad se adapta a tu necesidad.

- ➢ Si estás confundido… entra como luz.
- ➢ Si estás herido… entra como consuelo.
- ➢ Si estás cansado… entra como descanso.
- ➢ Si estás en guerra… entra como paz y victoria.
- ➢ Si estás solo… entra como compañía.
- ➢ Si estás perdido… entra como guía.
- ➢ Si estás vacío… entra como plenitud.

Porque:

- ✓ Un Padre no solo ama… acompaña.
- ✓ Un Padre no solo protege… forma.
- ✓ Un Padre no solo da… permanece.

La presencia del Padre no es automática… es invitada.

Dios nunca se impone… Nunca invade… Nunca obliga…

Él espera ser llamado…

Él espera ser buscado…

Él espera ser invitado…

Y cuando lo haces… cuando dices "Padre"… cuando abres tu corazón…cuando lo reconoces…

- Él entra.
- Él se acerca.
- Él se manifiesta.
- Él transforma.

Invita al Padre a cada área de tu vida:

- ✓ A tu matrimonio.
- ✓ A tu familia.
- ✓ A tus decisiones.
- ✓ A tus luchas.
- ✓ A tus temores.
- ✓ A tus sueños.
- ✓ A tus heridas.
- ✓ A tus responsabilidades.
- ✓ A tus silencios.

Dile como Jesús enseñó: "Padre nuestro…"

…Y deja que esa palabra abra el cielo sobre ti.

Dios no quiere ser solo tu Dios…

…Dios quiere ser tu Padre.

J-. LA IDENTIDAD DE DIOS EXPRESADA POR LOS APOSTOLES *(Desde las Escrituras Apostólicas)*

Los apóstoles caminaron con Jesús, lo escucharon, lo vieron actuar, lo vieron amar, lo vieron orar, lo vieron revelar al Padre.

Pero entender quién era Jesús—y por lo tanto quién era Dios— no fue fácil para ellos.

Jesús no pertenecía al sistema religioso de su tiempo.

- ➢ No era un sacerdote.
- ➢ No era un escriba.
- ➢ No era un fariseo.
- ➢ No era un político.
- ➢ No era un militar.
- ➢ No era un líder institucional.

Era un carpintero de Nazaret…

- ✓ Un hombre sin títulos.
- ✓ Un hombre sin posición.
- ✓ Un hombre sin respaldo humano.

Y sin embargo… era la Palabra de Dios hecha carne… Era el Hijo enviado… Era la imagen visible del Dios invisible.

Por eso, la identidad de Dios que los apóstoles llegaron a conocer no la aprendieron en una escuela rabínica, ni en un templo, ni en un sistema religioso.

La conocieron a través de Jesús. Jesús fue:

- su maestro

- su intérprete
- su puente
- su revelación
- su acceso al Padre

Y después de la resurrección, cuando el Espíritu Santo vino sobre ellos, sus ojos se abrieron, su entendimiento se iluminó, y comenzaron a escribir lo que habían visto y oído.

En esta sección reuniremos todas las identidades de Dios expresadas por los apóstoles en sus cartas y escritos. No lo que imaginaron, no lo que supusieron, no lo que heredaron de la tradición… sino lo que proclamaron bajo inspiración, después de haber conocido al Padre por medio del Hijo.

Aquí no estudiamos lo que los apóstoles pensaban de Dios antes de Jesús. Aquí estudiamos lo que los apóstoles declararon de Dios después de Jesús.

TABLA J…LA IDENTIDAD DE DIOS EXPRESADA POR LOS APOSTOLES *(Desde las Escrituras Apostólicas)*

Nombre de Dios	Complemento	Tipo de Complemento	Atributo Revelado	Base bíblica / Apóstol
—	Dios y Padre de nuestro Señor Jesucristo	Relacional	Paternidad divina	Efesios 1:3 (Pablo)
—	Dios de paz	Existencial	Paz, armonía	Romanos 15:33 (Pablo)
—	Dios de esperanza	Existencial	Expectativa, confianza	Romanos 15:13 (Pablo)
—	Dios de paciencia y consolación	Existencial	Perseverancia, consuelo	Romanos 15:5 (Pablo)

Nombre de Dios	Complemento	Tipo de Complemento	Atributo Revelado	Base bíblica / Apóstol
—	Dios de toda consolación	Existencial	Consuelo, cercanía	2 Corintios 1:3 (Pablo)
—	Dios de amor y paz	Existencial	Amor, reconciliación	2 Corintios 13:11 (Pablo)
—	Dios de gloria	Existencial	Majestad, honor	1 Pedro 5:10 (Pedro)
—	Dios vivo	Existencial	Vida, eternidad	1 Timoteo 3:15 (Pablo)
—	Dios eterno	Existencial	Eternidad, permanencia	1 Timoteo 1:17 (Pablo)
—	Dios sabio	Existencial	Sabiduría	Romanos 16:27 (Pablo)
—	Dios justo	Existencial	Justicia	2 Tesalonicenses 1:6 (Pablo)
—	Dios fiel	Existencial	Fidelidad	1 Corintios 1:9 (Pablo)
—	Dios de toda gracia	Existencial	Gracia, favor	1 Pedro 5:10 (Pedro)
—	Dios Padre	Relacional	Paternidad, identidad	Gálatas 1:1 (Pablo)
—	Padre de las luces	Relacional	Pureza, verdad	Santiago 1:17 (Santiago)
—	Padre de misericordias	Relacional Existencial	Misericordia, compasión	2 Corintios 1:3 (Pablo)
—	Padre de gloria	Relacional Existencial	Honor, majestad	Efesios 1:17 (Pablo)

¿Qué revela esta tabla? Esta tabla “J” revela algo fascinante, humano y profundamente espiritual:

Los apóstoles no comenzaron entendiendo quién era Dios…
Terminaron entendiéndolo.

Y lo entendieron por medio de Jesús.

Ellos no llegaron a estas identidades desde la religión, ni desde la tradición, ni desde la teología formal.

Llegaron desde la experiencia, desde la convivencia, desde la transformación.

Los apóstoles conocieron a Dios a través del Hijo. Antes de Jesús, ellos tenían una idea de Dios:

- ✓ el Dios de Israel,
- ✓ el Dios de Abraham,
- ✓ el Dios de los ejércitos,
- ✓ el Dios del templo.

Pero Jesús les mostró algo que nunca habían visto:

- ❖ Dios como Padre.
- ❖ Dios como cercano.
- ❖ Dios como íntimo.
- ❖ Dios como fuente de consuelo, gracia, paz y esperanza.

Por eso, cuando los apóstoles escriben, no repiten los nombres del Antiguo Testamento.

- No dicen "Dios Altísimo",
- ni "Dios de los ejércitos",
- ni "Dios terrible".

Ellos dicen:

- ➢ Dios de paz
- ➢ Dios de esperanza
- ➢ Dios de toda consolación
- ➢ Dios de amor
- ➢ Dios de gloria
- ➢ Dios fiel

- Dios sabio
- Dios eterno
- Padre de misericordias
- Padre de gloria
- Padre de nuestro Señor Jesucristo

...Porque eso fue lo que vieron en Jesús...

La identidad de Dios que ellos proclaman es fruto de revelación, no de tradición. Los apóstoles no repiten fórmulas. No citan nombres heredados. No se aferran a estructuras antiguas.

Ellos hablan desde lo que vivieron:

- ✓ Vieron a Jesús consolar → "Dios de toda consolación".
- ✓ Vieron a Jesús amar → "Dios de amor".
- ✓ Vieron a Jesús resucitar → "Dios vivo".
- ✓ Vieron a Jesús perdonar → "Dios de misericordias".
- ✓ Vieron a Jesús glorificar al Padre → "Dios de gloria".
- ✓ Vieron a Jesús dar esperanza → "Dios de esperanza".
- ✓ Vieron a Jesús ser fiel → "Dios fiel".

La identidad de Dios que ellos proclaman es la identidad de Dios manifestada en Cristo.

La tabla también muestra que los apóstoles entendieron a Dios desde Su carácter, no desde Su poder... En el Antiguo Testamento, los nombres de Dios enfatizan:

- Su fuerza
- Su autoridad
- Su soberanía
- Su grandeza

Pero los apóstoles enfatizan:

- ✓ Su amor
- ✓ Su consuelo
- ✓ Su paz
- ✓ Su gracia
- ✓ Su fidelidad
- ✓ Su misericordia

Porque eso fue lo que Jesús les mostró.

Jesús no solo les reveló quién es Dios… les reveló cómo es Dios.

La tabla muestra que los apóstoles entendieron a Dios como Padre… Aunque no todos los complementos incluyen la palabra "Padre", la mayoría de ellos nacen de esa relación.

Porque después de caminar con Jesús, ellos entendieron que:

Dios no es solo el Dios del universo… es el Padre del Hijo. Y por medio del Hijo, nuestro Padre también.

Por eso Pablo, Pedro, Santiago y Juan no pueden escribir sin que la paternidad divina se filtre en cada identidad.

Esta tabla revela que la identidad de Dios se volvió profundamente relacional... Los apóstoles no describen a un Dios lejano. Describen a un Dios cercano. Un Dios que consuela, que sostiene, que acompaña, que fortalece, que restaura, que permanece.

Un Dios que se relaciona… Y esa relación nace de Cristo.

Los apóstoles conocieron a Dios:

- ✓ No por tradición… sino por revelación.
- ✓ No por religión… sino por relación.
- ✓ No por teoría… sino por experiencia.
- ✓ No por el templo… sino por el Hijo.

Y lo que proclamaron en sus cartas es la identidad de Dios que Jesús les mostró:

- ❖ un Dios de paz
- ❖ un Dios de esperanza
- ❖ un Dios de consuelo
- ❖ un Dios de gracia
- ❖ un Dios de amor
- ❖ un Dios fiel
- ❖ un Dios eterno
- ❖ un Dios vivo
- ❖ un Dios Padre

REFLEXION: Invitación para Conocer a Dios como los Apóstoles lo Conocieron

Mi querido lector…

Cuando lees las cartas de los apóstoles, no estás leyendo a teólogos de escritorio, ni a filósofos, ni a expertos religiosos.

Estás leyendo a hombres transformados… Hombres que caminaron con Jesús, que dudaron, que temieron, que no entendieron, que se equivocaron, que huyeron, que lloraron… pero que finalmente vieron.

Vieron quién era Jesús…

…Y al ver a Jesús…

…vieron quién era Dios…

Por eso, cuando escriben, no hablan de un Dios lejano, ni de un Dios inaccesible, ni de un Dios encerrado en un templo.

Hablan de un Dios:

- de paz
- de esperanza
- de consuelo
- de gracia
- de amor
- de gloria
- de misericordias
- de fidelidad

Hablan de un Dios vivo… Hablan de un Dios Padre…Porque eso fue lo que Jesús les mostró.

Tal vez tú, lector, te pareces más a los apóstoles de lo que imaginas.

Tal vez también has tenido momentos donde: no entiendes, dudas, te confundes, te preguntas quién es Dios realmente, te preguntas cómo se relaciona contigo, te preguntas si Él te escucha, si Él te ve, si Él te acompaña.

Los apóstoles también pasaron por ahí… Y Jesús los llevó de la confusión a la revelación.

Y quiere hacer lo mismo contigo. Dios quiere que lo conozcas como ellos lo conocieron:

- ✓ No desde la religión.
- ✓ No desde la tradición.
- ✓ No desde el miedo.
- ✓ No desde la distancia.

Sino desde la relación…

…Desde la cercanía…

…Desde la intimidad…

…Desde la experiencia…

Por eso, cuando ores, cuando pienses en Dios, cuando lo busques, cuando lo necesites… haz lo que Jesús enseñó:

Dile "Padre nuestro…"

No porque sea una fórmula, sino porque es una puerta.

- Una puerta que abre comunión.
- Una puerta que abre identidad.
- Una puerta que abre consuelo.
- Una puerta que abre transformación.

Dios quiere ser tu Dios… pero también quiere ser tu Padre

Y cuando lo llamas "Padre", algo cambia dentro de ti. Porque un Padre:

- acompaña
- sostiene
- consuela
- forma
- corrige
- abraza
- restaura
- permanece

Y eso fue lo que los apóstoles descubrieron…

- Por eso escribieron lo que escribieron.
- Por eso proclamaron lo que proclamaron.
- Por eso su lenguaje cambió.
- Por eso su visión cambió.
- Por eso su vida cambió.

Tú también puedes conocer a Dios así. No como un concepto, no como un título, no como una figura distante… sino como un Padre que te ama, que te busca, que te espera, que te llama, que te sostiene, que te transforma.

Haz lo que hicieron los apóstoles: mira a Jesús. Y al mirar a Jesús, verás al Padre.

Porque Jesús no solo vino a salvarte… vino a mostrarte quién es Dios.

Y Dios…es tu Padre.

K-. LA IDENTIDAD DE DIOS EXPRESADA POR OTROS PERSONAJES *(Desde las Escrituras Apostólicas)*

A lo largo del Nuevo Testamento, la identidad de Dios no solo es proclamada por Jesús, ni por los apóstoles, ni por los profetas, ni por los líderes espirituales de Israel.

A veces, las palabras más puras, más inesperadas y más honestas vienen de voces que no pertenecen al círculo religioso.

Pero cuando aplicamos un filtro estricto, identidad divina + complemento + declaración hecha por OTROS personajes, descubrimos algo sorprendente: solo cuatro voces cumplen los requisitos.

Cuatro.

No más.

Y esas cuatro voces no provienen de maestros, ni de sacerdotes, ni de escribas, ni de expertos en la Ley.

Provienen de: una joven campesina, un espíritu inmundo, unos filósofos paganos, y una multitud sorprendida.

Cuatro voces distintas…

…Cuatro culturas distintas…

…Cuatro momentos distintos…

…Cuatro encuentros con Dios.

Y, sin embargo, cada una de ellas pronuncia una verdad acerca de Su identidad.

Estas voces no hablan desde la teología… No hablan desde la doctrina… No hablan desde la tradición… Hablan desde el encuentro.

Hablan desde:

- la sorpresa
- el impacto
- el temor
- la intuición
- la revelación espontánea.

Y aunque sus palabras son breves, dispersas y no forman doctrina, sí revelan algo precioso: cómo la humanidad, en sus expresiones más diversas, reconoce a Dios cuando Él se manifiesta.

En esta tabla reunimos únicamente las declaraciones que cumplen todos los criterios metodológicos establecidos:

- ✓ Dios Salvador — pronunciado por María
- ✓ Dios Altísimo — pronunciado por un demonio
- ✓ Dios desconocido — pronunciado por filósofos atenienses
- ✓ Dios de Israel — pronunciado por multitudes

No lo que imaginaron.

No lo que heredaron.

No lo que estudiaron.

Sino lo que dijeron en el instante en que Dios tocó su realidad.

Aquí no estudiamos la voz de los líderes espirituales. Aquí estudiamos la voz de la humanidad… cuando, aun sin buscarlo, se encuentra con Dios.

TABLA K…LA IDENTIDAD DE DIOS EXPRESADA POR OTROS PERSONAJES *(Desde las Escrituras Apostólicas)*

Nombre de Dios	Complemento	Tipo de Complemento	Atributo Revelado	Personaje / Base bíblica
—	Dios Salvador	Existencial Funcional	Salvación	María (Lucas 1:47)
—	Dios Altísimo	Existencial	Supremacía	Demonio gadareno (Marcos 5:7)
—	Dios desconocido	Existencial	Misterio, trascendencia	Filósofos atenienses (Hechos 17:23)
—	Dios de Israel	Relacional	Identidad del pacto	Multitudes (Mateo 15:31)

¿Qué revela esta tabla? La tabla "K" es la más pequeña de todas. La más silenciosa. La más humilde. La más honesta. Y, paradójicamente, la más reveladora.

Porque aquí no hablan: Jesús, ni los apóstoles, ni los profetas, ni el Padre.

Aquí hablan los otros… Pero no "todos los otros".

Solo aquellos cuyas palabras cumplen un criterio estricto: declarar un nombre de Dios con un complemento que revela identidad.

Y cuando aplicamos ese filtro… solo cuatro voces permanecen en esta categoría…

Cuatro voces…

Cuatro momentos…

Cuatro destellos.

1. ESTA TABLA REVELA QUE LA IDENTIDAD DE DIOS NO NECESITA MUCHAS VOCES... SOLO VOCES VERDADERAS

Las cuatro declaraciones que sobrevivieron son:

- Dios Salvador — María
- Dios Altísimo — demonio gadareno
- Dios desconocido — filósofos atenienses
- Dios de Israel — multitudes

No hay más...

...No hay adornos...

...No hay ruido...

...No hay exceso...

...Solo lo esencial.

2. ESTA TABLA REVELA QUE DIOS PUEDE SER RECONOCIDO DESDE CUALQUIER ÁNGULO

Las voces que quedaron son radicalmente distintas entre sí: una joven campesina judía, un espíritu inmundo, un grupo de filósofos griegos, una multitud que observa un milagro.

- ✓ No comparten cultura.
- ✓ No comparten teología.
- ✓ No comparten tradición.
- ✓ No comparten moralidad.

Pero comparten algo: vieron algo verdadero de Dios.

3. ESTA TABLA REVELA QUE LA IDENTIDAD DE DIOS ES TAN EVIDENTE... QUE INCLUSO QUIENES NO LO CONOCEN, LO RECONOCEN

Los filósofos no sabían Su nombre… Pero dijeron: "Dios desconocido."

Los demonios no lo aman… Pero dijeron: "Dios Altísimo."

Las multitudes no tenían doctrina… Pero dijeron: "Dios de Israel."

María, sin teología formal, dijo: "Dios Salvador."

Esto demuestra que: La identidad de Dios no depende del entendimiento… depende del encuentro.

4. ESTA TABLA REVELA QUE DIOS SE DEJA VER EN LOS LUGARES MENOS ESPERADOS

Aquí no aparecen: sacerdotes, escribas, fariseos, maestros de la Ley.

Aparecen: una adolescente, un demonio, unos filósofos paganos, una multitud sorprendida.

Es decir: Dios no se revela solo a los preparados… también se revela a los disponibles.

5. ESTA TABLA REVELA QUE LA HUMANIDAD ENTERA TIENE UN ECO INTERNO QUE RECONOCE A DIOS

Cada una de estas voces aporta un ángulo:

- Salvación (María)
- Supremacía (demonio)
- Misterio (filósofos)
- Pacto (multitudes)

Cuatro piezas... Cuatro colores... Cuatro ventanas hacia la identidad divina.

No es un mosaico completo. Es un destello. Un susurro. Un reflejo.

Pero es suficiente para mostrar algo profundo: Dios es tan grande... que incluso los que no lo conocen... lo reconocen.

6. ESTA TABLA ES LA MÁS PEQUEÑA... PERO TAMBIÉN LA MÁS UNIVERSAL

Porque aquí no habla la religión... Habla la humanidad. Habla: la que canta, la que teme, la que filosofa, la que observa. Y todas, desde su ángulo, desde su historia, desde su confusión, pronuncian una verdad acerca de Dios.

La tabla K no es un catálogo de nombres. Es un espejo. Un espejo donde la humanidad —en sus voces más inesperadas— refleja fragmentos de la identidad divina.

Y esos fragmentos, aunque pocos, aunque breves, aunque dispersos...

son verdaderos.

REFLEXION: Final de la Sección I

Mi querido lector…

Después de recorrer todas estas tablas, después de escuchar tantas voces, después de ver tantos ángulos, después de observar cómo cada generación, cada cultura, cada personaje, cada momento histórico intentó describir a Dios… queda una sensación profunda, silenciosa, casi sagrada:

Dios es más grande que cualquier nombre…

…Dios es más profundo que cualquier título…

…Dios es más cercano que cualquier definición.

A lo largo de esta sección vimos:

- ✓ cómo los patriarcas lo llamaron desde la promesa,
- ✓ cómo los profetas lo llamaron desde la visión,
- ✓ cómo el pueblo lo llamó desde la necesidad,
- ✓ cómo Jesús lo llamó desde la intimidad,
- ✓ cómo los apóstoles lo llamaron desde la revelación,
- ✓ y cómo la humanidad entera lo llamó desde el encuentro.

Cada tabla fue una ventana… Cada nombre fue un destello… Cada voz fue un fragmento… Cada identidad fue una pieza del rompecabezas.

Pero ninguna pieza, por sí sola, puede contener la totalidad de Dios.

Y sin embargo… todas juntas nos muestran algo hermoso:

- Dios siempre se ha revelado.
- Dios siempre se ha acercado.
- Dios siempre ha hablado.
- Dios siempre ha buscado al hombre.

Desde el Edén hasta el Apocalipsis, desde Abraham hasta los apóstoles, desde los ángeles hasta los extranjeros, desde los sabios hasta los soldados, desde los que creen hasta los que dudan…

Dios ha permitido que cada uno vea un poco de Su identidad.

Pero la revelación más grande no está en las tablas… está en la relación.

Porque cuando Jesús vino, Él no solo nos mostró nombres. Nos mostró un vínculo. Nos mostró una comunión. Nos mostró un acceso. Nos mostró un camino.

Jesús no vino a darnos un diccionario de títulos divinos. Vino a darnos una relación con el Padre.

Por eso, después de ver todas estas identidades, después de escuchar todas estas voces, después de analizar todas estas expresiones… queda una invitación clara, simple, poderosa:

Conoce a Dios tú también. No desde la teoría. No desde la religión. No desde la distancia. Sino desde la relación.

Dios quiere ser tu Dios… pero también quiere ser tu Padre. Y cuando lo llamas “Padre”, todo cambia.

Porque un Padre:

- ✓ acompaña
- ✓ sostiene
- ✓ consuela
- ✓ forma
- ✓ corrige
- ✓ abraza
- ✓ restaura
- ✓ permanece

Y eso es lo que Jesús vino a devolvernos: la comunión perdida, la intimidad rota, la cercanía olvidada.

Por eso, al cerrar esta sección, la invitación no es a memorizar nombres, ni a repetir títulos, ni a coleccionar definiciones.

La invitación es a acercarte…

…A buscarlo…

…A hablarle…

…A invitarlo…

…A conocerlo…

Y cuando ores, cuando pienses en Él, cuando lo necesites, cuando lo llames…hazlo como Jesús enseñó:

“Padre nuestro…”

Porque ese es el nombre que abre el cielo… Ese es el nombre que sana el alma… Ese es el nombre que restaura la identidad… Ese es el nombre que transforma la vida.

Sección

II

Yo Soy...El que Soy

REVELACIÓ

Progresiva....... y Experiencial

SECCION II

YO SOY… EL QUE SOY

Revelación Progresiva y Experiencial de Su Identidad

Si la primera sección nos permitió contemplar el Nombre y los complementos al nombre, esta segunda sección nos invita a ver cómo ese Nombre se despliega en la historia, en la humanidad y en la experiencia personal.

Aquí la identidad de Dios deja de ser un concepto para convertirse en un movimiento, en una revelación que avanza, que se adapta, que se manifiesta en diferentes épocas y en diferentes vidas. Es la identidad que camina, que acompaña, que se deja descubrir en el tiempo.

Esta sección se desarrolla en tres capítulos que trazan un recorrido profundo:

El Capítulo 4 nos muestra la revelación progresiva de la identidad divina en el hombre, a través de listas que registran encuentros, descubrimientos y nombres que fueron dados en momentos de necesidad, de crisis o de adoración.

El Capítulo 5 nos lleva a la revelación experiencial en la historia d.C., donde Dios sigue manifestándose más allá del canon, más allá de los límites que el hombre intenta imponerle, más allá de los siglos.

Y el Capítulo 6 nos conduce al terreno más íntimo: la identidad de Dios en mi vida, en tu vida, en el hoy, en ese espacio donde la revelación deja de ser historia y se convierte en encuentro.

Esta sección es un recordatorio suave y constante de que Dios no es un recuerdo antiguo, sino una presencia viva que sigue revelándose en cada generación.

Capítulo 4
LA IDENTIDAD DE DIOS
Revelación Progresiva en el Hombre - Las Listas

La identidad de Dios es una. Es indivisible, eterna, perfecta, infinita, inmutable.

Dios **NO** cambia, **NO** evoluciona, **NO** se transforma, **NO** adquiere nuevos atributos con el paso del tiempo.

Él es lo que es y será lo que siempre ha sido.

Pero el hombre sí cambia…

- ✓ La historia cambia.
- ✓ Las condiciones cambian.
- ✓ La necesidad humana cambia.
- ✓ La madurez espiritual cambia.
- ✓ La capacidad de percepción cambia.

Por eso, aunque Dios es el mismo desde la eternidad, la humanidad no lo ha conocido siempre de la misma manera.

La revelación de la identidad divina ha sido progresiva, no porque Dios se oculte, sino porque el hombre solo puede recibir lo que su condición le permite ver.

Adán, en su inocencia, conoció a Dios como Creador, Proveedor y Compañero. Pero no conoció al Dios Misericordioso, porque no había pecado.

Antes de la desobediencia, antes de la caída Adan:

- No conoció al Dios Perdonador, porque no había culpa.
- No conoció al Dios Salvador, porque no había caída.
- No conoció al Dios Celoso, porque no existía idolatría.
- No conoció al Dios Juez, porque no había transgresión.

Cada etapa de la historia humana abrió una ventana distinta hacia la identidad eterna del Creador.

- ❖ Después de la caída, el hombre descubre al Dios que confronta, cubre y promete.
- ❖ Desde Caín hasta Abram, el hombre descubre al Dios que juzga, preserva, advierte y establece límites.
- ❖ Con los patriarcas, aparece el Dios que llama, pacta, prueba y provee.
- ❖ En el Éxodo, aparece el Dios que libera, guía, santifica y habita.
- ❖ En los jueces, aparece el Dios que disciplina y levanta libertadores.
- ❖ En la monarquía y los profetas, aparece el Dios celoso, rey, pastor y restaurador.
- ❖ En el exilio, aparece el Dios que castiga por amor y reconstruye.
- ❖ En la literatura sapiencial, aparece el Dios que enseña, ilumina y sostiene.
- ❖ En Jesús, aparece el Dios Padre, cercano, íntimo, vivificador.
- ❖ En los apóstoles, aparece el Dios que capacita, preserva, santifica y revela misterios.
- ❖ En los encuentros humanos del NT, aparece el Dios que visita, salva, escucha e interviene.

La identidad de Dios no cambia… Lo que cambia es la historia que permite que ciertos aspectos de esa identidad se manifiesten.

Por eso, en este capítulo recorreremos once momentos clave de la historia bíblica, y en cada uno listaremos solo los complementos de la identidad divina que aparecen por primera vez en ese tiempo.

No repetiremos ningún complemento ya revelado en etapas anteriores.

Cada lista mostrará lo nuevo, lo que la humanidad descubrió de Dios en ese momento específico.

Así veremos cómo la historia humana se convierte en un escenario donde la identidad eterna del Creador se despliega progresivamente, hasta que en Cristo y en la Iglesia apostólica la revelación alcanza su plenitud.

1-. LA IDENTIDAD DE DIOS REVELADA…

Desde el Acto de la Creación hasta el Eden (antes de la caída)

La identidad divina percibida en un mundo sin pecado…

La historia de la revelación de Dios hacia el ser humano no comienza en el huerto, sino en el acto mismo de la creación. Antes de que existiera un hombre que pudiera escuchar, Dios ya estaba revelando quién era a través de lo que hacía.

Cada palabra creativa, cada orden dada al caos, cada separación, cada forma, cada semilla, cada criatura… todo era una expresión de Su identidad.

Y cuando el hombre aparece, formado del polvo y vivificado por el aliento divino, la revelación continúa, pero ahora en un contexto de inocencia, armonía y comunión perfecta.

En este tiempo:

- ✓ No existe pecado.
- ✓ No existe culpa.
- ✓ No existe miedo.
- ✓ No existe distancia entre Dios y el hombre.
- ✓ No existe necesidad que requiera misericordia, perdón, salvación o juicio.

Por eso, en esta etapa solo se revelan los aspectos de la identidad divina que pueden ser percibidos por un ser humano sin fractura interior.

Aquí listamos solo los complementos que aparecen por primera vez en este tiempo, sin repetir ninguno que se revelará después.

LISTA 1 - IDENTIDAD DE DIOS REVELADA...Desde la Creación hasta el Edén antes de la caída

1. **Dios Creador.** El que ordena el caos y da existencia.
2. **Dios Diseñador.** El que estructura el universo con propósito.
3. **Dios Formador del Hombre.** El que sopla vida en el polvo.
4. **Dios Proveedor Original.** El que planta el huerto y lo llena de alimento.
5. **Dios que Bendice.** El que declara "fructificad y multiplicaos".
6. **Dios que Observa.** El que ve que todo es "bueno en gran manera".
7. **Dios que Separa.** El que distingue luz de tinieblas, aguas de aguas.
8. **Dios que Encarga.** El que da misión: cultivar y guardar.
9. **Dios Señor del Jardín.** El que establece límites y propósito.
10. **Dios Revelador del Bien.** El que instruye sobre el árbol de la vida.
11. **Dios Revelador del Límite.** El que advierte sobre el árbol del conocimiento.
12. **Dios Compañero.** El que camina con el hombre en el huerto.
13. **Dios Dador de Ayuda Idónea.** El que crea a la mujer como complemento perfecto.
14. **Dios Gobernante Benevolente.** El que entrega dominio sobre la creación.
15. **Dios que Descansa.** El que establece el ritmo del séptimo día.

Total: 15 complementos exclusivos de este tiempo.

¿Qué revela esta lista? Esta lista revela que, antes de la caída, el hombre conoció a Dios desde la plenitud... no desde la necesidad. Desde la comunión... no desde la distancia. Desde la armonía... no desde la ruptura.

Lo que esta etapa muestra:

- ❖ La identidad divina se percibe sin miedo ni culpa.
- ❖ La relación con Dios es natural, no religiosa.
- ❖ La autoridad divina se experimenta como cuidado, no como juicio.
- ❖ El límite divino se entiende como protección, no como castigo.
- ❖ La bendición es el lenguaje original entre Dios y el hombre.
- ❖ La vida humana nace dentro de un diseño perfecto, no de una crisis.
- ❖ La identidad de Dios se revela en la creación, la provisión, la compañía y el propósito.

Aquí comienza la historia de la revelación progresiva:

Dios Revelando Su Identidad en la Inocencia.

2-. LA IDENTIDAD DE DIOS REVELADA... *En el Eden (después de la caída)*

La identidad divina percibida en un mundo que acaba de romperse

El Edén sigue siendo el mismo jardín...pero el hombre ya no es el mismo hombre.

La caída no solo introduce pecado en la historia: introduce nuevas necesidades, nuevas heridas, nuevas distancias, nuevos miedos.

Y esas nuevas condiciones humanas abren la puerta para que aspectos de la identidad divina, que siempre estuvieron allí, se revelen por primera vez.

Antes de la caída:

- ✓ no había culpa
- ✓ no había vergüenza
- ✓ no había miedo
- ✓ no había muerte
- ✓ no había engaño
- ✓ no había ruptura
- ✓ no había necesidad de redención

Por eso, ninguno de los complementos que veremos aquí existía en el Tema 1.

Ahora, después de la caída, el hombre descubre a un Dios que:

- confronta
- busca
- cubre
- promete
- juzga
- protege

- expulsa
- limita
- preserva

No porque Dios haya cambiado, sino porque la historia humana ahora requiere que esos aspectos se manifiesten.

Aquí listamos solo los complementos que aparecen por primera vez en este tiempo, sin repetir ninguno del Tema 1 ni de etapas posteriores.

LISTA 2 - IDENTIDAD DE DIOS REVELADA...En el Edén después de la caída

1. **Dios que Busca al Hombre.** "¿Dónde estás?"
2. **Dios que Confronta.** El que pregunta, expone y revela la verdad.
3. **Dios que Juzga el Pecado.** El que declara consecuencias justas.
4. **Dios que Maldice la Serpiente.** El que establece enemistad y destino.
5. **Dios que Limita el Daño.** El que restringe el alcance del mal.
6. **Dios que Promete Redención.** El que anuncia la simiente que herirá a la serpiente.
7. **Dios que Cubre la Vergüenza.** El que viste al hombre con pieles.
8. **Dios que Expulsa para Proteger.** El que impide el acceso al árbol de la vida.
9. **Dios que Coloca Querubines.** El que guarda el camino a la vida eterna.
10. **Dios que Permite el Dolor con Propósito.** El que redefine el trabajo y la maternidad.

11. **Dios que Establece Consecuencias.** El que ordena el nuevo orden humano.
12. **Dios que Mantiene la Vida.** El que no destruye al hombre, sino que lo envía a vivir.
13. **Dios que Permite la Historia.** El que deja que la humanidad continúe.

Total: 13 complementos exclusivos de este tiempo.

¿Qué revela esta lista? Esta lista revela que, después de la caída, el hombre conoce a Dios desde la ruptura… no desde la inocencia. Desde la culpa… no desde la plenitud. Desde la verguenza… no desde la transparencia.

Lo que esta etapa muestra:

- Dios no abandona al hombre, aun cuando el hombre se esconde.
- La confrontación divina no es castigo, sino búsqueda.
- El juicio de Dios no destruye: ordena, limita y preserva.
- La primera promesa de redención nace en el mismo lugar donde nace el pecado.
- Dios cubre la vergüenza humana antes de expulsar al hombre del huerto.
- La expulsión no es rechazo, sino protección contra un daño mayor.
- La historia humana continúa porque Dios la sostiene, aun en la caída.

Aquí comienza la revelación de Dios en un mundo roto…y con ella…

la Necesidad de Salvación.

3-. LA IDENTIDAD DE DIOS REVELADA...

Desde Cain hasta Abram

La identidad divina percibida en un mundo que se expande se corrompe y es preservado

Después de la expulsión del Edén, la humanidad comienza a multiplicarse.

Pero no solo se multiplica la vida... también se multiplica la violencia, la injusticia, la arrogancia y la corrupción.

En este período:

- ✓ Caín mata a Abel.
- ✓ Nacen ciudades.
- ✓ Nacen linajes.
- ✓ Nacen culturas.
- ✓ Nacen instrumentos, oficios, estructuras sociales.
- ✓ Nace la violencia organizada.
- ✓ Nace la corrupción generalizada.
- ✓ Nace la arrogancia colectiva.
- ✓ Nace la necesidad de juicio.
- ✓ Nace la necesidad de preservación.

Y en medio de todo eso, Dios se revela de maneras nuevas, necesarias y profundamente humanas.

Aquí aparecen aspectos de Su identidad que no existían en el Edén, porque no había condiciones para que se manifestaran.

Aquí listamos solo los complementos que aparecen por primera vez en este tiempo, sin repetir ninguno de los temas anteriores.

LISTA 3 - IDENTIDAD DE DIOS REVELADA...Desde Cain Hasta Abram

1. **Dios que Acepta y Rechaza Ofrendas.** El que discierne el corazón del adorador.
2. **Dios que Advierte al Pecador.** "El pecado está a la puerta... pero tú debes dominarlo."
3. **Dios que Escucha la Sangre Inocente.** El que oye el clamor de Abel.
4. **Dios que Protege al Culpable.** El que pone señal en Caín para que no sea muerto.
5. **Dios que Permite la Historia Humana.** El que deja que Caín edifique ciudades.
6. **Dios que Observa la Corrupción.** El que ve que la maldad del hombre es mucha.
7. **Dios que Se Arrepiente en Sentido Relacional.** El que lamenta la condición humana.
8. **Dios que Decide Juzgar.** El que determina poner fin a la violencia.
9. **Dios que Preserva un Remanente.** El que elige a Noé.
10. **Dios que Da Instrucciones de Salvación.** El que revela el diseño del arca.
11. **Dios que Cierra la Puerta.** El que sella el juicio y la protección.
12. **Dios que Envía el Diluvio.** El que limpia la tierra.
13. **Dios que Recuerda a Noé.** El que no olvida al justo en medio del juicio.
14. **Dios que Hace Soplar el Viento.** El que inicia la restauración.
15. **Dios que Establece un Nuevo Comienzo.** El que renueva la misión humana.
16. **Dios que Promete No Destruir la Tierra Otra Vez.** El que establece un pacto universal.

17. **Dios del Arco Iris.** El que pone señal de misericordia en el cielo.
18. **Dios que Observa la Soberbia Humana.** El que ve la torre de Babel.
19. **Dios que Desciende para Ver.** El que se involucra en la historia humana.
20. **Dios que Confunde Lenguas.** El que dispersa para frenar la corrupción.
21. **Dios que Reparte Naciones.** El que establece límites y territorios.

Total: 21 complementos exclusivos de este tiempo.

¿Qué revela esta lista? Esta lista revela que, desde Caín hasta Abram, la humanidad conoce a Dios desde:

- la violencia
- la injusticia
- la corrupción
- la arrogancia
- la necesidad de juicio
- la necesidad de preservación
- la necesidad de un nuevo comienzo

Lo que esta etapa muestra:

- ❖ Dios no abandona al culpable, aun cuando lo disciplina.
- ❖ Dios escucha el clamor de la injusticia.
- ❖ Dios advierte antes de juzgar.
- ❖ Dios protege incluso al que ha pecado gravemente.
- ❖ Dios observa la historia humana con dolor, no con indiferencia.

- Dios juzga para preservar, no para destruir sin propósito.
- Dios salva a través de instrucciones precisas.
- Dios recuerda a los justos en medio del juicio.
- Dios establece pactos universales, no solo particulares.
- Dios interviene cuando la soberbia humana amenaza el futuro.
- Dios dispersa para frenar el mal y permitir la historia.

En esta etapa, la humanidad descubre a un Dios que juzga para salvar, que limpia para restaurar, que dispersa para preservar, y que promete misericordia aun después del juicio.

Aquí se prepara el escenario para la siguiente gran revelación: el Dios que llama a Abram…

y Encuentra un Amigo.

4-.LA IDENTIDAD DE DIOS REVELADA... *En los Patriarcas (Abraham, Isaac y Jacob)*

La identidad divina percibida en el Dios que llama, promete, prueba y acompaña

Con Abram comienza una etapa completamente nueva en la historia de la revelación divina.

Hasta aquí, Dios se había revelado:

- ✓ como Creador
- ✓ como Compañero
- ✓ como Juez
- ✓ como Preservador
- ✓ como Dios de pacto universal (Noé)

Pero ahora aparece algo que nunca había ocurrido: Dios elige a un hombre para formar un pueblo.

Aquí nace:

- el Dios que llama
- el Dios que promete
- el Dios que pacta
- el Dios que guía
- el Dios que prueba
- el Dios que provee
- el Dios que acompaña
- el Dios que transforma identidades
- el Dios que se revela por nombre
- el Dios que bendice generaciones
- el Dios que pelea por sus escogidos

Nada de esto existía antes. No había condiciones históricas para que se manifestara.

Aquí listamos solo los complementos que aparecen por primera vez en este tiempo, sin repetir ninguno de los temas anteriores.

LISTA 4 - IDENTIDAD DE DIOS REVELADA...En los Patriarcas (Abraham, Isaac y Jacob)

1. **Dios que Llama por Nombre**. El que inicia la relación con Abram.
2. **Dios que Ordena Salir.** El que pide dejar tierra, parentela y seguridad.
3. **Dios que Promete Tierra.** El que establece un destino geográfico.
4. **Dios que Promete Descendencia.** El que abre futuro donde no lo hay.
5. **Dios que Promete Bendición.** El que define propósito generacional.
6. **Dios que Hace Pacto Personal.** El que se compromete con un hombre.
7. **Dios que Camina con el Hombre.** "Yo soy tu escudo."
8. **Dios que Cambia Nombres.** El que transforma identidades (Abram → Abraham).
9. **Dios que Se Revela como El Shaddai.** El Todopoderoso.
10. **Dios que Visita.** El que aparece en forma visible (teofanías).
11. **Dios que Escucha el Clamor.** El que oye a Agar.
12. **Dios que Ve.** El que se revela como "El Roi".
13. **Dios que Prueba la Fe.** El que pide a Isaac en sacrificio.
14. **Dios que Provee Sustituto.** El que da el carnero en lugar del hijo.
15. **Dios que Juzga Ciudades.** El que destruye Sodoma y Gomorra.
16. **Dios que Rescata al Justo.** El que libra a Lot.

17. **Dios que Sana.** El que restaura la casa de Abimelec.
18. **Dios que Abre y Cierra Matrices.** El que controla la fertilidad.
19. **Dios que Acompaña en el Camino.** El que está con Jacob en Betel.
20. **Dios de la Escalera Celestial.** El que conecta cielo y tierra.
21. **Dios que Lucha con el Hombre.** El que pelea con Jacob en Peniel.
22. **Dios que Bendice en la Lucha.** El que transforma a Jacob en Israel.
23. **Dios que Guarda Pactos.** El que recuerda a Abraham en generaciones posteriores.
24. **Dios que Multiplica.** El que hace crecer familias y naciones.
25. **Dios que Prospera a Sus Escogidos.** El que bendice a Isaac en tierra de hambre.
26. **Dios que Habla en Sueños.** El que guía a través de visiones nocturnas.
27. **Dios que Protege de Enemigos.** El que advierte a reyes en sueños.
28. **Dios que Acompaña en Exilio Personal.** El que está con Jacob en Harán.
29. **Dios que Ordena Regresar.** El que dirige el retorno a la tierra prometida.
30. **Dios que Reafirma Pactos.** El que repite promesas a Isaac y Jacob.

Total: 30 complementos exclusivos de este tiempo.

¿Qué revela esta lista? Esta lista revela que, en la etapa de los patriarcas, Dios se da a conocer como:

➢ Dios de relación, no solo de creación.

- Dios de pacto, no solo de juicio.
- Dios de promesa, no solo de advertencia.
- Dios de futuro, no solo de presente.
- Dios de identidad, no solo de existencia.
- Dios que camina, no solo que observa.
- Dios que habla, no solo que actúa.
- Dios que transforma, no solo que preserva.

Lo que esta etapa muestra:

- Dios inicia la relación, no el hombre.
- Dios se compromete con personas reales, con historias reales.
- Dios revela su identidad a través de promesas que atraviesan generaciones.
- Dios se involucra en la vida familiar, emocional y espiritual de los patriarcas.
- Dios prueba la fe para revelar Su provisión.
- Dios transforma identidades para cumplir Su propósito.
- Dios se muestra fiel aun cuando los patriarcas fallan.

Aquí nace la revelación del Dios personal, cercano, pactual, transformador, el Dios que no solo crea la historia...

la Escribe con Nombre Propio y Complementos.

5-. LA IDENTIDAD DE DIOS REVELADA… *En el Tiempo de Moises*

La identidad divina percibida en el Dios que libera, juzga, guía y habita

Con Moisés comienza la revelación más dramática y transformadora del Antiguo Testamento.

Aquí Dios no se revela a un hombre… se revela a una nación.

Aquí nace:

- ✓ el Dios que escucha el clamor de un pueblo
- ✓ el Dios que recuerda Su pacto
- ✓ el Dios que se revela por nombre
- ✓ el Dios que envía libertadores
- ✓ el Dios que juzga imperios
- ✓ el Dios que derrota dioses falsos
- ✓ el Dios que abre mares
- ✓ el Dios que guía con fuego y nube
- ✓ el Dios que da ley
- ✓ el Dios que habita en medio del pueblo
- ✓ el Dios que perdona después de la idolatría
- ✓ el Dios que muestra Su gloria
- ✓ el Dios que establece sacerdocio
- ✓ el Dios que santifica un pueblo para Sí

Nada de esto existía antes.

No había condiciones históricas para que se manifestara.

Aquí listamos solo los complementos que aparecen por primera vez en este tiempo, sin repetir ninguno de los temas anteriores.

LISTA 5 - IDENTIDAD DE DIOS REVELADA...En el Tiempo de Moises

1. **Dios que Escucha el Clamor del Pueblo.** El que oye la opresión de Israel.
2. **Dios que Recuerda Su Pacto.** El que actúa por fidelidad a Abraham, Isaac y Jacob.
3. **Dios que Se Revela por Nombre (YHWH).** El que es, el que será, el que está siendo.
4. **Dios que Envía Libertadores.** El que llama a Moisés.
5. **Dios que Se Manifiesta en Fuego.** La zarza ardiente.
6. **Dios que Da Señales y Maravillas.** El que confirma Su palabra con poder.
7. **Dios que Juzga Imperios.** El que confronta a Faraón.
8. **Dios que Derrota a los Dioses de Egipto.** Cada plaga como juicio espiritual.
9. **Dios que Hace Distinción entre Pueblos.** Luz en Gosén, tinieblas en Egipto.
10. **Dios que Protege con Sangre.** El que establece la Pascua.
11. **Dios que Abre Caminos Imposibles.** El que divide el Mar Rojo.
12. **Dios Guerrero.** El que pelea por Israel.
13. **Dios que Guía con Nube y Fuego.** Presencia visible día y noche.
14. **Dios que Da Ley.** El que revela Su voluntad moral.
15. **Dios que Habla desde el Monte.** El que se manifiesta en trueno y gloria.
16. **Dios que Escribe con Su Dedo.** El que entrega tablas de piedra.
17. **Dios que Establece Sacerdocio.** El que ordena mediadores.
18. **Dios que Santifica un Pueblo.** El que separa a Israel para Sí.

19. **Dios que Habita en el Tabernáculo.** El que mora en medio del campamento.
20. **Dios que Perdona Después de la Idolatría.** El becerro de oro.
21. **Dios que Muestra Su Gloria.** El que pasa delante de Moisés.
22. **Dios Misericordioso y Clemente.** Revelado en Éxodo 34.
23. **Dios Lento para la Ira.** El que no destruye a Israel.
24. **Dios Abundante en Amor y Fidelidad.** El que sostiene generaciones.
25. **Dios que Castiga la Maldad.** El que no tendrá por inocente al culpable.
26. **Dios que Da Instrucciones Detalladas.** El diseño del tabernáculo.
27. **Dios que Acompaña en el Desierto.** El que no abandona a Su pueblo.
28. **Dios que Provee Maná.** El pan del cielo.
29. **Dios que Da Agua de la Roca.** El que sacia en la sequedad.
30. **Dios que Pelea Contra Amalec.** El que sostiene las manos de Moisés.
31. **Dios que Establece Orden y Justicia.** Leyes civiles y sociales.
32. **Dios que Se Enciende en Celos Santos.** Contra la idolatría.
33. **Dios que Se Relaciona Cara a Cara con Moisés.** Como con ningún otro profeta.

Total: 33 complementos exclusivos de este tiempo.

¿Qué revela esta lista? Esta lista revela que, en el Éxodo, Dios se da a conocer como:

- Dios de liberación, no solo de creación.
- Dios de pacto activo, no solo de promesa.

- Dios que interviene, no solo que observa.
- Dios que pelea, no solo que guía.
- Dios que habita, no solo que habla.
- Dios que perdona, no solo que juzga.
- Dios que se acerca, no solo que se revela.

Lo que esta etapa muestra:

- ❖ Dios escucha el sufrimiento colectivo.
- ❖ Dios actúa por fidelidad a Su palabra.
- ❖ Dios se revela por nombre para establecer relación.
- ❖ Dios confronta poderes humanos y espirituales.
- ❖ Dios salva a través de sangre, juicio y camino abierto.
- ❖ Dios forma un pueblo santo, no solo una nación libre.
- ❖ Dios establece un sistema de adoración y mediación.
- ❖ Dios muestra Su gloria y Su carácter de manera directa.
- ❖ Dios permanece con Su pueblo aun cuando ellos fallan.

Aquí nace la revelación del Dios libertador, guerrero, santo, presente, pactual, el Dios que no solo promete, sino que…

Cumple con Poder Visible.

6-. LA IDENTIDAD DE DIOS REVELADA... *En la Conquista y Los Jueces*

La identidad divina percibida en el Dios que entrega, disciplina, levanta y pelea por Su pueblo

Después del Éxodo, Israel no entra directamente en reposo. Entra en guerra, en territorio enemigo, en conflicto espiritual, en idolatría constante, en ciclos de caída y restauración.

Este período revela aspectos de la identidad divina que no podían manifestarse antes, porque:

- ✓ antes no había tierra que conquistar
- ✓ antes no había enemigos que expulsar
- ✓ antes no había idolatría interna que corregir
- ✓ antes no había un pueblo establecido que disciplinar
- ✓ antes no había necesidad de libertadores temporales
- ✓ antes no había un territorio que administrar bajo pacto

Por eso, aquí aparecen por primera vez:

- ➢ el Dios que entrega naciones
- ➢ el Dios que pelea por Su pueblo
- ➢ el Dios que disciplina con opresión extranjera
- ➢ el Dios que levanta jueces
- ➢ el Dios que da reposo temporal
- ➢ el Dios que exige fidelidad territorial
- ➢ el Dios que no tolera alianzas con ídolos
- ➢ el Dios que prueba a Su pueblo a través de enemigos

Aquí listamos solo los complementos que aparecen por primera vez en este tiempo, sin repetir ninguno de los temas anteriores.

LISTA 6 - IDENTIDAD DE DIOS REVELADA...En la Conquista y Los Jueces

1. **Dios que Entrega la Tierra.** El que cumple Su promesa a Abraham.

2. **Dios que Expulsa Naciones.** El que desplaza a pueblos por causa de Su justicia.
3. **Dios que Pelea por Israel.** El que derrota enemigos en batalla.
4. **Dios que Derriba Murallas.** El que hace caer Jericó sin armas humanas.
5. **Dios que Ordena Destruir Ídolos.** El que exige pureza territorial.
6. **Dios que No Tolera Alianzas con el Mal.** El que prohíbe pactos con naciones paganas.
7. **Dios que Da Reposo.** El que concede paz después de la conquista.
8. **Dios que Prueba a Israel con Enemigos.** El que deja naciones para examinar fidelidad.
9. **Dios que Disciplina con Opresión.** El que permite invasores por causa de la idolatría.
10. **Dios que Levanta Jueces.** El que suscita libertadores temporales.
11. **Dios que Da Espíritu a los Jueces.** El que empodera a líderes imperfectos.
12. **Dios que Libera Repetidamente.** El que rescata una y otra vez.
13. **Dios que Se Indigna por la Idolatría.** El que siente celo por Su pueblo.
14. **Dios que Se Compadece del Oprimido.** El que escucha el clamor en medio del castigo.
15. **Dios que Da Estrategias de Guerra.** El que dirige batallas específicas.

16. **Dios que Confirma Su Presencia con Señales.** El que responde a Gedeón.
17. **Dios que Reduce Fuerzas para Mostrar Su Poder.** El que disminuye el ejército de Gedeón.
18. **Dios que Usa Instrumentos Inesperados.** Débora, Jael, Gedeón, Sansón.
19. **Dios que Da Victoria a Través de la Debilidad.** El que vence con lo improbable.
20. **Dios que No Abandona a Su Pueblo.** Aun cuando ellos lo abandonan repetidamente.

Total: 20 complementos exclusivos de este tiempo.

¿Qué revela esta lista? Esta lista revela que, en la Conquista y los Jueces, Dios se da a conocer como:

- Dios Guerrero, que pelea por Su pueblo.
- Dios Juez, que disciplina para restaurar.
- Dios Celoso, que no tolera la idolatría.
- Dios Libertador, que rescata una y otra vez.
- Dios Soberano, que entrega territorios y derriba murallas.
- Dios Pedagogo, que usa enemigos para enseñar fidelidad.
- Dios Misericordioso, que escucha el clamor aun después de la rebelión.

Lo que esta etapa muestra:

- Dios no abandona a Su pueblo, aun cuando ellos lo abandonan.
- La disciplina divina no destruye: corrige, purifica y restaura.
- Dios usa líderes imperfectos para cumplir propósitos perfectos.

- La victoria no depende de la fuerza humana, sino de la presencia divina.
- La fidelidad territorial es parte de la identidad espiritual.
- La guerra en este tiempo es un escenario pedagógico, no solo militar.

Aquí nace la revelación del Dios guerrero, juez, disciplinador, libertador y pedagogo, el Dios que forma a Su pueblo a través de ciclos de caída y restauración.

7-. LA IDENTIDAD DE DIOS REVELADA... *En la Monarquía y los Profetas*

La identidad divina percibida en el Dios que reina, confronta, denuncia, disciplina y promete restauración

Cuando Israel pide un rey, algo cambia para siempre. La relación con Dios entra en una nueva dimensión:

- ✓ ahora hay trono
- ✓ ahora hay palacio
- ✓ ahora hay ejército
- ✓ ahora hay política
- ✓ ahora hay alianzas
- ✓ ahora hay idolatría institucional
- ✓ ahora hay injusticia social
- ✓ ahora hay profetas enviados a confrontar

Y en medio de todo esto, Dios se revela de maneras que no habían sido necesarias antes.

Aquí aparece:

- ➢ el Dios Rey
- ➢ el Dios Celoso en sentido matrimonial
- ➢ el Dios Pastor de Su pueblo
- ➢ el Dios que unge
- ➢ el Dios que derriba reyes
- ➢ el Dios que levanta profetas
- ➢ el Dios que habla a naciones
- ➢ el Dios que exige justicia social
- ➢ el Dios que llora por Su pueblo
- ➢ el Dios que promete un Mesías
- ➢ el Dios que anuncia un nuevo pacto
- ➢ el Dios que restaura después del juicio

Aquí listamos solo los complementos que aparecen por primera vez en este tiempo, sin repetir ninguno de los temas anteriores.

LISTA 7 - IDENTIDAD DE DIOS REVELADA...En la Monarquía y los Profetas

1. **Dios Rey de Israel.** El que gobierna sobre Su pueblo.
2. **Dios que Unge.** El que establece reyes por Su voluntad.
3. **Dios que Derriba Reinos**. El que quita tronos por causa del pecado.
4. **Dios Celoso como Esposo.** El que reclama fidelidad exclusiva.
5. **Dios Pastor de Israel.** El que guía, cuida y corrige.
6. **Dios que Busca al Hombre Conforme a Su Corazón.** David.
7. **Dios que Habla por Profetas.** El que envía mensajeros con Su palabra.
8. **Dios que Denuncia Injusticia.** El que confronta opresión y corrupción.
9. **Dios que Exige Justicia y Misericordia.** Miqueas 6:8.
10. **Dios que Llora por Su Pueblo.** El lamento divino en los profetas.
11. **Dios que Se Aparta por un Tiempo.** El que retira Su presencia por idolatría.
12. **Dios que Anuncia Juicio a las Naciones.** Oráculos contra pueblos extranjeros.
13. **Dios que Defiende al Oprimido.** El que protege al pobre y al extranjero.
14. **Dios que Sana la Tierra.** El que restaura cuando hay arrepentimiento.
15. **Dios que Promete un Rey Eterno.** El Mesías davídico.
16. **Dios que Promete un Nuevo Corazón.** Ezequiel 36.

17. **Dios que Promete un Nuevo Pacto.** Jeremías 31.
18. **Dios que Habita en la Altura y con el Humilde.** Isaías 57.
19. **Dios que Es Fuego Consumidor.** El que purifica.
20. **Dios que Es Santo, Santo, Santo.** La visión de Isaías.
21. **Dios que Es Refugio en el Día del Mal.** El que protege en tiempos de juicio.
22. **Dios que Restaura al Remanente.** El que preserva un pueblo fiel.
23. **Dios que Llama a Volver.** "Convertíos a mí y viviréis."
24. **Dios que Perdona al Arrepentido.** El que restaura después del juicio.
25. **Dios que Promete Derramar Su Espíritu.** Joel 2.
26. **Dios que Hace Nuevas Todas las Cosas.** El anuncio de renovación futura.

Total: 26 complementos exclusivos de este tiempo.

¿Qué revela esta lista? Esta lista revela que, en la Monarquía y los Profetas, Dios se da a conocer como:

- Rey, que gobierna con justicia.
- Esposo, que reclama fidelidad.
- Pastor, que guía y corrige.
- Juez, que denuncia la injusticia.
- Padre, que disciplina con amor.
- Profeta, que habla con voz ardiente.
- Guerrero, que derriba reinos.
- Sanador, que restaura la tierra.
- Esperanza, que promete un futuro nuevo.

Lo que esta etapa muestra:

- ❖ Dios no tolera la idolatría institucional.

- Dios confronta el pecado estructural y social.
- Dios levanta profetas cuando los reyes fallan.
- Dios disciplina para restaurar, no para destruir.
- Dios llora por Su pueblo, mostrando Su corazón.
- Dios promete un Rey eterno y un nuevo pacto.
- Dios anuncia un futuro donde Su Espíritu transformará corazones.

Aquí nace la revelación del Dios Rey, Esposo, Pastor, Profeta, Juez y Restaurador, el Dios que no solo gobierna la historia…

la Redime desde Dentro.

8-. LA IDENTIDAD DE DIOS REVELADA... *En el Exilio y el Retorno*

La identidad divina percibida en el Dios que disciplina, acompaña en el destierro y reconstruye desde las ruinas

El exilio es el punto más bajo de la historia de Israel. Es el resultado acumulado de:

- idolatría
- injusticia
- corrupción
- violencia
- desobediencia
- desprecio por la palabra profética

Pero el exilio no es abandono. Es disciplina. Es cirugía espiritual. Es un acto de amor severo.

Y en ese contexto, Dios se revela de maneras que no habían sido necesarias ni posibles antes:

- ✓ el Dios que entrega a Su pueblo en manos de enemigos
- ✓ el Dios que acompaña en tierra extranjera
- ✓ el Dios que sostiene la identidad en el destierro
- ✓ el Dios que promete restauración futura
- ✓ el Dios que abre puertas imposibles (Ciro)
- ✓ el Dios que reconstruye ruinas
- ✓ el Dios que restaura el culto
- ✓ el Dios que renueva el pacto
- ✓ el Dios que vuelve a habitar con Su pueblo

Aquí listamos solo los complementos que aparecen por primera vez en este tiempo, sin repetir ninguno de los temas anteriores.

LISTA 8 - IDENTIDAD DE DIOS REVELADA...En el Exilio y el Retorno

1. **Dios que Entrega a Su Pueblo a Enemigos.** El que disciplina a través de naciones extranjeras.
2. **Dios que Permanece con Su Pueblo en el Exilio.** El que está en Babilonia tanto como en Jerusalén.
3. **Dios que Guarda Identidad en Tierra Ajena.** El que preserva fe, ley y memoria.
4. **Dios que Da Sabiduría en Medio de Imperios.** Daniel, Ester, Nehemías.
5. **Dios que Humilla a Reyes Soberbios.** Nabucodonosor.
6. **Dios que Exalta a Sus Siervos en Exilio.** Daniel, Ester, Mardoqueo.
7. **Dios que Cierra y Abre Tiempos.** El que determina 70 años de disciplina.
8. **Dios que Promete Restauración Nacional.** El que anuncia retorno y reconstrucción.
9. **Dios que Mueve el Corazón de Reyes.** Ciro, Artajerjes.
10. **Dios que Abre Puertas Políticas.** Permisos para reconstruir.
11. **Dios que Reconstruye Ruinas.** El que restaura muros y ciudades.
12. **Dios que Restaura el Culto.** El que permite reedificar el templo.
13. **Dios que Renueva el Pacto.** El que reestablece la ley con Esdras.
14. **Dios que Da Espíritu de Arrepentimiento.** El que quebranta corazones endurecidos.
15. **Dios que Protege en Medio de la Reconstrucción.** El que guarda contra enemigos internos y externos.
16. **Dios que Fortalece Manos Débiles.** El que sostiene a Nehemías.

17. **Dios que Reúne al Pueblo Disperso.** El que trae de vuelta a los exiliados.
18. **Dios que Restaura la Alegría.** El que devuelve el gozo del culto.
19. **Dios que Habita de Nuevo con Su Pueblo.** El que vuelve a Jerusalén.
20. **Dios que Promete un Futuro Mayor que el Pasado.** "La gloria postrera será mayor que la primera."

Total: 20 complementos exclusivos de este tiempo.

¿Qué revela esta lista? Esta lista revela que, en el exilio y el retorno, Dios se da a conocer como:

- Dios disciplinador, que corrige para sanar.
- Dios presente, incluso en tierra extranjera.
- Dios soberano sobre imperios, no solo sobre Israel.
- Dios restaurador, que reconstruye lo que el pecado destruyó.
- Dios que abre puertas políticas, no solo espirituales.
- Dios que renueva pactos, no solo los establece.
- Dios que devuelve identidad, no solo territorio.
- Dios que transforma ruinas en esperanza.

Lo que esta etapa muestra:

- La disciplina divina es temporal, no eterna.
- Dios no abandona a Su pueblo aun cuando lo corrige.
- Dios gobierna la historia mundial para cumplir Su propósito.
- Dios usa reyes paganos para bendecir a Su pueblo.
- Dios reconstruye no solo muros, sino corazones.
- Dios restaura la adoración antes que la prosperidad.

- Dios prepara el escenario para la venida del Mesías.

Aquí nace la revelación del Dios disciplinador, acompañante, soberano, restaurador y renovador, el Dios que no solo juzga…

Sana, Reconstruye y Devuelve Esperanza.

9-. LA IDENTIDAD DE DIOS REVELADA... *En la Literatura Sapiencial*

La identidad divina percibida en el Dios que enseña, sostiene, ilumina y da sentido a la existencia humana

La literatura sapiencial no surge en momentos de guerra ni de crisis nacional. Surge en momentos de reflexión, madurez, observación, pregunta, dolor personal, búsqueda de sabiduría.

Aquí Dios no se revela como:

- guerrero
- juez de naciones
- libertador político
- dador de ley
- arquitecto del tabernáculo

Aquí Dios se revela como:

- ✓ maestro
- ✓ fuente de sabiduría
- ✓ fundamento de la justicia
- ✓ creador del orden moral
- ✓ refugio emocional
- ✓ sustentador del alma
- ✓ misterio insondable
- ✓ belleza que inspira
- ✓ sentido último de la vida

Aquí listamos solo los complementos que aparecen por primera vez en este tiempo, sin repetir ninguno de los temas anteriores.

LISTA 9 - IDENTIDAD DE DIOS REVELADA...En la Literatura Sapiencial

1. **Dios Fuente de Sabiduría.** El origen de todo entendimiento verdadero.
2. **Dios que Da Sabiduría al Sencillo.** El que instruye al humilde.
3. **Dios que Ordena el Universo Moral.** El que establece causa y efecto ético.
4. **Dios que Sostiene al Justo.** El que guarda al íntegro en tiempos difíciles.
5. **Dios que Conoce el Camino del Hombre.** El que ve más allá de la apariencia.
6. **Dios que Pesa los Corazones.** El que examina motivaciones internas.
7. **Dios que Da Sentido al Trabajo.** El que otorga propósito a la labor humana.
8. **Dios que Da Paz Interior.** El que guarda la mente y el corazón.
9. **Dios que Da Dirección.** El que endereza veredas.
10. **Dios que Enseña a Vivir.** El que instruye en prudencia y justicia.
11. **Dios que Esconde y Revela Misterios.** El que permite comprender a su tiempo.
12. **Dios que Permite el Sufrimiento con Propósito.** Job.
13. **Dios que Responde desde el Torbellino.** El que habla desde el misterio.
14. **Dios que Es Insondable.** El que no puede ser reducido a fórmulas humanas.
15. **Dios que Da Vida y la Quita.** El soberano sobre la existencia.
16. **Dios que Observa Toda la Tierra.** El que ve cada acto humano.
17. **Dios que Da Belleza al Amor.** Cantar de los Cantares.

18. **Dios que Inspira Temor Reverente.** El principio de la sabiduría.
19. **Dios que Da Contentamiento.** El que enseña a disfrutar lo simple.
20. **Dios que Permanece en Medio del Misterio.** El que sigue siendo Dios cuando no hay respuestas.

Total: 20 complementos exclusivos de este tiempo.

¿Qué revela esta lista? Esta lista revela que, en la literatura sapiencial, Dios se da a conocer como:

- ➢ Maestro, que enseña a vivir.
- ➢ Sabio, que ordena la existencia.
- ➢ Soberano, que gobierna incluso lo incomprensible.
- ➢ Refugio interior, que sostiene el alma.
- ➢ Misterio, que trasciende la lógica humana.
- ➢ Fuente de sentido, que da propósito a la vida.
- ➢ Belleza, que inspira amor y poesía.

Lo que esta etapa muestra:

- ❖ La sabiduría no es intelectual: es relacional.
- ❖ El temor de Dios es el fundamento de la vida plena.
- ❖ El sufrimiento no niega a Dios: lo revela.
- ❖ La justicia divina opera más allá de la comprensión humana.
- ❖ La vida es un regalo que debe disfrutarse con reverencia.
- ❖ Dios está presente incluso cuando guarda silencio.
- ❖ La búsqueda de sabiduría es una forma de adoración.

Aquí nace la revelación del Dios sabio, maestro, misterioso, sustentador, observador, dador de sentido, el Dios que no solo gobierna la historia…**gobierna el corazón humano.**

10-. LA IDENTIDAD DE DIOS REVELADA... *En Jesucristo*

La identidad divina percibida en el Hijo, que revela al Padre en plenitud

Con Jesús, la revelación de la identidad de Dios alcanza su punto culminante.

Ya no se trata de:

- un pacto
- una teofanía
- un profeta
- un libertador
- un juez
- un rey humano
- un sacerdote
- un sabio

Aquí se trata de Dios mismo, caminando entre los hombres. Jesús no revela a Dios desde la distancia. Jesús revela a Dios desde dentro, desde la unidad eterna del Padre y el Hijo.

Por eso, en Jesús aparecen aspectos de la identidad divina que jamás pudieron revelarse plenamente antes, porque:

- ➢ ningún ser humano podía encarnarlos
- ➢ ningún profeta podía expresarlos desde la eternidad
- ➢ ninguna institución podía contenerlos
- ➢ ninguna teofanía podía sostenerlos
- ➢ ninguna visión podía capturarlos

Jesús no solo habla del Padre, sino que:

- ✓ Jesús muestra al Padre.
- ✓ Jesús encarna al Padre.
- ✓ Jesús expresa al Padre.
- ✓ Jesús manifiesta al Padre.

Aquí listamos solo los complementos que aparecen por primera vez en este tiempo, sin repetir ninguno de los temas anteriores.

LISTA 10 - IDENTIDAD DE DIOS REVELADA... En Jesucristo

(Estos son complementos exclusivos de la revelación en Jesús, no repetidos en etapas anteriores)

1. **Dios Padre.** Revelado en intimidad única.
2. **Dios Perfecto.** "Sed perfectos como vuestro Padre."
3. **Dios que Ve en lo Secreto.** El que conoce lo íntimo del corazón.
4. **Dios que Da Buenas Cosas.** El que responde como un Padre amoroso.
5. **Dios de Cielo y Tierra.** Soberanía absoluta.
6. **Dios de Vivos.** El que sostiene la vida eterna.
7. **Dios que Alimenta y Viste.** El que cuida detalles mínimos.
8. **Dios que Conoce Necesidades.** El que atiende antes de que pidamos.
9. **Dios que Perdona.** El que restaura la relación rota.
10. **Dios que Recompensa.** El que honra la fidelidad secreta.
11. **Dios que Da el Reino.** El que entrega herencia eterna.
12. **Dios que Atrae.** El que inicia la fe.
13. **Dios que Poda para Dar Fruto.** El que forma carácter.
14. **Dios que Revela.** El que abre entendimiento espiritual.
15. **Dios que Envía.** El que comisiona con propósito.
16. **Dios que Honra.** El que exalta al siervo fiel.

17. **Dios que Escucha al Hijo.** Relación eterna de amor.
18. **Dios que Santifica.** El que separa para Sí.
19. **Dios que Da Vida al Hijo.** Fuente eterna de vida.
20. **Dios que Trabaja Hasta Ahora.** Actividad continua.
21. **Dios Mayor que Todos.** Supremacía absoluta.
22. **Dios Santo.** Pureza perfecta.
23. **Dios Justo.** Rectitud eterna.
24. **Dios que Ama al Hijo.** Amor eterno intratrinitario.
25. **Dios que Ama al Mundo.** Amor universal.
26. **Dios que Permanece.** Presencia constante.
27. **Dios que Da Verdadera Comida.** Sustento espiritual.
28. **Dios que Enseña.** Maestro divino.
29. **Dios que Guarda.** Protector eterno.
30. **Dios que Conoce al Hijo.** Conocimiento perfecto.
31. **Dios Glorificado.** El que recibe gloria eterna.
32. **Dios que Da el Espíritu.** Fuente del don supremo.
33. **Dios que Prepara Moradas.** Esperanza futura.

Total: 35 complementos exclusivos de este tiempo.

¿Qué revela esta lista? Esta lista revela que, en Jesús, la identidad de Dios se muestra:

- sin velos
- sin sombras
- sin intermediarios
- sin símbolos
- sin distancia

Jesús revela a un Dios:

- Padre
- cercano
- tierno

- sabio
- justo
- santo
- activo
- presente
- vivificador
- relacional
- misericordioso
- generoso
- intencional
- eterno

Lo que esta etapa muestra:

- ✓ Jesús no explica a Dios: lo encarna.
- ✓ Jesús no describe al Padre: lo revela.
- ✓ Jesús no teoriza sobre Dios: lo muestra en acción.
- ✓ Jesús no presenta un concepto: presenta una relación.
- ✓ Jesús no trae una doctrina: trae al Padre mismo.

Aquí la revelación progresiva llega a su cima.

- Aquí Dios se hace visible.
- Aquí Dios se hace tocable.
- Aquí Dios se hace audible.
- Aquí Dios se hace carne.

Jesús es la revelación plena de la identidad divina.

11-. LA IDENTIDAD DE DIOS REVELADA... *Por los Apóstoles*

La identidad divina percibida en el Dios que capacita, preserva, consuela, ilumina y actúa en la Iglesia naciente

Después de la ascensión de Jesús, la revelación de la identidad de Dios continúa, pero ahora a través del Espíritu Santo, obrando en:

- los apóstoles
- los discípulos
- las iglesias (congregaciones de creyentes)
- los nuevos creyentes
- los gentiles
- los perseguidos
- los líderes pastorales
- los testigos anónimos
- los escritores del Nuevo Testamento

Aquí Dios se revela en un contexto completamente nuevo:

- ➢ comunidades multiculturales
- ➢ persecución
- ➢ expansión misionera
- ➢ milagros apostólicos
- ➢ conflictos internos
- ➢ formación doctrinal
- ➢ vida en el Espíritu
- ➢ esperanza escatológica

Y en ese contexto aparecen aspectos de Su identidad que no podían revelarse antes, porque:

- ✓ no existía la Iglesia
- ✓ no existía el Espíritu derramado sobre todos
- ✓ no existía la misión global
- ✓ no existía la persecución cristiana
- ✓ no existía la vida comunitaria del Nuevo Pacto
- ✓ no existía la revelación apostólica escrita

Aquí listamos solo los complementos que aparecen por primera vez en este tiempo, sin repetir ninguno de los temas anteriores.

LISTA 11 - IDENTIDAD DE DIOS EXPRESADA...Por los Apóstoles

1. **Dios Fiel.** El que cumple Su palabra en Cristo.
2. **Dios de Paz.** El que guarda el corazón en medio de persecución.
3. **Dios de Esperanza.** El que llena de gozo y fe.
4. **Dios de Toda Gracia.** El que restaura y fortalece.
5. **Dios que Consuela.** El Padre de misericordias.
6. **Dios que Fortalece.** El que afirma y sostiene.
7. **Dios que Guarda el Depósito.** El que protege la fe.
8. **Dios que Ilumina el Corazón.** El que abre los ojos espirituales.
9. **Dios que Da Crecimiento.** El que hace madurar la Iglesia.
10. **Dios que Abre Puertas.** El que dirige la misión.
11. **Dios que Revela Misterios.** El que da entendimiento apostólico.
12. **Dios que Vivifica.** El que da vida espiritual.
13. **Dios que Justifica.** El que declara justo al creyente.

14. **Dios que Libra del Mal.** El que preserva hasta el fin.
15. **Dios que Capacita.** El que da dones y habilidades.
16. **Dios que Inspira Escrituras.** El que sopla la Palabra.
17. **Dios que Llama.** El que convoca a la misión.
18. **Dios que Escoge.** El que selecciona para propósito.
19. **Dios que Adopta.** El que hace hijos por el Espíritu.
20. **Dios que Enriquese.** El que provee recursos espirituales.
21. **Dios que Sostiene el Universo.** El que mantiene todo por Su palabra.
22. **Dios que Disciplina Hijos.** El que corrige en amor.
23. **Dios que Recompensa.** El que honra la fidelidad.
24. **Dios que Santifica.** El que transforma carácter.
25. **Dios que Preserva sin Caída.** El que guarda hasta el final.
26. **Dios Luz.** El que revela verdad.
27. **Dios Amor.** La esencia divina.
28. **Dios Mayor que Nuestro Corazón.** El que conoce todo.
29. **Dios Invisible.** El que trasciende la creación.
30. **Dios Sabio.** El único sabio.
31. **Dios Incorruptible.** El que no cambia.
32. **Dios que Da Todas las Cosas.** El que provee abundantemente.
33. **Dios que Vivifica a los Muertos.** El que resucita.
34. **Dios que Llama lo que No Es.** El creador de realidades.
35. **Dios que Obra en Nosotros.** El que produce querer y hacer.
36. **Dios que Consuela a los Humildes.** El que levanta al quebrantado.
37. **Dios que Hace Aptos.** El que capacita para la herencia.
38. **Dios que Libera del Reino de Tinieblas.** El que traslada al Reino del Hijo.

Total: 38 complementos exclusivos de este tiempo.

¿Qué revela esta lista? Esta lista revela que, después de la ascensión de Jesús, la identidad de Dios continúa desplegándose, pero ahora en un escenario completamente nuevo: la Iglesia naciente.

Aquí Dios se muestra como:

- ✓ el que sostiene
- ✓ el que capacita
- ✓ el que ilumina
- ✓ el que consuela
- ✓ el que preserva
- ✓ el que forma
- ✓ el que guía
- ✓ el que revela
- ✓ el que actúa dentro del creyente y dentro de la comunidad.

En esta etapa, Dios ya no se revela solo a través de un individuo, sino a través de un cuerpo, una comunidad viva, diversa, perseguida, guiada por el Espíritu.

Aquí la identidad divina se manifiesta en dimensiones que no podían existir antes porque no existía: la Iglesia, la vida en el Espíritu, la misión global, la persecución cristiana, la formación doctrinal, la comunidad del Nuevo Pacto.

Por eso esta lista es tan amplia: la identidad de Dios se revela ahora en la vida, lucha, misión y madurez de Su pueblo.

Lo que esta etapa muestra:

- ➢ Dios no solo salva: forma.
- ➢ Dios no solo llama: capacita.
- ➢ Dios no solo guía: abre puertas.
- ➢ Dios no solo enseña: ilumina el corazón.

- Dios no solo preserva: fortalece hasta el fin.
- Dios no solo consuela: levanta al humilde.
- Dios no solo provee: enriquece espiritualmente.
- Dios no solo revela: inspira Escrituras.
- Dios no solo actúa en la historia: obra dentro del creyente.
- Dios no solo gobierna el universo: sostiene todas las cosas por Su palabra.

Aquí la identidad divina se vuelve experiencia comunitaria, madurez espiritual, misión global, perseverancia en persecución, esperanza escatológica, vida en el Espíritu.

En esta etapa, Dios se revela como: Fiel en las promesas, Padre en el consuelo, Sabio en la doctrina, Santo en la transformación, Poderoso en los milagros, Preservador en la persecución, Vivificador en la vida espiritual, Guía en la misión, Luz en la verdad, Amor en la esencia.

Aquí la revelación progresiva no se detiene: se expande, se profundiza, se encarna en la Iglesia.

Aquí Dios no solo actúa por Su pueblo… actúa en Su pueblo.

Aquí Dios no solo habla a través de apóstoles… habla a través de una comunidad llena del Espíritu.

Aquí Dios no solo sostiene la historia… sostiene corazones, iglesias, misiones, vidas y destinos.

Esta es la identidad divina revelada en la Iglesia apostólica:

Dios actuando…

Formando…

preservando …

y revelando en Su pueblo.

12-. LA IDENTIDAD DE DIOS REVELADA... *Por lo Otros Personajes*

La identidad divina percibida por voces diversas, inesperadas y no institucionales...

La revelación progresiva de la identidad de Dios no se limita a profetas, reyes, patriarcas, Jesús o los apóstoles.

A lo largo de la historia bíblica y especialmente en el Nuevo Testamento, Dios también se da a conocer a través de personas comunes, de personajes secundarios, de testigos anónimos, de gentiles, de ángeles, de multitudes, de criminales arrepentidos, de buscadores sinceros y de hombres y mujeres que, aun sin tener un rol doctrinal, perciben algo verdadero de Dios.

Estas voces no enseñan teología formal...

...No establecen doctrina...

...No escriben epístolas...

...No fundan iglesias...

Pero reconocen a Dios en momentos de encuentro, de necesidad, de revelación espontánea, de intervención divina.

Y esas percepciones, aunque breves, fragmentarias o circunstanciales, también forman parte del despliegue progresivo de Su identidad.

En esta etapa, Dios se revela:

- a través de ángeles que anuncian
- de gentiles que adoran
- de mujeres que creen
- de criminales que se arrepienten
- de multitudes que observan

- de buscadores que oran
- de predicadores que proclaman
- de testigos que confiesan
- de pueblos que escuchan
- de iglesias que reciben.

Aquí aparecen aspectos de Su identidad que no podían revelarse antes porque:

- no existían estos encuentros
- no existían estas circunstancias
- no existían estos personajes
- no existía este contexto histórico
- no existía esta diversidad de voces.

Por eso, en esta lista reunimos solo los complementos de la identidad divina que emergen por primera vez a través de estas voces diversas, sin repetir ninguno de los revelados en etapas anteriores.

LISTA 12 - IDENTIDAD DE DIOS REVELADA...Por Otros Personajes

1. **Dios Altísimo.** Reconocido por ángeles y gentiles.
2. **Dios Salvador.** Confesado por María.
3. **Dios que Visita a Su Pueblo.** Reconocido por multitudes.
4. **Dios que Oye la Oración.** Confesado por Cornelio.
5. **Dios Digno de Adoración.** Reconocido por los magos.
6. **Dios que Da Testimonio.** Reconocido por testigos judíos.
7. **Dios Temido.** Confesado por el criminal arrepentido.
8. **Dios que Da Potestad a los Hombres.** Reconocido por multitudes.
9. **Dios que Glorifica a Su Siervo.** Proclamado por Pedro.

10. **Dios de Nuestros Padres.** Reconocido por la Iglesia primitiva.
11. **Dios que Hizo el Mundo.** Proclamado por Pablo.
12. **Dios que Da Vida y Aliento.** El sustentador universal.
13. **Dios que Determina Tiempos y Límites.** El soberano de la historia.
14. **Dios que No Habita en Templos Hechos por Manos.** El trascendente.
15. **Dios que Resucitó a Jesús.** El fundamento del evangelio.
16. **Dios que Extiende Su Mano.** El que obra milagros.
17. **Dios que Da el Espíritu.** El que llena a los creyentes.
18. **Dios que Salva.** Confesado por el carcelero.
19. **Dios Justo.** Proclamado por Esteban.
20. **Dios que Es, que Era y que Ha de Venir.** El eterno del Apocalipsis.

Total: 20 complementos exclusivos de este tiempo.

¿Qué revela esta lista? Esta lista revela que la identidad de Dios no solo se manifiesta a través de líderes, profetas, apóstoles o figuras centrales, sino también a través de voces diversas, inesperadas y no institucionales.

Aquí Dios se da a conocer: en la adoración de gentiles, en la fe de mujeres, en la confesión de criminales, en la búsqueda de extranjeros, en la oración de un centurión, en la proclamación de predicadores, en la percepción de multitudes, en la experiencia de testigos anónimos.

Estas voces no enseñan doctrina, pero reconocen algo verdadero de Dios.

- No escriben epístolas, pero perciben Su carácter.
- No fundan iglesias, pero confiesan Su identidad.

- No desarrollan teología, pero captan Su esencia.

Esta lista muestra que la revelación de Dios no está limitada a los grandes escenarios, sino que también emerge en encuentros breves, en momentos de crisis, en actos de fe espontánea, en confesiones inesperadas y en percepciones que nacen del asombro, del temor, de la gratitud o de la intervención divina.

Aquí la identidad divina se revela desde abajo, desde la experiencia humana, desde la mirada del que observa, del que sufre, del que cree, del que busca, del que reconoce.

Lo que esta etapa muestra:

La revelación de Dios no termina con Jesús ni con los apóstoles: continúa en la vida real de las personas. Dios se da a conocer en encuentros cotidianos, no solo en momentos teológicos.

La identidad divina se percibe en la adoración, en la fe, en la necesidad, en la búsqueda y en la intervención sobrenatural.

La diversidad de voces revela la universalidad del carácter de Dios.

La confesión de gentiles, criminales, mujeres, extranjeros y multitudes muestra que Dios no es propiedad de un grupo, sino Señor de todos.

La proclamación de predicadores y testigos confirma que la identidad divina se extiende más allá de Israel, más allá de la Iglesia primitiva, más allá de los límites culturales.

La revelación se vuelve global, humana, amplia, abierta, alcanzando a todos los que tienen ojos para ver y oídos para oír.

Aquí culmina la revelación progresiva.

No porque Dios deje de revelarse, sino porque la Escritura ha completado el testimonio histórico de cómo Su identidad se desplegó ante la humanidad.

Desde: la creación, la inocencia, la caída, los patriarcas, el éxodo, los jueces, los reyes, los profetas, Jesús, los apóstoles, y finalmente estas voces diversas... la identidad divina se ha mostrado de manera continua, ascendente, profunda y progresiva.

Aquí vemos a un Dios: Altísimo, Salvador, Justo, Eterno, Soberano, Cercano, Universal, Vivo, Presente, Actuante y Reconocido por toda lengua, pueblo y nación.

Aquí termina el recorrido histórico...

Aquí se cierra el despliegue progresivo...

Aquí la revelación alcanza su amplitud máxima.

Dios revelado en la Iglesia, en las naciones, en los buscadores, en los humildes, en los testigos, en los que creen y en los que claman.

Aquí concluye el Capítulo 4:

Dios revelando Su identidad a través de toda la historia humana.

Capítulo 5
LA IDENTIDAD DE DIOS
Revelación Experiencial en la Historia d. C.

Después que Jesús ascendió al cielo, muchos pensaron que la revelación había terminado.

Como si Dios hubiera cerrado el libro y dicho: "Lo demás corre por cuenta de ustedes".

Pero no.

La ascensión no fue un punto final.

Fue el inicio de una etapa donde la historia humana se convertiría en un nuevo escenario de revelación.

Porque Dios no está encerrado en la Biblia ni limitado al tiempo antiguo.

Él es eterno, soberano, vivo, y sigue manifestándose en cada generación, en cada crisis, en cada avance, en cada nación.

Mientras muchos viven como si Dios hubiera dejado de hablar, otros, los que tienen ojos para ver, están experimentando Su presencia, Su guía, Su protección y Su intervención de maneras tan reales que no dejan duda de Su existencia.

Dios sigue actuando…

…Sigue revelándose.

Sigue mostrando Su identidad en contextos que jamás habían existido antes: guerras mundiales, genocidios, renacimientos culturales, restauraciones nacionales, descubrimientos que cambiaron la comunicación, movimientos espirituales que encendieron continentes enteros.

Y mientras algunos pasan por la vida sin reconocerlo, otros están disfrutando los beneficios de un Padre que nunca dejó de ser Padre: dirección, provisión, protección, misericordia, propósito, milagros.

Este capítulo es un recorrido por esos momentos donde Dios irrumpió en la historia d.C. con una claridad que sorprende, incomoda, sana y transforma.

Doce escenarios donde Su identidad brilló en medio de la oscuridad, la injusticia, la valentía, el dolor y la esperanza.

Doce momentos donde Dios dijo, una vez más:

"Aquí estoy…

Sigo siendo Yo…

Sigo revelándome…"

1. LA DESTRUCCIÓN DEL TEMPLO DE JERUSALEN (70 d.C.) ... *Dios que trasciende estructuras*

Cuando el Templo cayó, muchos pensaron que Dios había caído con él...

Para Israel, el Templo no era solo un edificio: era el centro del universo espiritual, el lugar donde el cielo tocaba la tierra, el símbolo visible de la presencia invisible.

Pero en el año 70 d.C., las piedras que parecían eternas fueron derribadas.

Columnas, altares, patios, sacrificios... todo quedó reducido a cenizas.

Y el mundo religioso quedó en silencio, como si la historia hubiera perdido su eje.

Sin embargo, en ese aparente desastre, Dios estaba revelando algo que cambiaría para siempre la manera en que el hombre entiende Su identidad.

Dios no habita en templos hechos por manos humanas. Él no depende de estructuras, rituales, ni geografías.

El Templo podía caer...pero Dios no.

La destrucción del Templo fue una declaración divina:

"Mi presencia no está confinada. Mi identidad no está limitada. Yo Soy... más grande que todo lo que ustedes construyen."

Mientras las piedras se desplomaban, una verdad eterna se levantaba: el verdadero templo sería ahora el corazón del hombre.

La presencia que antes estaba detrás de un velo ahora viviría dentro de cada creyente.

Lo que antes era un lugar… ahora sería una persona.

Lo que antes era un edificio… ahora sería una relación.

La identidad revelada en este suceso es poderosa:

- ✓ Dios Incontenible.
- ✓ Dios que trasciende estructuras.
- ✓ Dios que no se encierra en lo que el hombre levanta.

Y esta revelación sigue vigente hoy…

Muchos siguen buscando a Dios en edificios, sistemas, tradiciones, rituales… pero Él sigue manifestándose en lugares inesperados: en casas, en calles, en hospitales, en cárceles, en conversaciones, en silencios, en corazones rotos.

La caída del Templo no fue el fin de la presencia de Dios. Fue el inicio de una nueva forma de habitar entre los hombres. Una forma más íntima, más cercana, más profunda.

Fue Dios diciendo:

"No me busquen en las ruinas...

Yo estoy vivo y Soy el que SOY…

y estoy con ustedes."

2. LA PRESERVACIÓN DEL EVANGELIO EN MEDIO DEL IMPERIO ROMANO... *Dios Imparable*

El Dios que avanza, aunque el mundo se oponga...

Cuando Jesús ascendió, el Imperio Romano era la fuerza más poderosa del mundo. Era un sistema militar, político y religioso que parecía indestructible. Era un gigante que aplastaba culturas, imponía leyes, controlaba territorios y perseguía cualquier movimiento que amenazara su estabilidad.

Y en medio de ese imperio... nació una fe que no tenía templos, ni ejércitos, ni poder político, ni protección legal. Una fe sostenida por pescadores, mujeres, esclavos, extranjeros, perseguidos.

Humanamente, el Evangelio no tenía ninguna posibilidad. Pero Dios no necesita posibilidades.

Dios es la posibilidad.

La persecución no detuvo el Evangelio... lo multiplicó y mientras Roma perseguía, Dios avanzaba. Mientras encarcelaban apóstoles, Dios abría puertas. Mientras destruían comunidades, Dios levantaba otras diez. Mientras prohibían predicar, Dios llenaba de valentía a los que predicaban.

El Imperio tenía poder... pero Dios tenía propósito.

Y cuando el propósito de Dios se activa..

...nada lo detiene.

Aquí, en este periodo de tiempo, Dios mostró una identidad que ya había revelado en la antiguedad, pero ahora en un escenario completamente nuevo:

- ✓ Dios Imparable, como cuando abrió el Mar Rojo.
- ✓ Dios que expande, como cuando multiplicó a Israel en Egipto.
- ✓ Dios que sostiene, como cuando preservó a Elías en tiempos de Acab.
- ✓ Dios que fortalece, como cuando levantó a Josué para conquistar la tierra.
- ✓ Dios que ilumina, como cuando inspiró a los profetas en medio de reinos corruptos.

Lo que hizo en el Antiguo Testamento, lo hizo otra vez… pero ahora en medio del imperio más poderoso del mundo.

Porque Dios no cambia. Dios no se adapta al miedo. Dios no retrocede ante la oposición.

Dios avanza…

…Dios cumple…

…Dios preserva.

La inspiración divina no terminó con la Biblia y así como Dios inspiró a hombres a escribir las Escrituras, también inspiró a los primeros cristianos a predicar, a escribir cartas, a formar comunidades, a preservar el mensaje.

La misma identidad que inspiró a Moisés, a David, a Isaías, a Pablo…es la identidad que inspiró a miles de creyentes anónimos que arriesgaron su vida para que el Evangelio no desapareciera.

Dios no dejó de inspirar…

…Dios no dejó de preservar…

…Dios no dejó de hablar.

Muchos creen que Dios ya no hace nada. Que Su poder quedó en los tiempos bíblicos. Que Su voz se apagó con el último apóstol.

Pero la historia del Imperio Romano grita lo contrario:

Dios sigue siendo imparable…

…Dios sigue avanzando…

…Dios sigue preservando Su obra.

Y mientras algunos viven como si Dios estuviera inactivo, otros están experimentando Su poder, Su guía y Su intervención en formas que no dejan duda de Su existencia.

3. LA FORMACIÓN DE LOS PRIMEROS HOSPITALES CRISTIANOS (SIGLO IV)... *Dios Sanador y Compasivo*

El Dios que transforma la misericordia, en estructura...

En el mundo antiguo, la enfermedad era una sentencia. Los enfermos eran abandonados, aislados, expulsados de las ciudades. No existía el concepto de "cuidado médico" como lo entendemos hoy.

No había lugares dedicados a sanar, ni sistemas organizados de atención, ni personas dispuestas a cuidar a desconocidos.

Hasta que apareció algo que nunca había existido: los primeros hospitales cristianos.

Y detrás de ese movimiento histórico, había una identidad divina revelándose con claridad:

Dios Sanador...

...Dios Compasivo...

...Dios que cuida al débil.

Los cristianos del siglo IV hicieron algo revolucionario: tomaron la compasión de Jesús, esa compasión que tocaba leprosos, que sanaba enfermos, que levantaba caídos, y la convirtieron en un sistema organizado.

No era solo "ayudar".

Era crear un lugar donde la ayuda fuera constante, digna, humana, divina.

Así nacieron los primeros hospitales:

- casas de cuidado para enfermos

- ➢ refugios para heridos
- ➢ lugares para ancianos abandonados
- ➢ espacios para huérfanos
- ➢ centros para epidemias

Todo esto en una época donde nadie hacía eso.

Y… ¿Quién inspiró esa revolución?

El mismo Dios que inspiró a los profetas a escribir, a los salmistas a cantar, a los apóstoles a predicar.

El Dios que inspiró Escritura… inspiró también infraestructura. En la formación de los primeros hospitales, Dios mostró:

- ✓ Su identidad como Sanador, no solo de cuerpos, sino de dignidades.
- ✓ Su identidad como Compasivo, moviendo a hombres y mujeres a cuidar a desconocidos.
- ✓ Su identidad como Inspirador, guiando a la Iglesia a crear algo que nunca había existido.
- ✓ Su identidad como Preservador, protegiendo vidas en tiempos de epidemias y abandono.
- ✓ Su identidad como Padre, enseñando a Su pueblo a tratar a otros como hijos amados.

Lo que Jesús hizo en persona, Su Espíritu lo continuó haciendo a través de Su pueblo.

La inspiración divina no terminó con la Biblia, así como Dios inspiró a hombres a escribir los libros sagrados, también inspiró a hombres y mujeres a crear espacios donde Su amor pudiera tocar cuerpos y almas.

La misma identidad que inspiró a Lucas, el médico amado, inspiró a Basilio de Cesarea a fundar el primer hospital cristiano.

La misma identidad que movió a Jesús a sanar multitudes… movió a la Iglesia a cuidar enfermos cuando nadie más lo hacía.

Dios no cambió…

…Dios no se detuvo…

…Dios no se silenció.

Muchos creen que Dios solo actúa en milagros espectaculares.

Pero este suceso revela algo profundo: Dios también se manifiesta en la compasión organizada. En la estructura que cuida. En el sistema que sana. En la mano que sostiene.

Dios sigue siendo Sanador… Sigue siendo Compasivo… Sigue inspirando a Su pueblo a crear espacios donde Su amor se vuelve visible.

Y mientras algunos viven sin reconocerlo, otros están experimentando Su cuidado en hospitales, clínicas, misiones médicas, voluntariados, y manos que sanan con ternura divina.

4. LA PRESERVACIÓN DE LAS ESCRITURAS EN LA EDAD MEDIA... *Dios Guardián de Su Palabra*

El Dios que protege, lo que Él mismo inspiró...

Cuando terminó la era apostólica, muchos pensaron que la Palabra escrita corría peligro.

Imperios caían, guerras estallaban, invasiones destruían ciudades enteras, bibliotecas ardían, reinos se fragmentaban, y la oscuridad cultural cubría Europa como un manto pesado.

Era una época donde casi nada sobrevivía.

- Ni arte.
- Ni ciencia.
- Ni filosofía.
- Ni instituciones.
- Ni archivos.

Pero hubo algo que no desapareció. Algo que resistió incendios, saqueos, persecuciones, ignorancia, corrupción y siglos de caos:

La Palabra de Dios Escrita.

Y no sobrevivió por casualidad... Sobrevivió porque Dios mismo la guardó.

Dios inspiró... y luego protegió lo que inspiró y así como Dios inspiró a Moisés, a David, a Isaías, a Pablo...también inspiró a hombres y mujeres anónimos a preservar lo que ellos habían escrito.

La inspiración divina no terminó cuando se cerró el canon. La misma identidad que sopló vida en las Escrituras sopló valentía en los copistas, monjes, traductores y comunidades que arriesgaron su vida para que la Palabra no desapareciera.

En monasterios escondidos, en cuevas, en torres, en bibliotecas improvisadas, en mesas de madera iluminadas por velas... hombres copiaron letra por letra, línea por línea, página por página, durante siglos.

Muchos murieron sin ver el fruto...

Pero Dios sí lo vio...

Y Dios lo guardó...

En la Edad Media, Dios mostró una identidad que ya había revelado desde el principio:

- Dios Guardián, como cuando protegió el arca en tiempos de Samuel.
- Dios Preservador, como cuando mantuvo viva la descendencia de David.
- Dios Fiel, como cuando cumplió promesas a través de generaciones.
- Dios Inspirador, moviendo manos humanas a copiar textos sagrados con precisión sobrenatural.
- Dios que vela por Su Palabra, porque Su Palabra es parte de Su identidad.

Lo que Dios inspiró… Dios lo protegió.

Lo que Dios habló… Dios lo preservó.

Lo que Dios sembró… Dios lo mantuvo vivo.

En una época donde: los vikingos quemaban monasterios, los reinos se destruían entre sí, la peste negra arrasaba poblaciones, la ignorancia dominaba, la corrupción religiosa crecía, los libros eran tesoros frágiles, el papel era escaso, la tinta era costosa, y la alfabetización era mínima…la Biblia no solo sobrevivió. Se multiplicó.

Eso no es historia. Eso es identidad divina manifestada.

Dios no solo inspiró a escribir… Inspiró a preservar. Dios no solo habló… Se aseguró de que Su voz no se perdiera. Dios no solo reveló Su Palabra… Reveló Su compromiso eterno con ella.

Y así como preservó las Escrituras en la Edad Media, hoy sigue preservando Su mensaje en:

- ✓ traducciones
- ✓ misiones
- ✓ predicadores
- ✓ maestros
- ✓ iglesias
- ✓ comunidades
- ✓ creyentes que guardan Su Palabra en el corazón

Dios no cambia…

…Dios no se detiene…

…Dios no se olvida de lo que Él mismo inspiró.

Muchos creen que la Biblia llegó hasta nosotros por casualidad. Pero este suceso revela algo profundo:

La Biblia existe hoy porque Dios la guardó.

Porque Dios la protegió.

Porque Dios la preservó.

Y si Dios preservó Su Palabra durante siglos de oscuridad, ¿cómo no preservará también la vida de aquellos que la aman?

Dios sigue siendo Guardián…

…Sigue siendo Fiel…

…Sigue siendo Preservador.

Y mientras algunos viven sin reconocerlo, otros están experimentando la fuerza de una Palabra que sobrevivió a imperios, guerras, plagas y siglos…

porque detrás de ella hay un Dios vivo.

5. LA INVENCIÓN DE LA IMPRENTA Y LA DIFUSIÓN DE LA BIBLIA (SIGLO XV)... *Dios que habla a las multitudes*

El Dios que multiplica Su voz, cuando el mundo más la necesita...

Durante siglos, la Palabra escrita estuvo encerrada en monasterios, copiada a mano, accesible solo para unos pocos privilegiados.

Era un tesoro guardado, pero no difundido. Un mensaje vivo, pero limitado por la tecnología de su tiempo.

Y entonces, en el siglo XV, ocurrió algo que cambió la historia humana para siempre:

la invención de la imprenta de tipos móviles por Johannes Gutenberg.

Muchos lo ven como un avance tecnológico. Pero quienes tienen ojos espirituales entienden que fue mucho más que eso.

Fue una intervención divina en la historia.

Fue Dios diciendo:

"Mi Palabra no será más un secreto...
Mi voz será escuchada por naciones."

La imprenta, fue un invento humano con un propósito divino. Gutenberg no era un profeta. No era un sacerdote. No era un teólogo.

Era un artesano... Un inventor... Un hombre con deudas, fracasos y sueños.

Pero Dios ha usado a personas así desde siempre:

- ✓ artesanos como Bezaleel para construir el tabernáculo
- ✓ pastores como Amós para profetizar
- ✓ pescadores como Pedro para predicar
- ✓ médicos como Lucas para escribir
- ✓ reyes como David para cantar
- ✓ campesinas como María para traer al Mesías

Dios no cambia.

Dios sigue inspirando a personas comunes para cumplir propósitos eternos.

Y a través de Gutenberg, Dios abrió un camino que nadie había imaginado: la multiplicación masiva de Su Palabra.

En la invención de la imprenta y la difusión de la Biblia, Dios mostró:

- ❖ Dios que habla a las multitudes, no solo a individuos.
- ❖ Dios que rompe barreras, llevando Su Palabra más allá de monasterios y élites.
- ❖ Dios que democratiza la revelación, permitiendo que cualquier persona pueda leer.
- ❖ Dios que inspira creatividad, usando la mente humana para cumplir Su propósito eterno.

- ❖ Dios que acelera la historia, preparando el camino para la Reforma, los avivamientos y las misiones globales.
- ❖ Dios que preserva Su voz, asegurando que Su Palabra llegue intacta a cada generación.

Lo que antes era lento… ahora sería rápido.

Lo que antes era escaso… ahora sería abundante.

Lo que antes era exclusivo… ahora sería universal.

La inspiración divina no terminó con los profetas… y así como Dios inspiró a:

- ➢ Moisés a escribir la Ley
- ➢ David a escribir salmos
- ➢ Isaías a escribir profecías
- ➢ Pablo a escribir cartas

también inspiró a Gutenberg a crear una máquina que multiplicara esas palabras.

La misma identidad que inspiró Escritura… inspiró también tecnología.

La misma identidad que preservó manuscritos… preservó ahora copias impresas.

La misma identidad que habló en el Sinaí… habló ahora en páginas que viajarían por el mundo.

Dios no cambia…

Dios no se detiene…

Dios no se limita a un tiempo…

Muchos creen que Dios solo se manifestó en la antigüedad. Pero este suceso revela algo profundo:

Dios sigue hablando…

Dios sigue inspirando…

Dios sigue multiplicando Su voz…

Y mientras algunos viven sin reconocerlo, otros están disfrutando el privilegio de tener una Biblia en sus manos, algo que durante siglos fue imposible.

La imprenta no fue solo un invento. Fue una revelación.

Una manifestación de la identidad de un Dios que quiere ser conocido.

6. JUANA DE ARCO (SIGLO XV) … *Dios que levanta lo débil para confundir lo fuerte*

El Dios que usa lo inesperado, para cumplir lo imposible…

En el siglo XV, Francia estaba al borde del colapso, la Guerra de los Cien Años había devastado la nación y el ejército inglés avanzaba sin resistencia.

El rey francés estaba desmoralizado y el pueblo vivía en desesperanza.

Y en medio de ese caos, Dios no levantó a un general, ni a un estratega, ni a un noble, ni a un sacerdote.

Dios levantó a una adolescente campesina… Una joven sin educación militar.

Sin linaje…

…Sin poder…

…Sin influencia…

…Sin armas.

Pero con algo que los poderosos no tenían: una identidad divina respaldándola.

Dios habló… y la historia cambió.

Juana de Arco afirmó que Dios le habló…

- ✓ Que la guiaba.
- ✓ Que la enviaba.

- ✓ Que la fortalecía.
- ✓ Que la instruía.

Y aunque muchos dudaron, el fruto habló por sí mismo:

- ❖ inspiró a un ejército derrotado
- ❖ levantó la moral de una nación entera
- ❖ cumplió profecías sobre el rey de Francia
- ❖ liberó ciudades estratégicas
- ❖ cambió el rumbo de la guerra
- ❖ restauró la esperanza de un pueblo

Lo que ningún general pudo lograr, lo logró una joven de 17 años.

No por su fuerza…

No por su inteligencia…

No por su experiencia….

Sino porque Dios se manifestó en ella.

En Juana de Arco, Dios mostró una identidad que ya había revelado en la Biblia, pero ahora en un contexto completamente distinto:

- ✓ Dios que levanta lo débil, como cuando escogió a David, el menor de sus hermanos.
- ✓ Dios que usa lo improbable, como cuando escogió a Gedeón, escondido y temeroso.

- ✓ Dios que inspira valentía, como cuando fortaleció a Josué.
- ✓ Dios que cumple profecías, como cuando habló a través de Samuel.
- ✓ Dios que sorprende a los poderosos, como cuando usó a Ester para salvar a su pueblo.
- ✓ Dios que actúa en la historia, no solo en la Biblia.

Lo que Dios hizo con pastores, campesinos, jóvenes y mujeres en la Escritura, lo hizo otra vez… pero ahora en medio de reyes, ejércitos y naciones.

Porque Dios no cambia…

Dios no se limita…

Dios no se detiene…

La inspiración divina no terminó con los profetas, y así como Dios inspiró a:

- ➢ Moisés a liberar a Israel
- ➢ Débora a liderar batallas
- ➢ Ester a interceder por su pueblo
- ➢ David a enfrentar gigantes
- ➢ también inspiró a Juana a levantar una nación.

La misma identidad que habló en el Sinaí… habló ahora en una aldea francesa.

La misma identidad que fortaleció a Josué… fortaleció ahora a una joven de 17 años.

La misma identidad que usó a Ester… usó ahora a Juana.

Dios no está encerrado en la Biblia.

La Biblia revela quién es Él… pero la historia d.C. revela que Él sigue siendo el mismo.

Muchos creen que Dios solo usa a "grandes hombres de Dios". Pero este suceso revela algo profundo:

Dios usa a quien Él quiere…

Dios levanta a quien Él escoge…

Dios sorprende a quienes lo subestiman…

Y mientras algunos viven sin reconocerlo, otros, como Juana escuchan Su voz, obedecen Su guía y se convierten en instrumentos de cambios que parecen imposibles.

Dios sigue levantando lo débil. Sigue usando lo inesperado. Sigue manifestándose en personas que el mundo jamás elegiría.

Porque Él es así… Él es El que Es.

7. LA REFORMA PROTESTANTE (SIGLO XVI)

... Dios Reformador

El Dios que restaura la verdad, cuando el hombre la oscurece...

Durante siglos, la fe cristiana se había mezclado con poder político, corrupción, manipulación, ignorancia y prácticas que poco tenían que ver con el corazón del Evangelio.

La Palabra estaba encerrada en un idioma que el pueblo no entendía.

- La verdad estaba cubierta por tradiciones humanas.
- La gracia había sido reemplazada por sistemas de control.
- La salvación se había convertido en un negocio.

Parecía que la luz se había apagado... Pero Dios no se queda de brazos cruzados

Cuando Su verdad es distorsionada... Dios no observa pasivamente...

Cuando Su nombre es usado para oprimir... Dios no abandona a Su pueblo a la oscuridad.

Cuando la religión se corrompe... Dios reforma.

Dios levantó voces que no podían callar y en el siglo XVI, Dios comenzó a despertar conciencias.

Primero en silencio...

Luego en susurros...

Luego en gritos que cruzaron naciones...

Hombres como:

- ✓ Martín Lutero
- ✓ Ulrico Zwinglio
- ✓ Juan Calvino
- ✓ William Tyndale
- ✓ Jan Hus (antes de tiempo, pero parte del mismo fuego)

...no eran revolucionarios políticos...

Eran hombres que escucharon a Dios en un tiempo donde casi nadie lo escuchaba. Y Dios los usó para:

- ✓ devolver la Biblia al pueblo
- ✓ restaurar la centralidad de Cristo
- ✓ recuperar la gracia
- ✓ denunciar abusos
- ✓ romper cadenas religiosas
- ✓ despertar naciones enteras
- ✓ abrir el camino para misiones globales
- ✓ encender avivamientos que durarían siglos

Lo que parecía un movimiento humano, era en realidad una revelación divina en acción.

En la Reforma Protestante, Dios mostró una identidad que ya había revelado en la Escritura, pero ahora en un escenario completamente nuevo:

- ❖ Dios Reformador, como cuando purificó el templo en tiempos de Ezequías.

- Dios que restaura, como cuando reconstruyó Jerusalén con Nehemías.
- Dios que despierta, como cuando levantó a Samuel en tiempos de decadencia espiritual.
- Dios que ilumina, como cuando abrió el entendimiento de los discípulos.
- Dios que libera, como cuando rompió yugos en el Éxodo.
- Dios que habla, como cuando inspiró a los profetas a confrontar reyes.

Lo que Dios hizo con Israel, lo hizo otra vez… pero ahora con la Iglesia.

Porque Dios no cambia…

Dios no se acomoda a la corrupción…

Dios no tolera la oscuridad espiritual…

Cuando el hombre distorsiona…Dios reforma.

La inspiración divina no terminó con los profetas ni con los apóstoles, y así como Dios inspiró a:

- ✓ Moisés a escribir la Ley
- ✓ Josías a restaurar la adoración
- ✓ Esdras a enseñar la Palabra
- ✓ Pablo a defender la gracia

…también inspiró a Lutero a clavar 95 tesis, a Tyndale a traducir la Biblia, a Calvino a enseñar doctrina, a miles de creyentes a arriesgar su vida por la verdad.

La misma identidad que habló en el Sinaí… habló ahora en Wittenberg. La misma identidad que restauró el templo… restauró ahora la Iglesia. La misma identidad que liberó a Israel… liberó ahora a millones de creyentes de la opresión religiosa.

Dios no está encerrado en la Biblia.

La Biblia revela quién es Él… pero la historia d.C. revela que Él sigue siendo el mismo.

Muchos creen que Dios ya no confronta, ya no reforma, ya no despierta.

Pero este suceso revela algo profundo:

Dios no permite que Su verdad muera….

Dios no permite que Su nombre sea usado para esclavizar….

Dios no permite que Su pueblo viva en oscuridad…

Y mientras algunos viven sin reconocerlo, otros están experimentando la libertad, la claridad y la luz que Dios sigue derramando cuando Él reforma.

Dios sigue despertando.

Sigue iluminando…

Sigue restaurando…

Sigue reformando…

Porque Él es así. Él es El que Es.

8. LA ABOLICIÓN DE LA ESCLAVITUD (SIGLOS XVIII–XIX) ... *Dios Libertador*

El Dios que rompe cadenas, en cada generación…

La esclavitud fue una de las heridas más profundas de la humanidad. Durante siglos, millones de personas fueron tratadas como propiedad, vendidas, explotadas, humilladas, separadas de sus familias, privadas de dignidad y esperanza.

Parecía imposible imaginar un mundo sin esclavitud.

Era un sistema tan arraigado, tan normalizado, tan defendido por los poderosos, que muchos pensaban que nunca cambiaría.

Pero Dios no observa en silencio cuando la dignidad humana es pisoteada.

Dios no tolera cadenas eternas…

Dios no abandona a los oprimidos…

Cuando la injusticia se vuelve estructura…

Dios se manifiesta como Libertador.

Dios levantó conciencias, voces y movimientos y en los siglos XVIII y XIX, Dios comenzó a despertar corazones en diferentes partes del mundo.

No fue un solo hombre… No fue un solo país…No fue un solo movimiento…

Fue una ola espiritual que cruzó continentes.

Hombres como:

- ✓ William Wilberforce, movido por una convicción espiritual que lo consumía

- ✓ John Wesley, predicando contra la esclavitud con fuego profético
- ✓ Frederick Douglass, testigo vivo del poder de Dios para restaurar dignidad
- ✓ Harriet Tubman, guiada por visiones y sueños que ella atribuía a Dios
- ✓ los cuáqueros, que declararon que la esclavitud era incompatible con el carácter de Dios
- ✓ misioneros, que denunciaron abusos en plantaciones
- ✓ iglesias, que comenzaron a ver a los esclavos como hermanos y no como propiedad

Dios no levantó ejércitos…

- ➢ Levantó conciencias.
- ➢ Levantó compasión.
- ➢ Levantó valentía.
- ➢ Levantó profetas modernos.

Y lo que parecía imposible… comenzó a derrumbarse.

En la abolición de la esclavitud, Dios mostró una identidad que ya había revelado en la Biblia, pero ahora en un escenario global:

- ❖ Dios Libertador, como en el Éxodo.
- ❖ Dios que escucha el clamor del oprimido, como en Egipto.
- ❖ Dios que levanta libertadores, como Moisés, Débora y Gedeón.

- Dios que confronta imperios, como cuando humilló a Faraón.
- Dios que rompe yugos, como anunció Isaías.
- Dios que restaura dignidad, como Jesús con los marginados.
- Dios que transforma sociedades, no solo individuos.

Lo que Dios hizo con Israel, lo hizo otra vez… pero ahora con millones de esclavos en todo el mundo.

Porque Dios no cambia…

Dios no se acomoda a la injusticia…

Dios no se rinde ante sistemas opresivos…

Cuando el hombre esclaviza… Dios libera.

La inspiración divina no terminó con Moisés y así como Dios inspiró a Moisés a liberar a Israel, también inspiró a Wilberforce a luchar durante décadas en el Parlamento.

Así como Dios fortaleció a Josué, fortaleció a Harriet Tubman en sus misiones de rescate.

Así como Dios habló a través de los profetas, habló ahora a través de predicadores, activistas, esclavos liberados y creyentes comunes.

La misma identidad que abrió el Mar Rojo… abrió ahora el camino hacia la libertad.

La misma identidad que rompió cadenas en Egipto… rompió cadenas en plantaciones.

La misma identidad que liberó a Israel… liberó ahora a millones de seres humanos.

Dios no está encerrado en la Biblia.

La Biblia revela quién es Él… pero la historia d.C. revela que Él sigue siendo el mismo.

Muchos creen que Dios ya no interviene en asuntos sociales. Pero este suceso revela algo profundo:

Dios sigue luchando por la libertad…

Dios sigue defendiendo a los oprimidos…

Dios sigue levantando voces..

que confrontan injusticias…

Y mientras algunos viven sin reconocerlo, otros están experimentando la libertad que Dios sigue derramando en cada generación.

Dios sigue rompiendo cadenas.

Sigue liberando…

Sigue restaurando…

Sigue actuando…

Porque Él es así. Él es El que Es.

9. LA PRIMERA Y SEGUNDA GUERRA MUNDIAL… *Dios que preserva la existencia humana*

El Dios que sostiene al mundo, cuando el mundo se rompe…

El siglo XX abrió sus puertas con una confianza ciega en el progreso humano.

La ciencia avanzaba… La tecnología florecía… Las naciones crecían…

La humanidad creía que podía construir un futuro sin Dios.

Y entonces… la soberbia humana explotó. Primero en 1914. Luego, con una fuerza aún más devastadora, en 1939.

Dos guerras que cubrieron el planeta entero. Dos conflictos que destruyeron ciudades, familias, culturas, economías, generaciones.

Dos momentos donde la humanidad estuvo tan cerca del colapso que muchos pensaron que el mundo no sobreviviría…

…Pero sobrevivió.

Y no por la fuerza humana… Sino porque Dios preservó la existencia humana.

Cuando el mal se multiplica, Dios no se retira

En ambas guerras, el mal se manifestó con una intensidad que parecía imposible:

- genocidios
- bombas atómicas
- campos de concentración
- armas químicas
- destrucción masiva
- ideologías de odio
- ambiciones desmedidas
- millones de muertos

Parecía que la humanidad había decidido destruirse a sí misma. Pero aun en ese caos…

…Dios no se ausentó.

Dios no abandonó Su creación… Dios no dejó que el mal tuviera la última palabra.

Mientras los líderes desataban destrucción, Dios levantaba hombres y mujeres que preservaban vida:

- ✓ médicos que arriesgaban todo por salvar heridos
- ✓ familias que escondían perseguidos
- ✓ soldados que protegían inocentes
- ✓ líderes que frenaron decisiones que hubieran destruido naciones enteras
- ✓ movimientos de resistencia que salvaron miles

- ✓ científicos que se negaron a colaborar con proyectos de muerte
- ✓ creyentes que oraban, servían, alimentaban, rescataban

En medio del infierno, Dios seguía actuando.

En las guerras mundiales, Dios mostró una identidad que ya había revelado en la Biblia, pero ahora en un escenario global, moderno, tecnológico y devastador:

- ✓ Dios que preserva, como cuando salvó a Noé en el diluvio.
- ✓ Dios que limita el mal, como cuando puso límites a Satanás con Job.
- ✓ Dios que sostiene la creación, como cuando mantuvo a Israel en el desierto.
- ✓ Dios que interviene en la historia, como cuando frustró los planes de Faraón.
- ✓ Dios que levanta justos en medio de la oscuridad, como Daniel en Babilonia.
- ✓ Dios que protege a la humanidad de sí misma, como cuando detuvo la mano de Abraham ante su hijo Isaac.

Lo que Dios hizo en la antigüedad, lo hizo otra vez… pero ahora en un mundo industrializado, globalizado y armado hasta los dientes.

Porque Dios no cambia…

Dios no se intimida ante el poder humano…

Dios no abandona Su creación…

Cuando la humanidad se destruye… Dios preserva.

La inspiración divina no terminó con los héroes bíblicos y así como Dios inspiró a:

- ✓ José a salvar naciones del hambre
- ✓ Ester a interceder por su pueblo
- ✓ Moisés a enfrentar a Faraón
- ✓ David a detener plagas
- ✓ profetas a confrontar reyes

también inspiró a:

- líderes que frenaron decisiones genocidas
- diplomáticos que negociaron paz
- científicos que se negaron a colaborar con armas de destrucción
- creyentes que arriesgaron su vida por salvar judíos
- movimientos que protegieron a perseguidos
- comunidades que alimentaron a huérfanos y refugiados

La misma identidad que preservó a Israel… preservó ahora a la humanidad entera.

La misma identidad que detuvo la mano de Faraón… detuvo ahora la mano de líderes que querían destruir el mundo.

Dios no está encerrado en la Biblia.

La Biblia revela quién es Él… pero la historia d.C. revela que Él sigue siendo el mismo.

Muchos preguntan: **"¿Dónde estaba Dios en las guerras?"**

La respuesta es profunda:

- ✓ Dios estaba preservando la existencia humana.
- ✓ Dios estaba limitando el mal.
- ✓ Dios estaba levantando protectores.
- ✓ Dios estaba sosteniendo al mundo cuando el mundo se rompía.

Y mientras algunos viven sin reconocerlo, otros, los que miran con ojos espirituales, ven claramente que, si la humanidad no desapareció en el siglo XX… fue porque Dios la sostuvo.

Dios sigue preservando…

Sigue interviniendo…

Sigue protegiendo…

Sigue actuando…

Porque Él es así. Él es El que Es.

10. LA LISTA DE SCHINDLER (HOLOCAUSTO)… *Dios Protector en medio del genocidio*

El Dios que salva vidas, usando caminos que nadie imagina…

El Holocausto fue uno de los momentos más oscuros de la historia humana.

Millones de judíos fueron perseguidos, despojados, humillados y asesinados con una crueldad que desafía toda comprensión.

Era un tiempo donde el mal parecía absoluto, donde la muerte tenía un sistema, donde la injusticia tenía oficinas, donde la oscuridad tenía leyes.

Y sin embargo, en medio de ese infierno…

…Dios no estuvo ausente…

…Dios no se silenció...

…Dios no se retiró…

…Dios se manifestó.

No con fuego del cielo, sino con una lista.

Una lista escrita por un hombre que nadie habría considerado un héroe.

Un empresario imperfecto… movido por una inspiración perfecta, Oskar Schindler.

…Él no era un santo…

…No era un pastor…

…No era un profeta…

…No era un teólogo.

Era un empresario, ambicioso, pragmático y con defectos evidentes.

Pero Dios ha usado a personas así desde siempre:

- ✓ José, un esclavo convertido en administrador
- ✓ Ester, una joven en un palacio pagano
- ✓ Ciro, un rey persa que liberó a Israel
- ✓ Rahab, una mujer marginada que protegió espías
- ✓ Gedeón, un hombre temeroso que liberó a su pueblo

Dios no cambia

...Dios no se limita a los "espirituales" ...

Dios usa a quien Él quiere, cuando Él quiere, como Él quiere...

Y a través de Schindler, Dios reveló una identidad eterna:

- ❖ Dios Protector.
- ❖ Dios Estratega.
- ❖ Dios que preserva vidas cuando el mal quiere borrarlas.

Schindler creó una lista de trabajadores judíos para protegerlos de la deportación y la muerte.

Esa lista no era un libro sagrado... pero era un testimonio sagrado.

No contenía mandamientos... pero contenía nombres que Dios quería preservar.

No fue escrita en pergamino… pero fue escrita bajo una inspiración que cambió destinos.

Cada nombre era una vida salvada.

Cada vida salvada era una historia preservada.

Cada historia preservada era una revelación de la identidad de Dios.

En la Lista de Schindler, Dios mostró:

- ✓ Dios Protector, como cuando guardó a Moisés del decreto de muerte.
- ✓ Dios Estratega, como cuando usó a Ester para salvar a su pueblo.
- ✓ Dios que preserva, como cuando mantuvo viva la descendencia de David.
- ✓ Dios que inspira, como cuando movió a José a salvar naciones del hambre.
- ✓ Dios que actúa en lo oculto, como cuando protegió a Elías en tiempos de persecución.
- ✓ Dios que valora cada nombre, como cuando Jesús dijo: "Tus nombres están escritos en el cielo".

Lo que Dios hizo en la Biblia, lo hizo otra vez… pero ahora en fábricas, oficinas, listas mecanografiadas y decisiones humanas.

Porque Dios no cambia…

Dios no se detiene…

Dios no abandona a Su pueblo…

Cuando el mal quiere borrar nombres, Dios los escribe.

La inspiración divina no terminó con los profetas y así como Dios inspiró a:

- Moisés a escribir la Ley
- Josué a liderar batallas
- Ester a interceder
- Daniel a influir en reyes
- Pablo a escribir cartas

…también inspiró a Schindler a escribir una lista.

La misma identidad que preservó las Escrituras… preservó ahora vidas.

La misma identidad que protegió a Israel en Egipto… protegió ahora a judíos en Europa.

La misma identidad que levantó libertadores… levantó ahora a un empresario imperfecto.

Dios no está encerrado en la Biblia.

La Biblia revela quién es Él… pero la historia d.C. revela que Él sigue siendo el mismo.

Muchos creen que Dios solo actúa en milagros visibles. Pero este suceso revela algo profundo:

Dios también actúa en decisiones humanas.

En estrategias… En listas… En valentías silenciosas… En actos de compasión que desafían al mal.

Y mientras algunos viven sin reconocerlo, otros, como Schindler, se convierten en instrumentos de una revelación viva.

Dios sigue protegiendo…

Sigue inspirando…

Sigue preservando…

Sigue actuando…

Porque Él es así. Él es El que Es.

11. EL RENACIMIENTO DEL ESTADO DE ISRAEL (1948) … *Dios Fiel a Su pacto*

El Dios que cumple promesas, aunque pasen siglos…

Durante casi dos mil años, Israel dejó de existir como nación, su pueblo fue dispersado por el mundo, sus tierras fueron ocupadas por imperios, sus ciudades cambiaron de nombre, sus fronteras desaparecieron y sus enemigos celebraron su caída.

Humanamente, Israel estaba muerto.

No había forma política, militar, cultural ni social de que un pueblo disperso por veinte siglos volviera a levantarse como nación.

Pero Dios no depende de posibilidades humanas… Dios depende de Su palabra.

Y cuando Dios promete…Dios cumple.

Una nación renacida en un solo día… El 14 de mayo de 1948, algo ocurrió que ningún historiador, ningún imperio, ningún estratega y ningún enemigo de Israel pudo evitar:

Israel volvió a nacer.

Una nación que no existía desde el año 70 d.C. Una nación que había sido borrada del mapa. Una nación que había sido perseguida, dispersada, masacrada, humillada…

- ✓ Volvió a levantarse.
- ✓ Volvió a tener territorio.
- ✓ Volvió a tener gobierno.
- ✓ Volvió a tener bandera.
- ✓ Volvió a tener idioma.
- ✓ Volvió a tener identidad.

Y lo hizo en un solo día, tal como los profetas habían anunciado siglos antes.

No fue casualidad…

…No fue coincidencia…

…No fue política…

…Fue revelación.

Dios mostró Su fidelidad en un escenario moderno y en 1948, Dios no actuó en un desierto con profetas.

Actuó en:

- ✓ Naciones Unidas
- ✓ debates internacionales
- ✓ diplomacia global
- ✓ decisiones políticas
- ✓ acuerdos entre potencias

- ✓ movimientos migratorios
- ✓ supervivientes del Holocausto
- ✓ líderes que no sabían que estaban cumpliendo profecías

Dios usó sistemas modernos para cumplir promesas antiguas. Lo que había dicho a Abraham, a Isaac, a Jacob, a Moisés, a David, a Isaías, a Jeremías, a Ezequiel…

lo cumplió en el siglo XX.

Porque Dios no cambia…

Dios no olvida…

Dios no rompe pactos…

En el renacimiento de Israel, Dios mostró:

- ❖ Dios Fiel, que cumple promesas, aunque pasen milenios.
- ❖ Dios que restaura, como cuando trajo a Israel del exilio babilónico.
- ❖ Dios que reúne, como cuando llamó a Su pueblo desde las naciones.
- ❖ Dios que resucita lo que parece muerto, como en la visión de los huesos secos de Ezequiel.
- ❖ Dios que gobierna la historia, incluso cuando los hombres creen que la controlan.
- ❖ Dios que actúa en lo visible, no solo en lo espiritual.

Lo que Dios hizo en la Biblia, lo hizo otra vez… pero ahora ante los ojos del mundo entero, con cámaras, periódicos, documentos oficiales y testigos globales.

Porque Dios no está limitado a épocas antiguas... Dios se manifiesta en cada generación.

La inspiración divina no terminó con los profetas y así como Dios inspiró a:

- ✓ Isaías a anunciar el regreso del pueblo
- ✓ Jeremías a profetizar restauración
- ✓ Ezequiel a ver huesos secos volverse ejército

también inspiró a:

- ❖ líderes que apoyaron la creación del Estado
- ❖ diplomáticos que votaron a favor
- ❖ sobrevivientes que regresaron a su tierra
- ❖ comunidades que reconstruyeron ciudades
- ❖ generaciones que revivieron un idioma muerto (¡el hebreo!)
- ❖ familias que volvieron a cultivar la tierra prometida

La misma identidad que habló en el exilio... habló ahora en 1948.

La misma identidad que restauró Jerusalén... restauró ahora a Israel.

La misma identidad que reunió a Su pueblo... lo reunió ahora desde los cuatro rincones del mundo.

Dios no está encerrado en la Biblia.

La Biblia revela quién es Él… pero la historia d.C. revela que Él sigue siendo el mismo.

Muchos creen que Dios ya no cumple promesas. Pero este suceso revela algo profundo:

- ✓ Dios cumple lo que promete.
- ✓ Dios restaura lo que parece perdido.
- ✓ Dios resucita lo que parece muerto.
- ✓ Dios gobierna la historia, aunque el mundo no lo vea.

Y mientras algunos viven sin reconocerlo, otros están viendo con sus propios ojos que Dios sigue actuando en naciones, en pueblos, en generaciones… y también en vidas individuales.

Dios sigue siendo Fiel…

Sigue cumpliendo…

Sigue restaurando…

Sigue actuando…

Porque Él es así. Él es El que Es.

12. AVIVAMIENTOS GLOBALES (SIGLOS XX–XXI) … *Dios Presente*

El Dios que desciende, cuando el hombre tiene hambre…

A lo largo de los siglos XX y XXI, algo extraordinario ha ocurrido en diferentes partes del mundo: movimientos espirituales tan intensos, tan repentinos, tan transformadores, que no pueden explicarse por estrategias humanas, emociones colectivas o coincidencias culturales.

Son momentos donde Dios desciende. Donde Su presencia se vuelve tangible. Donde Su Espíritu toca vidas de manera masiva. Donde multitudes lloran, sanan, se arrepienten, se restauran, se levantan, se encienden.

Son los avivamientos.

Y cada uno de ellos revela una identidad divina que nunca ha cambiado:

- ✓ Dios Presente.
- ✓ Dios Cercano.
- ✓ Dios que visita.
- ✓ Dios que responde al clamor.

Gales (1904): Dios que despierta naciones enteras

En Gales, un joven llamado Evan Roberts comenzó a orar con desesperación. Lo que siguió fue un avivamiento tan profundo que:

- ➢ bares cerraron
- ➢ cárceles quedaron vacías
- ➢ familias se reconciliaron

- ciudades enteras se transformaron
- la atmósfera espiritual cambió

Aquí Dios mostró:

- ✓ que Él responde al clamor
- ✓ que Él transforma sociedades, no solo iglesias
- ✓ que Su presencia trae orden, paz y justicia

Azusa Street (1906): Dios que rompe barreras

En un pequeño edificio de madera en Los Ángeles, Dios derramó Su Espíritu sobre personas de todas las razas, clases y edades. Lo que comenzó con unas pocas personas orando se convirtió en un movimiento global que transformó la historia del cristianismo moderno.

Aquí Dios mostró:

- ❖ que Su Espíritu no está limitado por estructuras
- ❖ que Él visita a los humildes
- ❖ que Él rompe barreras raciales y sociales
- ❖ que Él enciende fuego donde nadie lo espera

Argentina (1950–1980): Dios que enciende continentes

En Argentina, Dios levantó evangelistas, pastores y movimientos que encendieron multitudes. Miles se reunían en estadios. Milagros, conversiones, restauraciones y señales se multiplicaban.

Aquí Dios mostró:

- que Él visita naciones enteras
- que Él despierta continentes
- que Su poder no es teórico, sino real

Corea del Sur (siglo XX): Dios que transforma culturas

Corea pasó de ser un país devastado por la guerra a convertirse en una de las naciones con mayor crecimiento espiritual del mundo.

- ✓ Iglesias orando de madrugada.
- ✓ Comunidades enteras buscando a Dios.
- ✓ Movimientos misioneros globales.

Aquí Dios mostró:

- ❖ que Él levanta pueblos enteros
- ❖ que Él transforma culturas desde adentro
- ❖ que Su presencia cambia destinos nacionales

Avivamientos actuales (siglo XXI): Dios que sigue visitando

En universidades, iglesias, casas, redes sociales, conferencias, montañas, aldeas, ciudades…Dios sigue derramando Su Espíritu.

- ✓ Asbury (2023)
- ✓ Movimientos juveniles globales
- ✓ Iglesias creciendo en Medio Oriente

- ✓ Comunidades despertando en África
- ✓ Avivamientos en Asia
- ✓ Movimientos de oración en Europa

Dios sigue actuando…

Sigue visitando…

Sigue encendiendo…

En los avivamientos globales, Dios muestra:

- ✓ Dios Presente, como en Pentecostés.
- ✓ Dios que desciende, como en el Sinaí.
- ✓ Dios que llena, como en la casa de Cornelio.
- ✓ Dios que transforma, como en Nineveh.
- ✓ Dios que restaura, como en los días de Esdras.
- ✓ Dios que enciende, como en los días de Elías.
- ✓ Dios que llama, como cuando Jesús llamó a los discípulos.

Lo que Dios hizo en la Biblia, lo hace otra vez… pero ahora en universidades, estadios, barrios, aldeas, ciudades y naciones enteras.

Porque Dios no cambia...

Dios no se detiene...

Dios no se cansa de visitar al hombre…

Muchos creen que Dios está lejos.

- Que ya no habla.
- Que ya no se mueve.
- Que ya no toca.
- Que ya no visita.

Pero este suceso revela algo profundo:

- ✓ Dios está presente.
- ✓ Dios sigue derramando Su Espíritu.
- ✓ Dios sigue despertando corazones.
- ✓ Dios sigue transformando vidas.

Y mientras algunos viven sin reconocerlo, otros están experimentando Su presencia de maneras tan reales que no dejan duda de Su existencia.

Dios sigue visitando…

Sigue encendiendo…

Sigue hablando…

Sigue actuando…

Porque Él es así. Él es El que Es.

CIERRE DEL CAPITULO... *pero continuamos en EL.*

Estos doce sucesos no son historia muerta, son revelación viva, son huellas de un Dios que no cambia y son ventanas donde Su identidad se asoma en la historia humana.

Dios sigue actuando.

Sigue hablando.

Sigue inspirando.

Sigue preservando.

Sigue liberando.

Sigue restaurando.

Sigue visitando.

Y mientras muchos viven sin reconocerlo, otros están disfrutando los beneficios de un Padre que nunca dejó de ser Padre.

Porque Él no es el Dios del pasado...

- ✓ Él es El que Es.
- ✓ El que sigue manifestándose.
- ✓ El que sigue revelándose.
- ✓ El que sigue escribiendo historia...
- ✓

...y también sigue escribiendo tu historia.

Capítulo 6
LA IDENTIDAD DE DIOS

En mi Vida... En tu Vida... En el Hoy

La identidad de Dios es una. Es indivisible, eterna, perfecta, infinita, inmutable.

La revelación de la identidad de Dios no comenzó con un libro. Comenzó con la vida. Con la historia. Con el caminar humano. Con hombres y mujeres que no tenían Escrituras, ni profetas, ni templos, ni teologías...pero tenían experiencias.

- ✓ Adán no tenía un texto sagrado.
- ✓ Noé no tenía un salmo.
- ✓ Abraham no tenía un evangelio.
- ✓ Moisés no tenía un profeta.
- ✓ David no tenía un evangelio.
- ✓ Los profetas no tenían epístolas.
- ✓ Los apóstoles no tenían un Nuevo Testamento.

Cada uno conoció a Dios en el camino, en la vida real, en la historia concreta, en la necesidad, en la obediencia, en la crisis, en la victoria, en la pérdida, en la fe.

La identidad de Dios se reveló progresivamente, no porque Dios cambiara, sino porque el hombre iba descubriendo lo que siempre estuvo allí.

Y cada descubrimiento se convertía en testimonio... Y cada testimonio se convertía en memoria... Y cada memoria se convertía en Escritura.

Así nació la Biblia:

como un registro vivo de la identidad de Dios revelada en la experiencia humana.

HOY TENEMOS EL TESTIMONIO COMPLETO ... *pero no la experiencia completa*

Nosotros vivimos en un tiempo privilegiado. Tenemos en nuestras manos:

- lo que Adán no sabía
- lo que Noé no imaginaba
- lo que Abraham no vio
- lo que Moisés no entendió
- lo que David no alcanzó
- lo que los profetas solo anunciaron
- lo que los apóstoles escribieron con lágrimas
- lo que la Iglesia primitiva vivió con fuego

Tenemos el testimonio escrito de toda la revelación progresiva de la identidad de Dios. Pero aquí está la verdad con una claridad que estremece:

- ✓ Una cosa es leer la identidad de Dios... Otra cosa es experimentarla.
- ✓ Una cosa es saber que Dios es Proveedor... Otra cosa es verlo proveer cuando no tienes nada.
- ✓ Una cosa es saber que Dios es Sanador... Otra cosa es verlo sanar lo que nadie podía restaurar.
- ✓ Una cosa es saber que Dios es Padre... Otra cosa es sentir Su abrazo cuando todos te abandonan.

- ✓ Una cosa es saber que Dios es Libertador... Otra cosa es verlo romper cadenas que tú no podías romper.
- ✓ Una cosa es saber que Dios es Fiel... Otra cosa es verlo cumplir una promesa que parecía imposible.
- ✓ Una cosa es saber que Dios es Consuelo... Otra cosa es sentir Su paz en medio de un dolor que no tiene explicación.

La identidad de Dios no se aprende.

Se revela...

..Se vive...

...Se encarna en la historia personal.

LA REVELACION CONTINUA... *No porque Dios Cambie, sino porque TU Cambias*

Hoy no estamos descubriendo nuevas identidades de Dios. No estamos añadiendo atributos. No estamos ampliando Su esencia.

Lo que está ocurriendo es lo mismo que ocurrió con: Adán, Noé, Abraham, Moisés, David, Isaías, Daniel, Pedro, Juan, Pablo...

Dios se está revelando en tu vida según las condiciones de tu historia.

- ❖ Cuando atraviesas necesidad, descubres al Proveedor.
- ❖ Cuando atraviesas enfermedad, descubres al Sanador.
- ❖ Cuando atraviesas soledad, descubres al Compañero.
- ❖ Cuando atraviesas injusticia, descubres al Juez.
- ❖ Cuando atraviesas culpa, descubres al Misericordioso.
- ❖ Cuando atraviesas confusión, descubres al Sabio.
- ❖ Cuando atraviesas muerte, descubres al Vivificador.

- Cuando atraviesas misión, descubres al Enviador.
- Cuando atraviesas debilidad, descubres al Fuerte.
- Cuando atraviesas pecado, descubres al Redentor.
- Cuando atraviesas silencio, descubres al Dios que permanece.

La identidad de Dios se revela en la vida real.

La Escritura es el mapa. La vida es el territorio. La revelación es el encuentro.

- La Biblia te dice quién es Dios.
- La vida te muestra cómo es Dios.
- La fe te permite reconocerlo.
- La obediencia te permite experimentarlo.
- La adoración te permite celebrarlo.
- La comunión te permite vivirlo.

Cuando la identidad de Dios pasa de la página a la experiencia, de la lectura a la vivencia, del concepto al encuentro, del estudio a la transformación… entonces puedes decir:

"Dios se ha revelado en mi vida."

Y ese es el propósito final de esta sección del libro: No que el lector conozca la identidad de Dios como información, sino que la reconozca en su propia historia.

Y con esto cerramos la primera parte de este libro, en la **IDENTIDAD DE DIOS**

Hemos recorrido:

- ✓ la creación, el Eden y la caída
- ✓ los patriarcas
- ✓ el Éxodo y la conquista
- ✓ la monarquía y los profetas
- ✓ el exilio
- ✓ la sabiduría
- ✓ Jesús
- ✓ los apóstoles
- ✓ la Iglesia
- ✓ y ahora… tu vida

La identidad de Dios no es un concepto… Es una presencia, una historia, un encuentro. Es una revelación continua en el corazón humano.

Y ahora… prepárate porque, entraremos en la **ESENCIA DE DIOS**

- ➢ La identidad es lo que Dios revela, la esencia es lo que Dios es.
- ➢ La identidad es lo que el hombre percibe, la esencia es lo que trasciende toda percepción.
- ➢ La identidad es progresiva, la esencia es eterna.
- ➢ La identidad se manifiesta en la historia, la esencia existe antes de la historia.
- ➢ La identidad se revela en relación, la esencia existe en sí misma.

Si la Identidad de Dios manifestada transformo historias…

Imagina lo que puede hacer…

la Esencia de Dios depositada dentro de ti…

Segunda Parte

יהוה

Yo Soy... Esencia

Respírame...

SEGUNDA PARTE

- YO SOY...ESENCIA -

Respírame

Hablar de Dios es entrar en un territorio donde ninguna palabra alcanza, donde ninguna definición encierra, donde ninguna descripción agota.

En la Primera Parte de este libro contemplamos Su identidad revelada en nombres y complementos, y descubrimos que cada complemento del nombre ilumina solo un ángulo del Ser. El Dios de Israel, El Dios Creador, El Dios Fiel, El Dios Altísimo, El Dios que Sana... cada expresión es verdadera, pero ninguna es la totalidad de su SER.

Y antes de decirte de que trata esta segunda parte, quiero hacerte dos preguntas:

¿Alguna vez has experimentado la alteración de tus emociones cuando hueles algo?

¿Alguna vez has pensado cómo un aroma puede afectar tu estado emocional?

Un aroma puede despertar recuerdos que creías olvidados. Puede traer paz o inquietud. Puede elevarte o derrumbarte. Puede abrir puertas internas que ni sabías que existían.

Porque el aroma no se piensa: se percibe...

No se analiza: se siente...

No se explica: se respira...

Y así es la Esencia de Dios.

Si en la Primera Parte contemplamos Su Identidad, ahora entramos en un territorio más profundo, más sutil, más silencioso: **Su Esencia.**

La identidad se nombra… La esencia se inhala.

La identidad se reconoce… La esencia se experimenta.

La identidad se escucha… La esencia se percibe.

Por eso esta Segunda Parte no se lee con los ojos, sino con el alma y el espíritu.

No se estudia, se contempla…

No se disecciona, se recibe…

No se define, se respira…

Aquí no buscamos comprender a Dios desde la razón, sino desde la percepción. No desde la tierra, sino desde el cielo. No desde la materia, sino desde la eternidad.

LA ARQUITECTURA DE ESTA PARTE

Así como la Primera Parte estaba compuesta por dos secciones que revelaban la Identidad de Dios, esta Segunda Parte también está formada por dos secciones, pero ahora ambas giran en torno a Su Esencia.

SECCIÓN III - La Percepción de Su Esencia: En esta sección, el lector entra en el umbral donde la esencia divina comienza a sentirse.

Aquí contemplamos cómo la esencia de Dios: se recibe en el hombre, se destila en lo natural, y se manifiesta en lo espiritual.

Es la sección donde la esencia se vuelve percepción. Donde lo invisible se vuelve aroma. Donde lo eterno toca lo temporal.

SECCIÓN IV - La Danza en Su Esencia: Si la Sección III es percepción, la Sección IV es movimiento.

Aquí la esencia no solo se siente: se contempla en armonía. Aquí la esencia no solo se recibe: se danza. Aquí la esencia no solo se percibe: se expresa.

En esta sección, la esencia de Dios se despliega como un tejido vivo, como una melodía eterna, como un ritmo que sostiene el universo.

Es la sección donde la esencia se vuelve danza. Donde lo eterno se vuelve movimiento. Donde el amor se vuelve saturación.

LO QUE ENCONTRARÁS AQUÍ

En esta Segunda Parte no buscamos definir a Dios desde la materia, ni traducir Su naturaleza a categorías humanas.

No intentamos explicar Su eternidad desde el tiempo, ni Su infinitud desde el espacio, ni Su esencia desde la química o la física.

Aquí nos limitamos a contemplar:

- Lo que Él mismo ha dicho de Sí.
- A recibir lo que Él ha revelado.
- A percibir lo que Él ha permitido que el hombre experimente.

Porque la esencia de Dios no se comprende desde abajo. Solo se comprende desde arriba. Solo se percibe desde la eternidad, aun cuando se experimente en el tiempo.

Esta parte del libro es un descenso al misterio. Un ascenso a la eternidad. Un cruce entre lo visible y lo invisible. Un espacio donde la esencia se vuelve respiración.

Y tú, lector, estás a punto de entrar en este territorio. Un territorio donde la esencia no se explica: se respira. Donde la eternidad no se estudia: se contempla. Donde Dios no se define: se recibe.

Acércate...

Respira...

Huele la inspiración...

La esencia está a punto de hablar...

RESPÍRAME.

Sección III

Yo Soy... El que Soy

La Percepción de Su Esencia

SECCION III

YO SOY... EL QUE SOY

La Percepción de Su Esencia

En la Primera Parte de este libro contemplamos la Identidad de Dios: Su Nombre, Sus atributos manifestados, Su revelación en la historia, Su voz desplegada en el tiempo.

Allí vimos a Dios desde afuera, desde lo que Él muestra, desde lo que Él hace, desde lo que Él revela.

Pero ahora damos un paso más profundo... Entramos en la Esencia. No en lo que Dios manifiesta, sino en lo que Dios es. No en Su identidad revelada, sino en Su sustancia eterna. No en Sus nombres, sino en Su naturaleza.

Y para hablar de esencia, necesitamos comenzar por el diseño del hombre, porque la esencia divina fue lo primero que tocó al ser humano.

- ➢ Antes de que Adán tuviera nombre, ya tenía esencia.
- ➢ Antes de que existiera historia, ya existía soplo.
- ➢ Antes de que hubiera identidad, ya había origen.

Esta Sección III es un viaje hacia la percepción: cómo el hombre fue diseñado para recibir, leer y experimentar la esencia de Dios en tres niveles:

- ✓ en sí mismo
- ✓ en lo natural
- ✓ en lo espiritual

Cada capítulo es una ventana hacia un aspecto de esa esencia que todavía late en el alma humana.

Capítulo 7 - La Esencia de Dios Recibida en el Hombre: Aquí contemplamos el origen del diseño humano. Adam no es un nombre: es una categoría.

Un ser tripartito —espíritu, alma y cuerpo— creado como portal entre cielo y tierra.

En este capítulo veremos cómo la esencia divina fue impartida al hombre desde el principio, cómo Alef–Dalet–Mem revelan su arquitectura espiritual, y cómo el soplo de Dios definió lo que somos antes de que existiera cualquier identidad.

Capítulo 8 - La Esencia de Dios Destilada en lo Natural: Aquí miramos la creación como un lenguaje. Los cinco sentidos no son funciones biológicas: son puertas.

El aroma, el sabor, el sonido, la textura y la luz son expresiones de esencia escondida en la materia.

Este capítulo revela cómo lo natural entrena al alma para percibir lo invisible, cómo cada sentido es una metáfora viva de una realidad espiritual más profunda.

Capítulo 9 - La Esencia de Dios Destilada en lo Espiritual: Aquí regresamos al principio. Antes de la caída, el hombre podía percibir a Dios con la misma claridad con la que percibía la creación.

Los sentidos espirituales —vista, oído, tacto, gusto y olfato— eran reales, activos, despiertos.

Este capítulo explora cómo esa percepción se distorsionó, cómo la esencia define identidad y propósito, y cómo las siete preguntas del “soy” nacen del diseño original del hombre.

Y así comienza esta Sección III...

...Un viaje hacia adentro...

...Un regreso al origen...

Una exploración de la esencia divina que todavía respira en el espíritu humano.

Aquí no estudiaremos conceptos: percibiremos esencia.

Aquí no analizaremos atributos: leeremos sustancia.

Aquí no hablaremos de Dios desde afuera: lo contemplaremos desde adentro.

Porque si la identidad de Dios transformó la historia...

...cuánto más transformará Su esencia cuando descubramos...

...que fue puesta dentro del hombre desde el principio.

Capítulo 7
LA ESENCIA DE DIOS
Recibida en el Hombre

Hay momentos en los que, para hablar de lo más alto, necesitamos comenzar por lo más cercano; para contemplar lo eterno, debemos primero mirar lo humano; para comprender la esencia de Dios, es necesario recordar que esa esencia fue lo primero que tocó al hombre, lo primero que lo habitó, lo primero que lo hizo ser.

Por eso este capítulo no inicia en el cielo, sino en la tierra; no comienza con atributos divinos, sino con un cuerpo formado del polvo; no abre con la grandeza de Dios, sino con la fragilidad del hombre que recibe Su soplo.

Porque la esencia, antes de ser estudiada, fue impartida; antes de ser contemplada, fue respirada; antes de ser nombrada, fue depositada en un ser que todavía no tenía nombre, pero ya tenía origen.

Y es aquí, en este punto donde la tierra se mezcla con el aliento, donde la materia se encuentra con el espíritu, donde la identidad humana nace de la esencia divina, que necesitamos detenernos y mirar con reverencia.

No para analizar al hombre como criatura aislada, sino para reconocer que en su diseño original hay una huella, un eco, una chispa del Dios que lo formó.

Hablar del hombre es hablar del recipiente; hablar de la esencia es hablar del contenido; y este capítulo es el puente entre ambos.

Por eso comenzamos aquí: porque si la identidad manifestada de Dios transformó la historia, cuánto más transformará Su esencia cuando descubramos que fue puesta dentro del hombre desde el principio.

"Entonces Jehová Dios formó al hombre del polvo de la tierra, y sopló en su nariz aliento de vida, y fue el hombre un ser viviente." (Genesis 2:7)

Cuando la Esencia era pura, fresca, agradable y aromática…

Antes de que el hombre tuviera un nombre, ya tenía algo más profundo: una esencia.

Y antes de que alguien lo llamara "Adán", ya existía Adam.

Al principio, Adam no es un personaje.

Adam es una categoría, una realidad, una condición: el ser humano en su diseño original, antes de la distorsión, antes de la historia, antes del ruido.

Adam es "el humano".

No es todavía "él", ni "ella", ni "yo", ni "tú".

Es la humanidad en estado puro.

En este capítulo vamos a mirar a Adam no como un individuo…

sino como un modelo…

No como un nombre propio…

…sino como una esencia.

1. ADAM COMO CATEGORÍA... *NO como Nombre*

"Entonces Jehová Dios formó al hombre del polvo de la tierra, y sopló en su nariz aliento de vida, y fue el hombre un ser viviente." (Genesis 2:7)

En el texto hebreo, al principio no aparece "Adán" como nombre propio. Lo que aparece es ha-adam: "el humano", "la criatura humana" "el hombre".

Es como si la Escritura dijera:

"Y formó YHWH Elohim al **humano** del polvo de la tierra..."

No está hablando de un personaje famoso, sino de un tipo de ser. Un ser que no existía antes. Un ser que no se parece a nada más en la creación.

Los animales tenían cuerpo. Los ángeles tenían espíritu.

Pero Adam era otra cosa, era un ser que unía lo visible y lo invisible en una sola existencia.

Adam era algo:

- más que un cuerpo
- más que una mente
- más que una emoción
- más que un nombre

Adam era la esencia humana en su estado original.

Por eso, antes de hablar de "Adán" como individuo, necesitamos entender Adam como categoría.

Porque lo que Dios diseñó en Adam es lo que después tú y yo heredamos... distorsionado, sí..... pero real.

2. ALEF–DALET–MEM... *el SER Tripartito*

La palabra אָדָם (Adam) se escribe con tres letras hebreas:

א — Alef

ד — Dalet

ם — Mem (final)

Y cada una de esas letras es como una ventana al diseño del ser humano.

A. ALEF - *el origen espiritual*

Alef es la primera letra del alfabeto hebreo.

Representa:

- lo divino
- lo invisible
- el origen
- la unidad

En Adam, **Alef** nos recuerda que el hombre no comienza en la tierra.

Comienza en Dios.

Antes de ser cuerpo, el hombre fue soplo.

Antes de caminar sobre el polvo, fue aliento en la boca de Dios.

La esencia humana, en su raíz, es espiritual.

B. DALET - *la puerta*

Dalet significa "puerta". Es la letra del umbral, del paso, del acceso.

En Adam, **Dalet** nos muestra que el hombre es:

- ❖ un puente
- ❖ un portal
- ❖ un lugar de encuentro

La conexión entre:

- ➢ lo espiritual y lo material
- ➢ lo eterno y lo temporal
- ➢ el cielo y la tierra

El hombre no era solo un receptor. Era una puerta viva.

C. MEM - *la materia*

Mem representa:

- ✓ agua
- ✓ materia
- ✓ tierra
- ✓ mundo físico
- ✓ límites

En Adam, **Mem** nos recuerda que el hombre fue formado del polvo de la tierra. Tenía cuerpo, peso, hambre, cansancio, límites.

No era un ángel.

No era un fantasma.

Era un ser encarnado.

EL MENSAJE ESCONDIDO EN ADAM

Si juntamos las tres letras, aparece un diseño:

Alef - Dios, origen espiritual

Dalet - puerta, acceso

Mem - materia, tierra

Adam es:

Dios soplando espíritu,

pasando por una puerta,

para habitar en la materia.

El hombre es:

espíritu (Alef)

con un alma/puerta (Dalet)

en un cuerpo (Mem)

Un ser tripartito…

…diseñado para vivir en dos dimensiones a la vez.

3. EL HOMBRE COMO PORTAL... *entre espíritu y materia*

Si el hombre fuera solo cuerpo, sería un animal más, y si fuera solo espíritu, sería un ángel más.

Pero es ambas cosas a la vez.

Por eso, Adam era un portal que:

- ➢ Podía escuchar a Dios.
- ➢ Podía tocar la tierra.
- ➢ Podía recibir del cielo.
- ➢ Podía administrar lo creado.

Su esencia fue hecha para:

- ✓ mirar hacia arriba
- ✓ caminar hacia adelante
- ✓ gobernar hacia abajo

El hombre fue creado para que el cielo tuviera expresión en la tierra. Para que lo invisible se hiciera visible a través de un ser vivo.

Por eso, cuando Dios dijo: "*Sojuzgad la tierra*", no estaba hablando de violencia, sino de administración espiritual sobre la materia.

El hombre no fue creado para ser esclavo del sistema, sino administrador del sistema.

No fue creado para ser arrastrado por la materia, sino para gobernarla desde el espíritu.

4. LA ESENCIA DIVINA... *en un Cuerpo Terrenal*

Hay una escena clave:

"Y sopló en su nariz aliento de vida, y fue el hombre un ser viviente."

Dios no solo formó un cuerpo... Dios se acercó... Dios sopló... Dios impartió.

Ese soplo fue más que aire.

Fue esencia.

Fue origen.

Fue **Alef** entrando en **Mem** a través de **Dalet.**

El hombre se convirtió en:

- ✓ un cuerpo que siente
- ✓ un alma que piensa
- ✓ un espíritu que percibe

Y todo eso unido en una sola existencia.

La esencia humana, en su diseño original, fue:

- ❖ espiritual en su raíz
- ❖ consciente en su alma
- ❖ tangible en su cuerpo

Un ser capaz de amar, pensar, decidir, crear, responder, relacionarse.

Y así, después de contemplar al hombre como categoría, como portal, como ser tripartito, como vaso que recibió la esencia divina en su origen, nos acercamos al siguiente paso natural de este viaje: reconocer cómo esa esencia, que primero fue soplo, comenzó a expresarse en lo creado.

Porque la esencia de Dios no solo habita en el espíritu del hombre, también se destila en lo natural, se insinúa en los sentidos, se revela en aromas, colores, texturas, sonidos y movimientos que hablan sin palabras.

Si el hombre fue diseñado para percibir, entonces la creación fue diseñada para comunicar; y en esa comunicación silenciosa, en esa sinfonía que atraviesa los cinco sentidos, la esencia divina deja rastros que el alma puede reconocer.

Por eso, al cerrar este capítulo, abrimos la puerta del siguiente: un capítulo donde la esencia de Dios se vuelve perceptible, donde lo natural se convierte en lenguaje, donde los sentidos se transforman en ventanas, y donde descubrimos que el mundo visible es, en realidad, un perfume que apunta hacia lo invisible.

Ahora que hemos visto cómo la esencia fue recibida en el hombre, es tiempo de aprender a percibirla en lo creado.

Capítulo 8
LA ESENCIA DE DIOS
Destilada en lo Natural

"¿Quién podrá tomar en sus manos el aroma de una flor, Quien podrá atrapar la luz, Quien podrá acumular ondas y frecuencias en un recipiente?"

Hay una verdad silenciosa que acompaña al ser humano desde el principio, una verdad tan evidente que a veces pasa desapercibida: todo lo que percibimos con nuestros sentidos es, en su origen, invisible.

El **aroma** que despierta memorias no puede ser visto; El **sabor** que transforma el ánimo no puede ser sostenido; El **sonido** que nos conmueve no puede ser atrapado con las manos; La **textura** que revela la realidad de un objeto no puede ser anticipada por la vista; incluso la **imagen** que creemos tan sólida no es más que luz viajando, rebotando, transformándose en señales que el ojo interpreta.

Vivimos rodeados de lo invisible, sostenidos por lo invisible, guiados por lo invisible, aun cuando nuestros sentidos parecen estar hechos solo para lo tangible.

Y es aquí donde el diseño del hombre revela su misterio más profundo: fuimos creados como seres capaces de habitar simultáneamente en dos mundos, capaces de tocar la tierra y percibir lo que no se ve, capaces de caminar entre lo material y lo inmaterial sin rompernos.

Por muchos años, desde que éramos niños, se no ha instruido acerca de los cinco sentidos principales del ser humano (Olfato, Gusto, Oído, Tacto y Vista)

Los cinco sentidos no son solo herramientas biológicas; son puertas, umbrales, ventanas abiertas hacia una realidad que se esconde detrás de la materia.

Cada sentido es una invitación a descubrir que lo visible es apenas la sombra de lo invisible, que lo natural es apenas la superficie de lo espiritual, que la esencia de las cosas no se encuentra en lo que se toca, sino en lo que se percibe.

Por eso, antes de hablar de la esencia espiritual, necesitamos detenernos en la esencia natural; antes de entrar en lo profundo, debemos aprender a mirar lo simple; antes de hablar de lo eterno, debemos comprender cómo lo temporal nos prepara para ello.

Este capítulo es un ejercicio de percepción: una exploración de cómo la esencia de Dios se destila en lo creado, cómo lo invisible se vuelve perceptible a través de los sentidos, cómo la creación entera se convierte en un lenguaje silencioso que el alma puede aprender a interpretar.

1-. LOS “5” SENTIDOS… *la Percepción de lo Terrenal*

Antes de que desarrollemos a fondo el estudio de la esencia de Dios, veremos como el hombre percibe la esencia de la materia en la tierra.

Desde el principio al hombre se le equipo con un misterio: los cinco sentidos.

Cinco puertas abiertas hacia el mundo físico… y cinco reflejos de puertas espirituales abiertas hacia el mundo eterno.

Pero para comprender su profundidad, primero debemos mirar los sentidos desde su raíz más simple: la percepción de la materia en el cuerpo humano.

a) AROMA… *La Esencia que Destila Vida*

¿Alguna vez te has preguntado qué es un aroma?

El Aroma no es magia, tampoco es poesía… El Aroma es vida descomponiéndose en partículas.

Una flor está hecha de células, y todo lo que tiene células tiene vida. Y todo lo que tiene vida, tarde o temprano, se descompone.

Mientras vive, la flor libera moléculas aromáticas.

No necesita ser tocada.

No necesita ser vista.

No necesita ser olida.

La Flor destila su esencia en olor fragante… simplemente por tener vida y existir

Su aroma es su ser volviéndose aire con olor fragante.

Su vida transformándose en fragancia.

Su esencia viajando hacia el olfato humano.

Una roca, en cambio, no tiene células, aun cuando tiene átomos y moléculas.

No tiene vida, aun cuando tiene existencia.

No tiene aroma aun cuando posee imagen.

No se descompone aun cuando tiene textura.

Vida y Existencia son cosas diferentes… no todo lo que existe tiene vida, pero todo lo que tiene vida existe

Por eso el aroma es una señal de vida. Una huella invisible del ser.

El aroma es la esencia volviéndose perceptible.

Para la percepción de esta esencia, ***el aroma***, al hombre se le dio el **SENTIDO DEL OLFATO**.

b) SABOR… *La Esencia que Sazona las Emociones*

¿Alguna vez te has preguntado qué define el sabor de algo?

El sabor es la impresión que causa un alimento u otra sustancia, y está determinado principalmente por sensaciones químicas detectadas por el gusto (lengua) así como por el olfato (olor). El 60 % de lo que se detecta como sabor es procedente de la sensación de olor.

El sabor no es percibido como el aroma. Mientras el aroma es percibido por la cercanía y la respiración en aquello que destila, el sabor es percibido por el contacto con aquello que desprende sabor. Es decir, el sabor se experimenta cuando entra en contacto con algo:

- la sal toca el agua y la transforma en una sustancia salada
- el azúcar toca la lengua y la despierta dulcemente
- el fruto toca el paladar y lo llena de sabores

El sabor es esencia en movimiento que genera sensaciones y emociones... Es esencia que se revela solo cuando se encuentra con otro.

Si hay contacto se experimenta sabor... sin contacto no hay sabor.

Y mientras se revela, se descompone. El sabor desgasta, erosiona, transforma la materia.

El sabor es invisible, pero real. Es una esencia que se entrega.

Para la percepción de esta esencia, ***el sabor***, al hombre se le dio el **SENTIDO DEL GUSTO.**

c) LA VOZ... *la Esencia vibrando en el Aire*

¿Alguna vez te has preguntado qué son los sonidos o la voz?

En física, el sonido es cualquier fenómeno que involucre la propagación de ondas mecánicas a través de un medio fluido o sólido con una frecuencia dentro del rango audible (para los humanos entre 20 y 20 000 hercios).

Las palabras habladas no son materia, ni se pudren, mucho menos se desgastan. No mueren.

Son frecuencias. Ondas que viajan sin necesidad de tocar nada. La voz es la esencia emocional convertida en vibración. Es el alma expresándose. Es el espíritu manifestándose.

No hay sonido sin vibración, no hay vibración sin movimiento... donde no hay movimiento no hay vida.

El Sonido y las palabras son Invisibles, pero audibles.

El Sonido y las palabras son Intangibles, pero real.

Para la percepción de esta esencia, ***el sonido/la voz***, al hombre se le dio el **SENTIDO DEL OIDO.**

d) LA TEXTURA... *la Esencia que se Revela al Tocar*

¿Alguna vez te has preguntado cómo se percibe la textura y la temperatura en el cuerpo humano?

La vista puede engañar.

El oído puede confundir.

Pero el tacto… el tacto no miente.

La Textura solo se revela cuando hay contacto:

- ✓ lo áspero
- ✓ lo suave
- ✓ lo rugoso
- ✓ lo liso

La piel es un lector de realidades, es como un intérprete de la materia, o quizás puede entenderse como un traductor de superficies.

Pero el tacto desgasta, erosiona y la fricción transforma.

El contacto puede producir desgate, erosión y transformación entre los elementos que se contactan, y en ese contacto se determina la esencia de quienes se contactan.

La textura y la temperatura son invisibles hasta que la tocamos. Solo al tocarla es que nuestra percepción puede acercarse a la realidad de aquella esencia que define la textura y la temperatura de la materia.

Para la percepción de esta esencia, ***la textura y temperatura***, al hombre se le dio el **SENTIDO DEL TACTO.**

e) LA IMAGEN… *la Esencia Manifestada en la Luz*

¿Alguna vez te has preguntado qué son los objetos y como puedes verlos?

Todo lo que vemos no es el objeto en sí, sino las ondas de luz que rebotan en él.

Para que la percepción visual se produzca, debe haber luz visible alrededor, es decir, ondas electromagnéticas de suficiente amplitud como para ser captadas por el ojo humano.

Dichas ondas impactan en la superficie de los objetos y se reflejan de distinta manera. Los ojos captan esos reflejos cuando alcanzan las capas transparentes más superficiales.

La imagen no necesita contacto… necesita luz.

No necesita descomposición… necesita luz.

No necesita desgaste… necesita luz.

Sin luz ninguna materia puede ser vista y en la oscuridad la materia es oculta… En la Luz toda materia es revelada y nada queda oculto

La imagen es la esencia visual del objeto. Es su forma proyectada hacia nuestros ojos.

Y aunque vemos la imagen, no vemos las ondas que la forman.

La imagen es invisible en su origen, visible en su efecto.

Para la percepción de esta esencia, ***las imágenes***, al hombre se le dio el **SENTIDO DE LA VISTA.**

2-. TRES FORMAS DE LECTURA…UN SOLO PROPOSITO: *Percibir la Esencia*

Cuando observamos con detenimiento los cinco sentidos, descubrimos que no son simples herramientas biológicas, ni mecanismos aislados, ni funciones evolutivas sin propósito.

Son, más bien, tecnologías de percepción inscritas en el cuerpo humano, diseñadas para decodificar lo invisible que se esconde detrás de lo visible.

Y al mirarlos con calma, podemos agruparlos en tres grandes categorías que revelan la intención original del Creador…

…permitir que el hombre lea la esencia del mundo que lo rodea.

A-. ORGANOS PARA LEER… *Ondas y Frecuencias Invisibles*

La vista y el oído pertenecen a un mismo misterio: ambos perciben aquello que no puede tocarse.

Los ojos no ven objetos; ven ondas de luz que viajan desde ellos.

Los oídos no escuchan materia; escuchan vibraciones que se desplazan por el aire.

- ✓ Ambos sentidos son decodificadores de lo invisible.
- ✓ Ambos transforman ondas en impulsos eléctricos.
- ✓ Ambos traducen frecuencias en significado.
- ✓ Ambos convierten lo intangible en experiencia.

Y mientras lo hacen, el cerebro interpreta señales que jamás han sido materia.

El hombre, sin darse cuenta, vive rodeado de aquello que no puede ver directamente, pero que sus sentidos fueron diseñados para traducir.

B-. ORGANOS PARA LEER... *La Esencia Molecular Transmitida por el Aire*

El olfato es un lector de composición.

La nariz no percibe ondas ni vibraciones: percibe moléculas, fragmentos microscópicos de vida que viajan por el aire.

- El aroma es esencia en movimiento.
- Es identidad volviéndose aire.
- Es vida transformándose en señal química.

El olfato es el único sentido que conecta directamente con el sistema límbico, donde habitan las emociones y la memoria.

No es casualidad: la esencia siempre toca primero el alma.

C-. ORGANOS PARA LEER... *La Esencia por Contacto*

El gusto y el tacto pertenecen a la misma familia: ambos requieren cercanía, encuentro, roce, contacto directo.

- La lengua distingue sabores porque la esencia se entrega.
- La piel distingue texturas porque la esencia se revela.
- Ambos sentidos desgastan, erosionan, transforman.
- Ambos requieren vulnerabilidad.
- Ambos exigen presencia.

El contacto es la forma más íntima de percepción.

EL RESUMEN DEL DISEÑO... *El Hombre Fue Creado Para Percibir Esencia*

Cuando unimos estas tres categorías, ondas invisibles, moléculas aromáticas, contacto directo; descubrimos algo extraordinario:

los cinco sentidos no fueron diseñados para percibir objetos, sino para percibir esencia.

- El hombre no fue creado para ver cosas, sino para ver luz.
- No fue creado para escuchar materia, sino vibración.
- No fue creado para oler flores, sino vida.
- No fue creado para saborear alimentos, sino identidad química.
- No fue creado para tocar superficies, sino realidades.

Todo en el diseño humano grita una sola verdad:

El hombre fue creado para: Percibir lo invisible detrás de lo visible, Para leer la esencia detrás de la forma y Para reconocer lo profundo detrás de lo superficial.

Y si esto es así en lo natural… ¿cuánto más en lo espiritual?

Y ahora que hemos visto cómo los sentidos naturales fueron diseñados para decodificar lo invisible escondido en la materia, estamos listos para dar el siguiente paso: reconocer que, así como existe una esencia natural que se percibe con el cuerpo, existe también una esencia espiritual que solo puede ser percibida con el espíritu.

Si los ojos leen luz y los oídos leen vibración, si la nariz lee moléculas y la piel lee textura, entonces el espíritu humano fue creado para leer aquello que no puede ser captado por ningún órgano físico: la esencia eterna de Dios.

Lo natural nos entrenó para lo espiritual. Los sentidos del cuerpo nos prepararon para los sentidos del alma. La percepción terrenal nos abrió el camino para la percepción divina.

Por eso, al cerrar este capítulo, abrimos la puerta del siguiente:

la esencia de Dios destilada en lo espiritual, donde lo invisible deja de ser intuición y se convierte en revelación.

Capítulo 9
LA ESENCIA DE DIOS
Destilada en lo Espiritual

"Mas a Dios gracias, el cual nos lleva siempre en triunfo en Cristo Jesús, y por medio de nosotros manifiesta en todo lugar el ***olor*** *de su conocimiento."*
(2 Corintios 2:14)

Un Conocimiento que tiene olor agradable…

Desde el principio hemos contemplado al hombre como un ser diseñado para percibir, un puente vivo entre lo visible y lo invisible, una criatura formada del polvo, pero animada por un soplo que no pertenece a la tierra.

En el capítulo anterior vimos cómo los sentidos naturales fueron creados como ventanas hacia la esencia de lo creado, como puertas que permiten al cuerpo leer aquello que no puede verse directamente, como instrumentos que traducen ondas, vibraciones, moléculas y texturas en experiencias que el alma interpreta. Pero ahora necesitamos dar un paso más profundo, porque el diseño original del hombre no se limitaba a percibir la esencia de la materia:

…también estaba capacitado para percibir la esencia de Dios.

Antes de la caída, el espíritu humano no era un misterio para sí mismo ni un extraño para su Creador. El hombre podía oler la fragancia del Eterno, saborear Su bondad, escuchar Su voz sin confusión, ver Su hermosura sin ser consumido, tocar Su gloria sin temor.

Los sentidos espirituales no eran metáforas ni símbolos poéticos: eran realidades vivas, tan naturales para el espíritu como los sentidos corporales lo son para el cuerpo.

La esencia divina no era un concepto abstracto, sino una presencia perceptible; no era una idea, sino un aroma; no era una doctrina, sino una experiencia. Y en esa comunión perfecta, la esencia, la identidad y el propósito del hombre fluían sin interrupciones, como un río que no conoce obstáculos.

Pero algo ocurrió. Algo se quebró. Algo se apagó. El hombre perdió la capacidad de percibir la esencia de Dios con claridad, y aunque los sentidos espirituales no desaparecieron, quedaron dormidos, velados, distorsionados.

La memoria de lo que fuimos quedó grabada en lo más profundo del alma humana, como un eco que no se extingue, como una nostalgia que no se explica, como una pregunta que no deja de buscar respuesta.

Por eso este capítulo no es solo un estudio: es un recordatorio. Es un regreso al origen. Es una invitación a mirar lo que el hombre fue, para comprender lo que el hombre perdió, y para vislumbrar lo que el hombre puede recuperar.

Aquí hablaremos de los sentidos espirituales, de la esencia que define al ser humano, de la identidad que brota de esa esencia y del propósito que le da dirección. Y hablaremos también de las siete preguntas que laten en todo corazón humano, preguntas que nacen del diseño original y que solo encuentran respuesta cuando la esencia vuelve a alinearse con su origen.

Este capítulo es un viaje hacia adentro, hacia lo que el hombre fue antes de la distorsión, hacia lo que todavía anhela ser, hacia lo que Dios soñó cuando sopló vida en el polvo.

1. LOS "5" SENTIDOS… *La Percepción de lo Espiritual*

Anteriormente detallamos los cinco sentidos en el hombre, que le permiten la percepción de la esencia en la materia. Y estos sentidos eran como la puerta entre la materia y el hombre.

En el diseño original, el hombre también estaba equipado con puertas hacia lo espiritual.

Porque el espíritu humano, antes de la caída, tenía sus propios sentidos:

- ✓ podía oler la fragancia del Creador (Olfato espiritual)
- ✓ podía saborear la voz de Dios (Gusto espiritual)
- ✓ podía ver la hermosura del rostro sin ser consumido (Vision espiritual)
- ✓ podía tocar el amor del Padre y la Majestad del Gran Yo Soy (Tacto espiritual)
- ✓ podía escuchar los latidos del corazón de Dios (Oído espiritual)

El hombre no solo veía el jardín… Veía a Dios.

No solo escuchaba animales… Escuchaba la voz del Eterno.

No solo tocaba tierra… Tocaba gloria.

No solo saboreaba frutos… Saboreaba el amor.

No solo olía flores… Olfateaba la presencia de Dios.

El cuerpo, el alma y el espíritu estaban en comunión perfecta. Sin ruido. Sin interferencia. Sin distorsión.

Y en la descendencia humana, quedo esa información grabada, en el ADN de todo ser humano. El registro, la memoria o la información de que en el principio, el hombre tenía la capacidad de la percepción del mundo espiritual por medio de esos sentidos.

Este hecho se revela cuando ciertos hombres fueron inspirados a:

- Escribir acerca del olor de Cristo, aun cuando pueda ser interpretado como una metáfora, hace mención del **olfato espiritual…**

*"Mas a Dios gracias, el cual nos lleva siempre en triunfo en Cristo Jesús, y por medio de nosotros manifiesta en todo lugar el **olor de su conocimiento**. Porque para Dios somos **grato olor** de Cristo en los que se salvan, y en los que se pierden; a estos ciertamente **olor de muerte** para muerte, y a aquellos **olor de vida** para vida. Y para estas cosas, ¿quién es suficiente?"*
(2 Corintios 2:14)

- Escribir acerca del sabor de la Palabra de Dios, aun cuando pueda ser interpretado como una metáfora, hace mención del **gusto espiritual…**

*"¡Cuán **dulces** son a mi **paladar** tus palabras!*
*Más que la **miel a mi boca**."*
(Salmos 119:103)

- Escribir y describir ampliamente acerca de la voz de Jehová, aun cuando pueda ser interpretado como una metáfora, hace mención del **oído espiritual...**

*"**Voz de Jehová** sobre las aguas; Truena el Dios de gloria, Jehová sobre las muchas aguas.*
***Voz de Jehová** con potencia;*
***Voz de Jehová** con gloria.*
***Voz de Jehová** que quebranta los cedros; Quebrantó Jehová los cedros del Líbano.*
Los hizo saltar como becerros; Al Líbano y al Sirión como hijos de búfalos.
***Voz de Jehová** que derrama llamas de fuego;*
***Voz de Jehová** que hace temblar el desierto; Hace temblar Jehová el desierto de Cades.*
***Voz de Jehová** que desgaja las encinas, Y desnuda los bosques; En su templo todo proclama su gloria."*
(Salmos 29:3-9)

- Escribir acerca de la Belleza y Hermosura de Jehová, aun cuando pueda ser interpretado como una metáfora, hace mención de la **vista espiritual...**

"Una cosa he demandado a Jehová, esta buscaré;
Que esté yo en la casa de Jehová todos los días de mi vida,
*Para **<u>contemplar la hermosura</u>** de Jehová, y para inquirir en su templo."*
(Salmos 27:4)

- Escribir acerca del toque de Jehová, aun cuando pueda ser interpretado como una metáfora, hace mención del **tacto espiritual...**

*"Y extendió Jehová su mano y **tocó** mi boca, y me dijo Jehová: He aquí he puesto mis palabras en tu boca."*
(Jeremias 1:9)

Así que, el hombre siempre buscara las respuestas en cuanto a que paso con aquellos sentidos espirituales que han estado registrados en su ADN, y que son como unas herramientas necesarias en la vida, pero que cuando no pueden ser usadas hacen ineficiente el vivir del hombre, generándose un vacío existencial y funcional.

Por otra parte, aquellos que han recuperado estos sentidos, ya no se preocupan por tenerlos o conocerlos, ahora el asunto es ejercitarlos, y esta fue la razón de que el escritor del libro Hebreos escribiera esto:

*"Y todo aquel que participa de la leche es inexperto en la palabra de justicia, porque es niño; pero el alimento sólido es para los que han alcanzado madurez, para los que por el uso tienen **los sentidos ejercitados** en el discernimiento del bien y del mal."*
(Hebreos 5:13-14)

La expresión empleada por el escritor diciendo: ***"los sentidos ejercitados"*** vienen de las palabras griegas:

- griego #145 - αἰσθητήριον, ου, τό aisdsetérion (sentidos), significa: Sentidos, Órganos de Percepción, Facultades Perceptivas

- griego #1128 - γυμνάζω gumnázo (ejercitados), significa: Ejercer Desnudo, Ejercitado, Practicar Desnudez, Habitar

Esto nos da una clara evidencia, de que el escritor del libro "Hebreos" tenía conocimiento de estos sentidos espirituales, y aun llega a establecer y declarar que, aquellos quienes ejerciten estos sentidos, son los que son considerados como personas con madurez espiritual.

En otras palabras, el ejercicio de la percepción de la esencia de Dios trae madurez en el creyente, y esto ocurre, porque la percepción de la esencia de Dios requiere: atención, cercanía, encuentro, contacto, etc..... y todo esto es **INTIMIDAD CON DIOS**.

"Sin embargo, hablamos sabiduría entre los que han alcanzado madurez; y sabiduría, no de este siglo, ni de los príncipes de este siglo, que perecen. Mas hablamos sabiduría de Dios en misterio, la sabiduría oculta, la cual Dios predestinó antes de los siglos para nuestra gloria, la que ninguno de los príncipes de este siglo conoció; porque si la hubieran conocido, nunca habrían crucificado al Señor de gloria. Antes bien, como está escrito: Cosas que ojo no vio, ni oído oyó, Ni han subido en corazón de hombre, Son las que Dios ha preparado para los que le aman. Pero Dios nos las reveló a nosotros por el Espíritu; porque el Espíritu todo lo escudriña, aun lo profundo de Dios."

(1 Corintios 2:6-10)

...Y lo profundo de Dios...es SU ESENCIA...

2. ESENCIA, IDENTIDAD Y PROPOSITO... *el hilo invisible*

Hasta aquí hemos hablado de Adam como diseño. De como en ese diseño percibía la esencia de la materia y de lo espiritual, por medio de sus sentidos corporales y espirituales.

Y al describir la esencia del Hombre, en su origen, vamos a ponerle palabras a lo que late debajo de todo:

Esencia... Identidad... Propósito

No como definiciones de diccionario, sino como respiraciones del alma.

ESENCIA... *que define tu Identidad*

Esencia es... lo que eres y nadie lo mira, lo que eres en lo más profundo de tu ser, y de acuerdo con los sentidos, eres:

- ✓ Una esencia que destila un olor.
- ✓ Una esencia que produce un sabor.
- ✓ Una esencia que mueve frecuencias audibles, palabras.
- ✓ Una esencia que tiene luz.
- ✓ Una esencia que es capaz de tocar.

La esencia es lo que eres, aunque nadie te nombre. Es lo que eres antes de cualquier etiqueta.

Es tu "olor" interno, tu composición, tu raíz.

Un perfume no es perfume por la botella, sino por la esencia que contiene.

Un veneno no es veneno por el diseño del frasco, sino por lo que lleva dentro.

La esencia es lo que no se puede maquillar.

IDENTIDAD... *que Te Asigna un Propósito*

La Identidad es cómo te manifiestas y cómo eres reconocido. La identidad es la forma en que tu esencia se presenta al mundo.

Es la "etiqueta", el "nombre", la forma en que te reconocen y te diferencian de los demás.

La Identidad es como una etiqueta que dice:

- Que olor destilas: Olor fragante u olor putrefacto.
- Que sabor tienes: Dulce o amargo.
- Que frecuencia produces: Palabras de Animo o desanimo.
- Que irradias: Luz u Oscuridad.
- Que tipo de toques das: Abrazos o Golpes.

Adicional a esto, el nombre también forma parte de la identidad de un individuo.

PROPOSITO... *que te da Razones de Existir*

El Propósito es el por qué y para que de la esencia y de la identidad.

Por ejemplo, una persona puede decir:

Mi esencia y naturaleza hacen destilar desde mi interior un olor, que es clasificado como olor fragante y con ese olor fragante puedo aromatizar e impregnar un lugar con una dulce fragancia agradable a todo aquel que este en ese entorno. (Esencia, Identidad y Propósito de la esencia del aroma)

Mi esencia y naturaleza produce un sabor desde mi interior, que es clasificado como dulzura y con ese sabor dulce puedo endulzar a personas cuando entro en contacto con ellas generando relaciones interpersonales agradables. (Esencia, Identidad y Propósito de la esencia del sabor)

Mi esencia y naturaleza produce desde mi interior unas palabras y formas de expresiones audibles, que son clasificadas como palabras sabias y tiernas, que atraen a muchas personas a mi alrededor y con esto puedo ayudar a mi prójimo cuando necesita escuchar palabras reconfortantes para su alma. (Esencia, Identidad y Propósito de la esencia de la voz)

Mi esencia y naturaleza hacen alumbrar desde mi interior una luz, que es clasificada como una luz intensa y brillante que puede iluminar no solo un lugar sino a personas que están en la oscuridad de la confusión. (Esencia, Identidad y Propósito de la esencia de la luz)

Mi esencia y naturaleza transfiere desde mi interior una sensación agradable al tacto, que es clasificada como suave y tierna que produce paz y tranquilidad en todos aquellos con quien hago contacto. (Esencia, Identidad y Propósito de la esencia del contacto)

El Propósito, es lo que le da significado a tu existencia... El propósito es el destino natural de tu esencia... Es el uso correcto de lo que eres.

Hay personas que, sin decir mucho, dejan paz... Otras, sin gritar, dejan inquietud.

Eso es esencia manifestándose.

Una esencia fragante → identidad de perfume → propósito de aromatizar.

Una esencia mortal → identidad de veneno → propósito de matar.

La esencia determina la identidad...

...La identidad revela el propósito...

...El propósito manifiesta la verdad de la esencia.

En Adam, al principio:

- la esencia es pura
- la identidad es clara
- el propósito es perfecto

En Adam original, todo esto estaba alineado:

- ➢ su nombre
- ➢ su aroma espiritual
- ➢ su voz
- ➢ su imagen
- ➢ su sabor interior

Todo era coherente con su esencia divina y su propósito eterno.

3-. LAS 7 PREGUNTAS DEL SOY... *del hombre*

Dentro de cada ser humano hay preguntas que no se callan. Son como ecos antiguos que vienen del diseño original.

Y son siete:

a) ¿Qué soy? ......Cuál es mi esencia

b) ¿Quién soy? ......Cual es mi identidad

c) ¿Cuándo soy? ......Cuanto tiempo seré lo que soy

d) ¿Dónde soy? ...... En qué lugar seré lo que soy

e) ¿Para qué soy? ......Para que propósito soy lo que soy

f) ¿Por qué soy? ...... Por que soy... cual es el sentido

g) ¿Cómo soy? ...... Que forma, estilo y expresión soy

En Adam, antes de la caída, estas preguntas no eran un conflicto... Eran una melodía:

a) ¿Qué soy? ... Soy imagen y semejanza de Dios.

b) ¿Quién soy? ... Soy hijo, administrador, representante.

c) ¿Cuándo soy? ...Seré en el tiempo de Dios.

d) ¿Dónde soy? ... Seré en el jardín, en Su presencia.

e) ¿Para qué soy? ...Soy para gobernar, fructificar, multiplicar.

f) ¿Por qué soy? ...Soy porque Dios quiso compartir su esencia conmigo.

g) ¿Cómo soy? ...Soy espíritu, alma y cuerpo en armonía.

ECOS DE LA ESENCIA... *Perdida*

Al llegar al final de este capítulo, no hemos avanzado en la historia: hemos retrocedido.

Hemos vuelto al principio, al instante en que el hombre aún no tenía nombre propio, pero ya tenía esencia.

Al momento en que Adam no era un individuo, sino un diseño. Él fue un suspiro divino hecho forma, fue un espíritu hecho carne, fue una puerta viva entre dos mundos.

Hemos visto que Adam no comienza en la tierra, sino en Dios:

- Que su primera letra es Alef, no polvo.
- Que su primera realidad es espíritu, no cuerpo.
- Que su primera respiración no fue tomada, sino recibida.

Hemos visto que el hombre es un ser tripartito: Un espíritu que percibe, un alma que interpreta, un cuerpo que expresa.

Y que esa estructura no es un accidente, sino una arquitectura, una geometría sagrada y un puente entre lo visible y lo invisible.

Hemos contemplado los sentidos no como simples funciones biológicas, sino como ventanas.

Ventanas por donde la esencia se vuelve aroma, la identidad se vuelve sabor, la emoción se vuelve voz, la forma se vuelve imagen, y la verdad se vuelve textura.

Y hemos descubierto que, antes de la caída, estos sentidos no estaban rotos ni divididos.

Estaban alineados, eran uno y estaban completos.

El hombre:

- ✓ Podía oler la fragancia del Creador.
- ✓ Podía ver Su hermosura sin ser consumido.
- ✓ Podía saborear Su bondad sin miedo.
- ✓ Podía escuchar Su voz sin confusión.
- ✓ Podía tocar Su gloria sin morir.

El cuerpo no estorbaba al espíritu.

El espíritu no ignoraba al cuerpo.

El alma no estaba dividida entre ambos.

Todo era comunión… Todo era armonía… Todo era diseño.

Y en medio de esa perfección, la esencia, la identidad y el propósito fluían como un río sin interrupciones:

esencia pura → identidad clara → propósito eterno

Así era Adam…

Así era el hombre…

Así era el principio…

Este capítulo no nos ha mostrado lo que somos hoy, sino lo que fuimos.

No lo que vivimos ahora, sino lo que Dios soñó.

No lo que heredamos, sino lo que no se nos dio.

Porque para entender la distorsión, primero hay que contemplar la forma original.

Para comprender la caída, primero hay que ver la altura.

Para abrazar la restauración, primero hay que recordar el origen.

Así vamos terminando este capítulo. No con un final, sino con un eco. Un eco que dice:

"Esto eras... Esto fuiste... Esto sigue siendo tu esencia, aunque esté dormida."

Al llegar al final de este capítulo, no hemos avanzado en la historia: hemos retrocedido al instante en que el hombre aún podía percibir la esencia de Dios con la misma naturalidad con la que percibía la esencia de la creación.

Hemos visto cómo los sentidos espirituales eran parte del diseño original, cómo la esencia definía la identidad, cómo la identidad revelaba el propósito, y cómo el propósito daba sentido a la existencia. Hemos escuchado los ecos de lo que fuimos, de lo que perdimos, de lo que todavía late en lo profundo del alma humana como un llamado que no se extingue.

Pero también hemos reconocido que la caída oscureció esa percepción, que el hombre dejó de ver con claridad, que los sentidos espirituales se adormecieron, que la esencia divina dejó de ser evidente, que la identidad se fragmentó y que el propósito se volvió confuso.

Y, sin embargo, en la Primera Parte de este libro contemplamos la identidad de Dios con una claridad que trasciende la distorsión humana; vimos Su Nombre, Su carácter, Su revelación progresiva, Su manifestación en la historia. Si el hombre perdió la capacidad de percibirlo, Dios nunca perdió la capacidad de revelarse.

Por eso, al cerrar este capítulo, abrimos la puerta hacia la Sección IV, donde ya no hablaremos del hombre intentando recordar la esencia que perdió, sino de Dios manifestando la esencia que nunca cambió. Si hasta ahora hemos contemplado la percepción humana, ahora contemplaremos la esencia divina; si hasta ahora hemos visto ventanas, ahora veremos la luz; si hasta ahora hemos escuchado ecos, ahora escucharemos la voz.

La esencia de Dios no depende de la percepción del hombre: existe, fluye, danza, se revela, y en la siguiente sección entraremos en ese movimiento eterno donde Sus atributos no están aislados, sino entrelazados en perfecta armonía.

El hombre perdió la capacidad de entender la esencia de Dios...**pero Dios nunca dejó de ser esencia.**

...Y ahora, en la siguiente sección, entraremos en ese misterio.

Sección IV

Yo Soy... El que Soy

La Danza de Su Esencia

SECCION IV

YO SOY… EL QUE SOY

La Danza en Su Esencia

A lo largo de la Sección III contemplamos como al hombre se le dieron "sentidos" de percepción, que no solo le permiten visualizar la identidad de Dios, sino también experimentar Su esencia, el hombre la ha percibido…

….en la creación, en la historia, en la experiencia espiritual, en los nombres revelados.

Vimos cómo la humanidad, desde sus primeros pasos, ha intentado comprender a Dios desde lo visible, lo tangible, lo material.

Pero ahora entramos en un territorio distinto…

Más profundo…

…Más delicado…

…Más sagrado…

…Entramos en la esencia.

El hombre moderno, atrapado en un mundo dominado por la física, la química y la biología, intentó estudiar a Dios como si fuera materia.

Quiso analizarlo como átomo, energía, sustancia, fenómeno.

Y al hacerlo, perdió de vista lo que la Escritura había revelado desde el principio:

Dios no es materia… Dios es esencia.

Cuando Juan escribió: "Dios es amor", no estaba describiendo un sentimiento, ni una emoción, ni una reacción química.

Estaba revelando la sustancia ontológica del Ser divino.

Pero el hombre, acostumbrado a medirlo todo, quiso convertir esa esencia en psicología, en neurociencia, en evolución emocional.

Y así, lo que era revelación se volvió análisis. Lo que era esencia se volvió concepto. Lo que era vida se volvió teoría.

Por eso esta sección es necesaria.

Porque aquí no estudiaremos a Dios como fenómeno, sino como Ser.

No como objeto, sino como origen.

No como energía, sino como esencia.

LA ESENCIA DE DIOS COMO SU ADN ETERNO

La esencia divina no es un atributo, ni una lista, ni un conjunto de cualidades.

Es Su ADN eterno. (Metáfora para describir Su estructura ontológica, no biológica)

La estructura interna de Su Ser.

Aquello que lo hace ser Dios.

Cada esencia es una hebra inseparable del todo; ninguna puede faltar sin que Dios deje de ser Dios.

No existe una esencia "más importante" que otra, ni una esencia que aparezca después. Todas existen simultáneamente, eternamente, indivisiblemente.

En Dios:

- no hay partes
- no hay evolución
- no hay secuencia
- no hay dependencia

Pero sí hay coherencia interna, donde una esencia ilumina, sostiene o explica a otra.

La clasificación que veremos no existe dentro de Dios. Existe dentro del hombre, que intenta comprender con mente finita lo que solo puede recibirse por revelación.

Aun así, esta clasificación es útil, porque refleja cómo Dios mismo se reveló en la historia:

1) **Esencia Existencial:** lo que hace que El EXISTA...lo que Él es en sí mismo
2) **Esencia Relacional:** lo que impulsa y define como se RELACIONA... lo que El es hacia si mismo y hacia otros
3) **Esencia Funcional:** Lo que lo mueve a ACTUAR... lo que el produce desde Su Ser

1. LA ESENCIA EXISTENCIAL — LO QUE HACE QUE EL EXISTA

Describe la naturaleza absoluta de Dios, independiente de Su acción o relación.

Aquí encontramos realidades como:

- eterno
- inmutable
- autosuficiente
- perfecto
- único
- santo
- puro
- verdadero
- soberano
- infinito
- omnisciente
- omnipresente
- omnipotente
- glorioso
- majestuoso
- permanente
- sabio
- justo
- amor (en su raíz ontológica)

Estas esencias no dependen de la creación...

...Son lo que Él es, incluso si nada existiera fuera de Él.

2. LA ESENCIA RELACIONAL — LO QUE IMPULSA Y DEFINE COMO SE RELACIONA

Dios no se volvió relacional cuando creó al hombre... Dios es relacional en Su esencia eterna.

La Escritura revela que el hombre fue hecho a imagen y semejanza de Dios.

La imagen puede no revelar plenamente la esencia divina por estar en planos distintos, pero la semejanza sí nos permite comprender algo profundo: así como el ser humano tiene diálogos internos consigo mismo, Dios también puede "hablar" dentro de Su propio Ser, sin dejar de ser uno y único.

Mis conversaciones internas no indican multiplicidad de personas... Yo sigo siendo uno.

De la misma manera, Dios —siendo uno y único— puede expresarse internamente en perfecta unidad.

Antes de la creación de la materia, del tiempo y del espacio:

- ✓ Dios era
- ✓ Dios hablaba (Su Palabra)
- ✓ Dios actuaba (Su Espíritu)

Y en Su integridad perfecta:

- ➢ Dios amaba Su Palabra
- ➢ Dios amaba Su Espíritu
- ➢ Dios se amaba a Sí mismo en plenitud

No es multiplicidad de dioses... No es división interna.

Es unidad viva, unidad consciente, unidad relacional en sí misma.

Por eso Juan no dice "Dios ama" ... Dice: "Dios ES amor."

Aquí encontramos esencias como:

- ❖ amor
- ❖ misericordia
- ❖ gracia
- ❖ fidelidad
- ❖ paternidad
- ❖ ternura
- ❖ compasión
- ❖ bondad

- ❖ favor
- ❖ cuidado
- ❖ consuelo
- ❖ presencia

La creación no activó Su relacionalidad...

...solo la hizo visible en tres dimensiones.

3. LA ESENCIA FUNCIONAL — LO QUE LO MUEVE A ACTUAR

Así como Dios no se volvió relacional, tampoco se volvió funcional.

La acción no comenzó en Génesis... La acción es parte de Su esencia eterna.

Jesús lo dijo con claridad:

"Mi Padre hasta ahora trabaja."

Antes del tiempo, antes del espacio, antes de la materia:

- Dios actuaba
- Dios expresaba
- Dios generaba
- Dios hablaba
- Dios emanaba luz, vida y amor
- Dios se movía en Su propia gloria

Aquí encontramos esencias como:

- ❖ justicia

- juicio
- revelación
- sabiduría
- dirección
- intervención
- poder
- gloria
- provisión
- protección
- salvación
- restauración
- transformación
- sustento

La creación no inició Su actividad... Solo la manifestó.

LA COHERENCIA INTERNA DE LA ESENCIA

En Dios no hay jerarquías, pero sí fundamentos ontológicos:

Perfecto → explica → Inmutable

Eterno → sostiene → Permanente

Autosuficiente → ilumina → Infinito

Santo → fundamenta → Puro

Verdadero → sostiene → Fiel

Único → explica → Soberano

Uno → explica → Amor

Estas relaciones no son secuencias... Son coherencias del Ser.

ANTES DEL PRINCIPIO... DIOS YA ERA

El "principio" de Génesis no es el principio de Dios.

Es el principio del tiempo, del espacio, de la materia, de la humanidad.

Pero antes del principio ya existía:

- existencia
- relación
- acción
- amor
- vida
- luz
- gloria
- sabiduría
- voluntad
- propósito

Dios no cambió en el principio...

...Cambió el entorno donde Su esencia se manifestaría.

HACIA DÓNDE VAMOS AHORA

Esta Sección IV es un viaje hacia el interior del Ser divino.

En el Capítulo 10, veremos la esencia en reposo: contemplada en tablas, como un diamante inmóvil.

En el Capítulo 11, veremos la esencia en movimiento: danza en armonía, entrelazándose entre vida, amor y luz.

En el Capítulo 12, veremos la esencia en plenitud: saturada de amor, el centro del centro, la raíz de todo.

Aquí comienza la danza...

...Aquí comienza la revelación más profunda del libro...

...Aquí entramos en el corazón del "YO SOY"...

Capítulo 10
LA ESENCIA DE DIOS
Contemplada en Tablas

Antes de hablar de tablas, categorías o clasificaciones…tenemos que hablar de perfume. Porque la esencia no es un concepto técnico. La esencia es una fragancia.

Tú no ves el perfume. No puedes tomarlo con la mano. No puedes medirlo con una regla. Pero cuando llega…lo sabes.

La esencia es como el aroma de una flor: no es la flor, no es el pétalo, no es el color, no es la forma… Pero es lo que la flor ES, lo que la hace reconocible, lo que anuncia su presencia, lo que permanece incluso cuando ya no la ves.

Así es la esencia de Dios… Invisible… Intangible… Pero inconfundible.

Cuando Dios aparece, Su esencia llega como un perfume que llena el ambiente:

- amor
- vida
- luz
- gloria
- sabiduría
- misericordia
- gracia

No porque Él decida "emanarlas", sino porque Él ES eso.

La esencia no es lo que Dios hace… La esencia es lo que Dios ES.

LA ESTRUCTURA DE LA ESENCIA

¿Qué es la esencia?

La esencia es la naturaleza interna del Ser divino. Es lo que Dios sería incluso si nada existiera fuera de Él.

La esencia:

- no cambia
- no evoluciona
- no depende de la creación
- no responde a estímulos
- no se activa ni se apaga

La esencia es el perfume eterno del Ser.

Cuando Moisés preguntó: "¿Cuál es tu nombre?"

Dios respondió: "YO SOY EL QUE SOY." (Éxodo 3:14)

No dijo:

- "Yo hago",
- "Yo siento",
- "Yo actúo".

Dijo: "YO SOY" ... Eso es esencia.

UNA SOLA ESENCIA, TRES CLASIFICACIONES

No existen "tres esencias". Existe una sola esencia, vista desde tres ángulos, siguiendo la misma clasificación que usamos en la Primera Parte del libro:

1) Esencia Existencial: Lo que hace que Él EXISTA… lo que Él es en sí mismo.

2) Esencia Relacional: Lo que impulsa y define cómo se RELACIONA… lo que Él es hacia sí mismo y hacia otros.

3) Esencia Funcional: Lo que lo mueve a ACTUAR… lo que Él produce desde Su Ser.

Esta clasificación no divide a Dios… Solo nos permite contemplarlo desde tres ventanas.

LA INDIVISIBILIDAD DE LA ESENCIA

En muchas ocasiones se ha usado la conformación química del agua para intentar explicar la esencia de Dios. Es una metáfora útil, pero no es una verdad en sí misma.

Solo es una invitación a expandir la percepción.

El agua, en el campo de la química, se conoce como H_2O. Eso significa que está compuesta por dos átomos de hidrógeno y uno de oxígeno, los cuales pueden separarse mediante procesos químicos o físicos.

Pero Dios no puede ser dividido por ningún proceso. No puede ser separado en partes. No puede ser descompuesto. No puede ser analizado como una molécula.

La metáfora del agua sirve para ilustrar, pero no para definir.

- Dios no es una molécula.
- Dios no es una mezcla.
- Dios no es una composición.

Dios es esencia pura.

Por eso, en Dios:

- no hay partes
- no hay capas
- no hay jerarquías
- no hay secuencias
- no hay evolución

Todo lo que Dios es...

...lo es siempre...

...lo es plenamente...

...lo es eternamente.

La esencia divina no puede dividirse porque no está hecha de componentes.

No es una suma.

No es un conjunto.

No es una estructura compuesta.

La esencia divina es unidad absoluta.

Así como el perfume no puede separarse del aroma, ni la luz puede dividirse de su brillo, ni la vida puede separarse de su impulso...

Así tampoco Dios puede separarse de lo que Él es...

...Su esencia es indivisible porque Su Ser es indivisible.

TABLA DE ESENCIA... El Diamante contemplado en facetas

La siguiente tabla no contiene todas las formas posibles de contemplar la esencia de Dios.

Dios es infinito, eterno e inabarcable; ninguna lista puede capturar la totalidad de Su Ser.

Aquí presentamos únicamente las esencias más visibles y perceptibles, ya sea por experiencia humana o por revelación directa en las Escrituras.

Algunas esencias pueden experimentarse, como Su amor, Su misericordia o Su bondad, mientras que otras no pueden experimentarse, pero sí pueden conocerse porque Él mismo las reveló, como Su eternidad o Su inmutabilidad.

Nadie puede "sentir" la inmutabilidad de Dios, pero sí podemos afirmarla porque Él dijo:

"Yo Jehová no cambio." (Malaquías 3:6)

Estas palabras no son atributos...

...Son esencias...

No describen lo que Dios hace, sino lo que Dios ES.

La Biblia no dice que Dios tiene amor, sino que Dios ES amor. No dice que Dios da luz, sino que Dios ES luz. No dice que Dios posee vida, sino que Dios ES vida.

Cuando la Escritura usa el verbo SER, está revelando Su naturaleza eterna, no Su comportamiento.

Por eso, las palabras que aparecen en esta tabla pueden afirmarse con seguridad bajo la revelación bíblica, porque todas ellas pueden ser expresadas con la frase: "DIOS ES…"

Lo que sigue no es una lista exhaustiva, sino una ventana… Una ventana hacia la esencia eterna del YO SOY.

ESENCIA EXISTENCIAL	ESENCIA RELACIONAL	ESENCIA FUNCIONAL
Eternidad	Amor	Justicia
Inmutabilidad	Misericordia	Juicio
Autosuficiencia	Gracia	Revelación
Perfección	Fidelidad	Sabiduría (operativa)
Unidad	Paternidad	Dirección
Santidad	Ternura	Intervención
Pureza	Compasión	Poder
Verdad	Bondad	Provisión
Soberanía	Favor	Protección
Infinitud	Cuidado	Salvación
Omnisciencia	Consuelo	Restauración
Omnipresencia	Presencia	Transformación
Omnipotencia	Celo	Sustento
Gloria	—	Luz
Majestad	—	—
Permanencia	—	—
Sabiduría (ontológica)	—	—
Justicia (ontológica)	—	—
Amor (ontológico)	—	—
Vida		

¿Qué revela esta tabla?

La tabla que acabamos de contemplar no es un ejercicio académico ni un intento de sistematizar lo que no puede ser encerrado.

Es, más bien, una ventana abierta hacia el misterio eterno del Ser divino, una invitación a mirar, con humildad y asombro, aquello que Dios ha revelado de sí mismo a través de la Escritura y, en algunos casos, a través de la experiencia humana.

No están todas las esencias posibles, porque Dios es infinito y Su Ser no puede ser agotado por ninguna lista; están, más bien, aquellas esencias que han sido visibles, perceptibles o afirmadas explícitamente por la revelación.

Algunas de ellas pueden sentirse, como el amor, la misericordia o la bondad, mientras que otras solo pueden conocerse por revelación, como la eternidad, la inmutabilidad o la autosuficiencia, porque ninguna criatura puede experimentar lo que pertenece únicamente al Ser eterno.

La tabla revela, ante todo, que Dios es un Ser, no un sistema. No es una suma de partes, ni un conjunto de cualidades, ni una colección de atributos que se activan o desactivan según la circunstancia.

Dios no "tiene" amor, ni "posee" vida, ni "manifiesta" luz como quien enciende una lámpara.

Dios ES amor, ES vida, ES luz.

La Escritura no describe a Dios con verbos de posesión, sino con el verbo SER, y ese verbo no apunta a un comportamiento, sino a una esencia. Por eso estas palabras no son atributos; son esencias.

No describen lo que Dios hace, sino lo que Dios es eternamente, antes de toda creación, antes de toda historia, antes de toda relación con criaturas.

La tabla también revela la coherencia interna del Ser divino. Lo existencial sostiene lo relacional, lo relacional expresa lo existencial, y lo funcional fluye de ambos.

- Dios es vida, y por eso ama, y por eso salva.
- Dios es verdad, y por eso es fiel, y por eso revela.
- Dios es santo, y por eso es puro, y por eso ilumina.

Nada en Dios está aislado; todo está unido por una coherencia perfecta que no nace de la lógica humana, sino de la simplicidad divina. En Dios no hay partes, ni capas, ni jerarquías, ni secuencias. Todo lo que Dios es… lo es siempre… lo es plenamente… lo es eternamente.

La tabla también nos recuerda que no todas las esencias son perceptibles.

Podemos sentir Su amor, Su misericordia, Su consuelo, Su presencia. Pero no podemos sentir Su eternidad, ni Su inmutabilidad, ni Su autosuficiencia.

Nadie puede experimentar la infinitud o la omnipresencia. Y, sin embargo, estas esencias son tan reales como las que sí podemos sentir, porque no dependen de nuestra experiencia, sino de Su revelación.

La experiencia humana es limitada; la revelación divina es absoluta. Por eso, lo que no podemos sentir, podemos conocerlo porque Él lo dijo. Y si Él lo dijo, es verdad.

La tabla revela, además, que la esencia de Dios no depende de la creación.

- Dios era amor antes de amar a alguien.
- Dios era luz antes de decir "sea la luz".
- Dios era vida antes de formar a Adán.
- Dios era justo antes de que existiera el mal.
- Dios era misericordioso antes de que existiera el pecado.

Nada en la esencia divina nace de la historia; todo nace del Ser eterno. La creación no define a Dios; Dios define a la creación.

Finalmente, la tabla revela que la esencia divina se manifiesta en tres direcciones que no dividen a Dios, sino que nos permiten contemplarlo desde distintos ángulos:

1) **la esencia existencial**, que describe lo que Dios es en sí mismo;
2) **la esencia relacional**, que describe lo que Dios es hacia sí mismo y hacia otros;
3) **y la esencia funcional**, que describe lo que Dios es cuando actúa.

No son tres esencias, sino una sola esencia vista desde tres ventanas.

...Un solo diamante contemplado desde tres facetas...

...Un solo perfume percibido en tres notas...

Lo que esta tabla nos entrega no es un sistema, sino una contemplación. No es una definición, sino una invitación. No es un límite, sino una apertura.

Una apertura hacia el misterio eterno del YO SOY, que no puede ser explicado, pero sí puede ser adorado; que no puede ser reducido, pero sí puede ser contemplado; que no puede ser encerrado, pero sí puede ser amado.

LA COHERENCIA INTERNA DE LA ESENCIA

Aquí explicamos algunas relaciones con sencillez profunda.

Perfecto → explica → Inmutable

Algo perfecto no puede mejorar… Si pudiera mejorar, no sería perfecto… Por eso Dios no cambia… Su perfección exige Su inmutabilidad.

Eterno → sostiene → Permanente

Lo eterno no tiene principio ni fin… Por eso es permanente. No se agota, no se desvanece, no se interrumpe.

Autosuficiente → ilumina → Infinito

Si Dios no depende de nada, entonces no tiene límites. La autosuficiencia abre la puerta al infinito.

Santo → fundamenta → Puro

La santidad no es conducta. Es naturaleza. Y esa naturaleza es pura, sin mezcla, sin sombra.

Verdadero → sostiene → Fiel

Lo verdadero no cambia de opinión. No se contradice. No se retracta. Por eso Dios es fiel: porque es verdadero.

Único → explica → Soberano

Si solo hay un Dios, entonces no hay competencia. No hay rival. No hay otro trono. La unicidad exige la soberanía.

Uno → explica → Amor

El amor solo puede ser esencia en un Ser indivisible. Si Dios estuviera dividido, el amor sería negociación. Pero como Dios es uno… el amor es esencia.

Finalmente se puede decir que contemplamos la esencia en reposo. El diamante inmóvil. El perfume eterno del Ser.

En el próximo capítulo veremos la esencia en movimiento, danzando entre vida, amor y luz.

Pero por ahora…

…solo contemplamos…

…Solo olemos…

…Solo respiramos el perfume del YO SOY.

Capítulo 11
LA ESENCIA DE DIOS
Que Danza en Armonía

De la esencia en reposo a la esencia en movimiento…

En el capítulo anterior contemplamos la esencia de Dios como un diamante inmóvil. La miramos desde lejos, como quien observa una joya perfecta dentro de una vitrina: sin tiempo, sin cambio, sin secuencia.

Pero ahora… ahora el diamante comienza a girar. Cuando la esencia se mueve, revela ritmos… Cuando gira, muestra facetas que antes no se veían… Cuando respira, deja ver conexiones internas que no aparecen en reposo.

La esencia de Dios no es estática… La esencia de Dios danza.

Y cuando danza, revela algo que ninguna tabla puede mostrar: la armonía interna del Ser eterno.

LA CLAVE DE LA DANZA: T*oda Esencia Contiene Vida, Amor y Luz*

La tabla del capítulo 10 nos mostró tres columnas:

1. Esencias existenciales
2. Esencias relacionales
3. Esencias funcionales

Pero esa tabla no era un final... Era un mapa. Y ahora revelamos el principio que sostiene ese mapa:

Cada esencia de Dios nace de una raíz primaria: VIDA, AMOR y LUZ.

Las esencias existenciales → brotan de VIDA

Las esencias relacionales → brotan de AMOR

Las esencias funcionales → brotan de LUZ

No porque lo forcemos. No porque lo acomodemos. Sino porque ellas mismas lo revelan cuando se contemplan en movimiento.

PRIMERA DANZA: *La Columna Existencial Gira Alrededor de la VIDA*

La esencia existencial describe lo que Dios ES en sí mismo. Y todo lo que Dios es en sí mismo... vive.

Por eso, cada esencia existencial es una expresión de la Vida eterna.

Veámoslo:

- **Eternidad (עוֹלָם – olam):** Vida sin principio ni fin.
- **Inmutabilidad:** Vida que no cambia porque no puede morir.
- **Autosuficiencia:** Vida que no necesita recibir para seguir siendo.
- **Perfección**: Vida plena, sin carencia.
- **Unidad (אֶחָד – ejad):** Vida indivisible.
- **Pureza:** Vida sin mezcla.

- **Verdad (אֱמֶת – emet):** Vida que no puede corromperse.
- **Soberanía:** Vida que no depende de otra vida.
- **Infinitud:** Vida sin límites.
- **Omnisciencia:** Vida consciente.
- **Omnipresencia:** Vida presente.
- **Omnipotencia:** Vida capaz.
- **Gloria (כָּבוֹד – kavod):** Vida manifestada.
- **Majestad:** Vida elevada.
- **Permanencia:** Vida que no se agota.
- **Sabiduría (ontológica):** Vida que entiende.
- **Justicia (ontológica):** Vida que es recta.
- **Amor (ontológico):** Vida que se expresa.

Vida...La raíz de todas las raíces de las esencias existenciales... La esencia existencial es la danza de la Vida en sus múltiples facetas.

SEGUNDA DANZA: *La Columna Relacional Gira Alrededor del AMOR*

La esencia relacional describe cómo Dios se relaciona consigo mismo y con otros. Y toda relación divina nace del Amor eterno.

Por eso, cada esencia relacional es una expresión del Amor...

Veámoslo:

- **Misericordia (רַחֲמִים – rajamim):** Amor + Justicia + Perdón. Amor que siente desde el vientre.
- **Gracia (חֵן – jen):** Amor que favorece. Vida que embellece.
- **Fidelidad (אֱמוּנָה – emuná):** Amor que permanece.
- **Paternidad:** Amor que engendra.
- **Ternura:** Amor que se acerca.

- **Compasión**: Amor que siente el dolor del otro.
- **Bondad (טוֹב – tov):** Amor que actúa.
- **Favor:** Amor que escoge.
- **Cuidado:** Amor que protege.
- **Consuelo:** Amor que sostiene.
- **Presencia:** Amor que no abandona.
- **Celo:** Amor que guarda lo amado.

La esencia relacional es la danza del Amor en todas sus expresiones.

TERCERA DANZA: *La Columna Funcional Gira Alrededor de la LUZ*

La esencia funcional describe lo que Dios hace. Y toda acción divina nace de la Luz eterna.

Por eso, cada esencia funcional es una expresión de la Luz. Veámoslo:

- **Justicia (צֶדֶק – tzedek):** Luz que revela lo recto.
- **Juicio (שָׁפַט – shafat):** Luz que separa.
- **Revelación (דָּבָר – davar):** Luz que muestra.
- **Sabiduría (operativa):** Luz que guía.
- **Dirección:** Luz que marca camino.
- **Intervención:** Luz que irrumpe.
- **Poder:** Luz que actúa.
- **Provisión:** Luz que anticipa.
- **Protección:** Luz que cubre.
- **Salvación (יָשַׁע – yasha):** Luz que abre camino.
- **Restauración**: Luz que reordena.
- **Transformación:** Luz que cambia.
- **Sustento:** Luz que sostiene.

- **Luz:** La raíz de toda acción divina.

La esencia funcional es la danza de la Luz en movimiento.

LA DANZA ENTRE COLUMNAS: *Cuando las Esencias se Entrelazan*

Aquí la esencia deja de ser lista y se vuelve música…

Ejemplos:

- Gracia = Vida + Amor
- Misericordia = Amor + Justicia + Perdón
- Verdad = Amor + Luz
- Sabiduría = Vida + Luz
- Santidad (קָדוֹשׁ – kadosh) = Vida + Amor + Luz
- Gloria (kavod) = Vida + Amor + Luz manifestados
- Justicia = Luz + Vida
- Bondad = Amor + Vida
- Restauración = Luz + Amor
- Fidelidad = Amor + Vida
- Provisión = Luz + Amor
- Poder = Luz + Vida

Aquí el lector ve la danza completa. Aquí entiende que la esencia no es estática. Aquí descubre que Dios no es suma… sino armonía.

Después de contemplar la danza, la conclusión se vuelve inevitable:

VIDA, AMOR y LUZ son las tres esencias primarias del Ser divino.

Vida → esencia existencial primaria

Amor → esencia relacional primaria

Luz → esencia funcional primaria

Todo lo demás fluye de ellas…

…Todo lo demás depende de ellas….

…Todo lo demás nace de ellas…

La danza no es caótica. La danza tiene un ritmo. El ritmo tiene un centro.

Y ese centro… ese punto donde Vida, Luz y Amor se abrazan… ese punto donde todo converge… ese punto donde la esencia se vuelve plenitud…

…es AMOR.

Pero no lo desarrollaremos aquí… …No todavía.

El capítulo 12 será la inmersión total. Por ahora, solo contemplamos la danza. Solo vemos el movimiento.

Solo sentimos el ritmo del YO SOY.

Capítulo 12
LA ESENCIA DE DIOS
Saturada de Amor

Antes de hablar del amor como acción, como sentimiento, como pacto o como historia, debemos hablar del amor como esencia. Porque la Escritura no dice que Dios tiene amor.

Dice que Dios ES amor.

Cuando Juan escribió: *"El que no ama, no ha conocido a Dios, porque Dios es amor"* (1 Juan 4:8), no estaba describiendo un atributo emocional, ni una cualidad moral, ni una virtud divina.

Estaba revelando la sustancia ontológica del Ser eterno. El verbo "ES" en este texto no funciona como descripción… funciona como definición.

No dice:

- ➢ Dios ama.
- ➢ Dios siente amor.
- ➢ Dios muestra amor.
- ➢ Dios actúa con amor.

Dice: **Dios ES amor.**

Es decir:

- El amor no nace en Dios.
- El amor no crece en Dios.
- El amor no cambia en Dios.
- El amor no depende de nada fuera de Dios.
- El amor no es una reacción divina.

- El amor no es una respuesta divina.
- El amor no es una emoción divina.

El amor es lo que Dios ES, incluso si nada existiera fuera de Él.

Por eso, cuando Dios se revela a Moisés y proclama Su nombre diciendo:

"Jehová, Jehová, fuerte, misericordioso y piadoso; tardo para la ira, y grande en misericordia y verdad" (Éxodo 34:6), no está enumerando comportamientos... está describiendo la fragancia de Su esencia.

Todo lo que Dios hace fluye de lo que Dios es. Y lo que Dios es... es amor.

- ✓ El amor es la raíz de Su identidad.
- ✓ El amor es la raíz de Su nombre.
- ✓ El amor es la raíz de Su carácter.
- ✓ El amor es la raíz de Su gloria.
- ✓ El amor es la raíz de Su justicia.
- ✓ El amor es la raíz de Su misericordia.
- ✓ El amor es la raíz de Su pacto.
- ✓ El amor es la raíz de Su eternidad.

Por eso, cuando Dios dice: *"Con amor eterno te he amado"* (Jeremías 31:3), no está hablando de un sentimiento prolongado. Está hablando de una esencia que no tiene principio ni fin, porque Él mismo no tiene principio ni fin.

El amor no es algo que Dios decide... El amor es algo que Dios es.

Y si Dios es eterno, entonces Su amor es eterno.

Si Dios es inmutable, entonces Su amor es inmutable.

Si Dios es perfecto, entonces Su amor es perfecto.

Si Dios es uno, entonces Su amor es indivisible.

Aquí comienza el capítulo...

...Aquí comienza la inmersión...

...Aquí entramos al centro del diamante....

Aquí respiramos el perfume más profundo del YO SOY.

EL AMOR... *Como Identidad Divina*

Si el amor es la esencia de Dios, entonces también es Su identidad.

No es solo lo que Él es... es quién Él es.

Cuando Dios se reveló a Moisés en el Sinaí, no le entregó un concepto, ni un atributo, ni una definición teológica.

Le entregó Su nombre... Y ese nombre estaba saturado de amor.

"Jehová, Jehová, fuerte, misericordioso y piadoso; tardo para la ira, y grande en misericordia y verdad." (Éxodo 34:6)

Esta no es una lista de comportamientos. Es la autodescripción del Ser eterno. Es Dios diciendo:

"Este soy Yo. Esto es lo que Yo soy. Esto es lo que encontrarás cuando te acerques a Mí."

Cada palabra de esta proclamación es un aroma del amor divino:

misericordioso → amor que se inclina

piadoso → amor que siente

tardo para la ira → amor que espera

grande en misericordia → amor que cubre

grande en verdad → amor que revela

El amor no es un aspecto de Su identidad…

…Es la raíz de Su identidad.

Por eso Juan escribe: *"Mirad cuál amor nos ha dado el Padre, para que seamos llamados hijos de Dios."* (1 Juan 3:1)

No dice:

- "Mirad qué poder",
- ni "mirad qué gloria",
- ni "mirad qué sabiduría".

Dice: "Mirad qué amor."

Porque el amor es la puerta de entrada a la identidad divina. El amor es la razón por la que Dios crea, llama, adopta, restaura y nombra.

Cuando Dios dice: *"Con amor eterno te he amado; por tanto, te prolongué mi misericordia."* (Jeremías 31:3) está revelando que Su identidad no cambia porque Su amor no cambia.

Él no ama porque nosotros existimos... Nosotros existimos porque Él ama.

El amor es la raíz de Su fidelidad.

Por eso Pablo ora para que seamos *"arraigados y cimentados en amor"* (Efesios 3:17). Porque si Dios está cimentado en amor, entonces todo lo que Él hace fluye desde ese cimiento.

El amor es la raíz de Su pacto.

- Cuando Dios promete, promete desde el amor.
- Cuando Dios permanece, permanece por amor.
- Cuando Dios disciplina, disciplina por amor.
- Cuando Dios salva, salva por amor.

El amor es la raíz de Su nombre...

...El amor es la raíz de Su identidad...

...El amor es la raíz de Su eternidad.

Dios no sería Dios sin amor.

Pero como Dios es amor... todo lo que Él es, es amor en alguna forma.

Aquí termina la identidad...

...Aquí comienza la expresión.

EL AMOR... *Que Perdona*

El amor de Dios no comienza perdonando… pero el perdón es una de las primeras formas en que nosotros lo reconocemos.

Porque el perdón es el lenguaje del amor cuando se encuentra con la fragilidad humana.

Cuando Abraham intercede por Sodoma, no está apelando a la justicia divina… está apelando al amor que perdona.

En Génesis 18, Abraham se acerca a Dios con una audacia que solo el amor permite: *"¿Destruirás también al justo con el impío?"* (Génesis 18:23)

No es una pregunta jurídica… Es una pregunta afectiva.

Abraham sabe que el corazón de Dios no se deleita en destruir, sino en perdonar. Por eso se atreve a descender de cincuenta a diez. Porque conoce el carácter del Dios que ama.

El perdón no es una excepción en Dios. Es una expresión natural de Su esencia. Por eso, siglos después, Dios declara por boca de Isaías:

"Yo, yo soy el que borro tus rebeliones por amor de mí mismo, y no me acordaré de tus pecados." (Isaías 43:25)

Observa la frase: "por amor de mí mismo". Dios no perdona porque nosotros lo merecemos. Dios perdona porque Él es amor, y el amor no puede negarse a sí mismo.

El perdón no nace de nuestra necesidad, sino de Su naturaleza.

No es una reacción a nuestro arrepentimiento, sino una expresión de Su identidad.

Por eso el salmista clama:

"Ayúdanos, oh Dios de nuestra salvación, por la gloria de tu nombre; y líbranos, y perdona nuestros pecados por amor de tu nombre." (Salmos 79:9)

El perdón está ligado al nombre de Dios.

Y Su nombre está saturado de amor. El amor que perdona:

- no minimiza el pecado
- no ignora la justicia
- no cancela la verdad
- no borra las consecuencias naturales

Pero sí hace algo que ninguna otra fuerza en el universo puede hacer: restaura la relación.

El perdón es el puente que el amor construye para que el hombre pueda volver a casa.

Es el abrazo que espera al hijo pródigo antes de que termine su discurso.

Es la voz que dice: "Yo borro tus rebeliones… porque te amo."

El amor que perdona no es débil.

El amor es fuerte…

…Es eterno…

…Es divino.

Y es la primera puerta por la que entramos al corazón del YO SOY.

EL AMOR... *Que Trasciende Generaciones*

El amor humano nace y muere dentro de una sola vida.

El amor divino, en cambio, no cabe en una sola generación.

Es demasiado grande, demasiado antiguo, demasiado eterno como para limitarse a un solo tiempo o a un solo nombre.

Por eso, cuando Dios se acerca a Isaac en Génesis 26, no le habla de un amor nuevo, ni de un pacto recién inaugurado.

Le habla de un amor que ya venía caminando antes de que él naciera:

"Habitaré contigo y te bendeciré... Confirmaré el juramento que hice a Abraham tu padre." (Génesis 26:3)

Isaac está recibiendo un amor que no comenzó con él.

Está entrando en un río que ya venía fluyendo desde Abraham.

Un amor que no se agota cuando un hombre muere, porque no depende del hombre... depende de Dios.

El amor divino no es lineal... Es generacional.

Por eso Moisés declara:

"Conoce, pues, que Jehová tu Dios es Dios, Dios fiel, que guarda el pacto y la misericordia a los que le aman y guardan sus mandamientos, hasta mil generaciones." (Deuteronomio 7:9)

Mil generaciones...

...No cien.

...No diez.

...No tres...Mil.

Es la forma hebrea de decir: "Mi amor no tiene fin." El amor de Dios no se limita a un momento histórico.

- No se encierra en un pacto antiguo.
- No se reduce a una temporada espiritual.
- No se extingue cuando una familia falla.
- No se detiene cuando una generación se desvía.

El amor de Dios persiste. El amor de Dios continúa. El amor de Dios alcanza. El amor de Dios hereda.

Cuando Dios ama, ama hacia adelante. Ama hacia los hijos. Ama hacia los nietos. Ama hacia los que aún no han nacido.

El amor divino no solo cubre el pasado… prepara el futuro.

Por eso, cuando Dios se presenta como "el Dios de Abraham, de Isaac y de Jacob", no está dando una genealogía… está revelando una verdad:

- ✓ Su amor es más grande que una vida.
- ✓ Su amor es más largo que una historia.
- ✓ Su amor es más profundo que una generación.

El amor que trasciende generaciones es el amor que sostiene la historia. Es el amor que mantiene viva la promesa. Es el amor que garantiza que Dios no abandona Su palabra, ni Su pacto, ni Su propósito.

El amor humano deja herencias materiales… El amor divino deja herencias eternas.

Y cuando una generación se desvía, el amor de Dios no se extingue… espera.

Cuando una generación se enfría, el amor de Dios no se apaga… persiste.

Cuando una generación se pierde, el amor de Dios no se rinde… busca.

Porque el amor de Dios no está limitado por el tiempo… El tiempo está limitado por el amor de Dios.

EL AMOR… *Que Defiende*

El amor de Dios no solo abraza… también defiende.

No solo consuela… también pelea.

No solo restaura… también protege.

El amor divino no es un sentimiento suave. Es una fuerza que se levanta cuando la vida del amado está en peligro. Es un fuego que no permite que la oscuridad avance sin resistencia.

Es un escudo que se interpone entre el enemigo y el hijo.

Por eso, cuando Moisés se encuentra con su suegro Jetro en Éxodo 18, el testimonio que comparte no es sobre su liderazgo, ni sobre su sabiduría, ni sobre su valentía.

Es sobre el amor que defendió a Israel:

"Jetro se alegró de todo el bien que Jehová había hecho a Israel, al haberlo librado de mano de los egipcios." (Éxodo 18:9)

La palabra "librado" aquí no es un acto administrativo. Es un acto afectivo.

Es Dios diciendo: "Ellos son míos. Nadie toca lo que Yo amo."

El amor que defiende no observa desde lejos:

- Desciende.
- Interviene.

- Rompe cadenas.
- Abre mares.
- Confunde ejércitos.
- Desarma opresores.

Por eso David canta: *"Jehová es mi roca y mi fortaleza, y mi libertador... Mi escudo, y la fuerza de mi salvación, mi alto refugio."* (Salmos 18:2)

David no está describiendo una doctrina. Está describiendo una experiencia. Un Dios que no solo lo amó... sino que lo defendió.

El amor que defiende es el amor que se interpone. El amor que dice: "Si quieres tocarlo a él, tendrás que pasar por mí."

Por eso Dios declara en el Salmo 91: *"Por cuanto en mí ha puesto su amor, yo también lo libraré; lo pondré en alto, por cuanto ha conocido mi nombre."* (Salmos 91:14)

Observa la secuencia divina:

- El hombre ama a Dios.
- Dios responde defendiendo.
- Dios lo pone en alto.
- Dios lo guarda por causa de Su nombre.

El amor que defiende no es reactivo... Es proactivo.

Es un amor que vigila, que anticipa, que cubre antes de que el peligro llegue.

El amor humano protege cuando ve la amenaza... El amor divino protege antes de que la amenaza exista.

Cuando Dios defiende, no lo hace desde la distancia.

- Lo hace desde la cercanía.
- Desde el pacto.

- Desde la intimidad.
- Desde el compromiso eterno que Él mismo estableció.

El amor que defiende es el amor que dice:

- ✓ "Yo soy tu escudo."
- ✓ "Yo soy tu refugio."
- ✓ "Yo soy tu fortaleza."
- ✓ "Yo soy tu guardián."
- ✓ "Yo soy tu defensor."

El amor que defiende es el amor que no permite que el enemigo tenga la última palabra.

- ➢ Es el amor que se levanta como guerrero.
- ➢ Es el amor que pelea por los suyos.
- ➢ Es el amor que no abandona la batalla.
- ➢ Es el amor que no retrocede.

El amor de Dios no solo abraza… también cubre.

No solo consuela… también protege.

No solo restaura… también defiende.

Porque el amor verdadero no es pasivo…

…El amor verdadero es un escudo vivo.

EL AMOR… *Misericordioso*

La misericordia no es un acto aislado de Dios. Es el movimiento natural del amor cuando se encuentra con la fragilidad humana.

Si el perdón es el puente… la misericordia es la mano que se extiende para cruzarlo.

La palabra hebrea para misericordia, רַחֲמִים (rajámim), viene de rejem, que significa "vientre".

La misericordia es el amor que siente como una madre siente a su hijo dentro de sí.

Es el amor que se conmueve desde lo más profundo.

Es el amor que no puede permanecer indiferente ante el dolor del amado.

Por eso, cuando Salomón se aparta del camino, Dios no responde con abandono… responde con misericordia.

En 1 Reyes 11, después de describir la infidelidad del rey, el texto dice algo sorprendente: "*Pero no quiso Jehová destruir a Judá, por amor a David su siervo.*" (1 Reyes 11:34)

No por David…

...No por el reino...

...No por la historia…

Por amor.

La misericordia no ignora el pecado… Pero tampoco abandona al pecador.

La misericordia es el amor que se queda cuando todos los demás se van.

Por eso, en Isaías 48, cuando Dios confronta la obstinación de Israel, declara: *"Por amor de mi nombre diferiré mi ira, y para alabanza mía la reprimiré para no destruirte."* (Isaías 48:9)

Observa la profundidad de esta frase:

- Dios ve la rebeldía.
- Dios reconoce la dureza del corazón.
- Dios identifica la desobediencia.
- Pero Dios decide retener Su ira…por amor.

La misericordia es el amor que se contiene. El amor que se frena. El amor que dice: Podría juzgarte… pero prefiero esperarte."

La misericordia es el amor que se inclina hacia el débil. El amor que se acerca al quebrantado. El amor que se conmueve ante el que no puede levantarse solo.

La misericordia es el amor que no se rinde…

- ➢ El amor que insiste.
- ➢ El amor que vuelve una y otra vez.
- ➢ El amor que no abandona aunque tenga razones para hacerlo.

La misericordia es el amor que ve la herida detrás del pecado. La historia detrás del error. La fragilidad detrás de la caída.

La misericordia es el amor que dice: "Yo sé quién eres… incluso cuando tú has olvidado quién eres."

- ✓ Por eso Dios no destruye a Judá.
- ✓ Por eso Dios no abandona a Israel.
- ✓ Por eso Dios no corta el pacto.
- ✓ Por eso Dios no cancela Su promesa.

Porque Su amor no solo perdona… también siente.

Su amor no solo restaura… también espera.

Su amor no solo defiende… también se conmueve.

La misericordia es el amor que se inclina para levantar. El amor que se detiene para escuchar. El amor que se conmueve para actuar.

La misericordia es el amor que se hace tierno.

EL AMOR… *Que Hace Justicia*

La justicia de Dios no nace de Su ira… Nace de Su amor. Porque el amor verdadero no solo abraza… también ordena.

No solo consuela… también corrige.

No solo restaura… también endereza.

La justicia divina no es un martillo. Es una luz. Una luz que revela, que separa, que sana, que reordena lo que el pecado torció.

Por eso, cuando David celebra la presencia de Dios en 1 Crónicas 16, no exalta Su poder ni Su grandeza militar. Exalta Su justicia como expresión de Su amor:

"Cantad a Jehová, porque Él ha hecho maravillas; dad a conocer sus obras entre los pueblos… Jehová juzgará al mundo con justicia, y a los pueblos con rectitud." (1 Crónicas 16:8, 33)

El juicio aquí no es destrucción… Es restauración. Es Dios poniendo cada cosa en su lugar. Es el amor diciendo: "Lo que te hirió, ya no te herirá. Lo que te oprimió, ya no te oprimirá. Lo que te robó, ya no te robará."

La justicia divina no es venganza… Es protección. Es el amor defendiendo la dignidad del amado.

Por eso Isaías proclama: *"El Espíritu de Jehová está sobre mí... para anunciar libertad a los cautivos... para proclamar el año de la buena voluntad de Jehová... para consolar a todos los enlutados."* (Isaías 61:1–2)

Este texto, que Jesús mismo aplicó a Su ministerio, revela que la justicia de Dios no es un acto jurídico… es un acto afectivo.

- ➢ Es el amor levantando al caído.
- ➢ Es el amor rompiendo cadenas.
- ➢ Es el amor restaurando coronas.
- ➢ Es el amor devolviendo belleza por ceniza.

La justicia divina es el amor actuando con precisión. El amor que no permite que el mal tenga la última palabra. El amor que no tolera la opresión. El amor que no negocia con la mentira. El amor que no se rinde ante la injusticia humana.

La justicia de Dios no es fría.

- ✓ Es ardiente.
- ✓ Es apasionada.
- ✓ Es protectora.
- ✓ Es fiel.

Por eso el salmista declara: *"Justicia y juicio son el cimiento de tu trono; misericordia y verdad van delante de tu rostro."* (Salmos 89:14)

Observa la arquitectura divina:

Justicia → cimiento

Misericordia → rostro

Verdad → camino

Amor → esencia

La justicia sostiene…

La misericordia abraza…

La verdad ilumina…

El amor lo explica todo…

La justicia de Dios no es un acto separado del amor…

- ❖ Es el amor en forma de orden.
- ❖ Es el amor en forma de luz.
- ❖ Es el amor en forma de protección.
- ❖ Es el amor en forma de restauración.

El amor que hace justicia es el amor que dice:

"Yo no permitiré que lo que te destruyó siga gobernando tu vida."

"Yo no permitiré que la oscuridad tenga la última palabra."

"Yo no permitiré que la mentira defina tu identidad."

"Yo no permitiré que el mal dicte tu destino."

La justicia divina es el amor defendiendo la historia…

…El amor defendiendo la identidad…

…El amor defendiendo el propósito…

…El amor defendiendo al amado.

EL AMOR... *Que Ama La Identidad*

El amor de Dios no solo mira al hombre... lo reconoce. No solo lo perdona... lo restaura. No solo lo defiende... lo afirma.

El amor divino no se limita a rescatar al ser humano del pecado. Va más allá: lo devuelve a sí mismo.

Por eso David, en uno de los momentos más vulnerables de su vida, declara: *"Confortará mi alma; me guiará por sendas de justicia por amor de su nombre."* (Salmo 23:3)

Observa la secuencia:

Dios conforta el alma → amor que sana la identidad.

Dios guía por sendas de justicia → amor que orienta la identidad.

Dios lo hace por amor de Su nombre → amor que honra la identidad divina en nosotros.

El amor que ama la identidad no se enfoca en lo que hicimos... se enfoca en quiénes somos. Y quiénes somos está ligado al nombre de Dios, no al error humano.

Por eso David vuelve a clamar: *"Por amor de tu nombre, oh Jehová, perdonarás también mi pecado, que es grande."* (Salmo 25:11)

David no apela a su arrepentimiento. No apela a su historia. No apela a su justicia. Apela al nombre de Dios.

Porque sabe que el nombre de Dios está ligado a Su amor... y Su amor está ligado a nuestra identidad.

El amor que ama la identidad es el amor que dice:

"Yo sé quién eres, incluso cuando tú lo has olvidado."

"Yo recuerdo tu diseño, incluso cuando tú recuerdas tu pecado."

"Yo veo tu esencia, incluso cuando tú ves tu vergüenza."

"Yo afirmo tu nombre, incluso cuando tú dudas del mío."

El amor divino no se queda en la superficie. Desciende hasta el alma. Hasta lo más profundo. Hasta el lugar donde el ser humano guarda su verdadero nombre.

Por eso Dios no solo restaura la conducta... restaura la identidad.

No solo corrige el camino... corrige la percepción del corazón.

No solo limpia la culpa... limpia la imagen interna.

El amor que ama la identidad es el amor que nos devuelve al diseño original. Es el amor que nos recuerda quiénes somos en Él. Es el amor que nos guía por sendas de justicia no para castigarnos, sino para revelarnos.

El amor humano ama lo que ve... El amor divino ama lo que Él creó.

...Ama lo que Él sembró....

...Ama lo que Él soñó....

...Ama lo que Él formó...

El amor que ama la identidad es el amor que dice: "Tú eres mío. Y porque eres mío, te restauraré. Porque eres mío, te guiaré. Porque eres mío, te levantaré. Porque eres mío, te recordaré quién eres."

El amor que ama la identidad es el amor que devuelve el alma a su centro.

EL AMOR… *Sufrido*

El amor de Dios no solo perdona, no solo defiende, no solo restaura…también sufre.

No porque sea débil, sino porque es tan fuerte que no se protege de sentir.

El amor divino no se endurece para evitar el dolor. Se expone. Se entrega. Se hiere. Permanece.

Por eso el salmista, en uno de los momentos más oscuros de su vida, declara: *"Por amor de ti he sufrido afrenta; confusión ha cubierto mi rostro."* (Salmo 69:7)

David no está hablando de un amor humano. Está hablando del amor que nace de pertenecer a Dios. Un amor que, por ser verdadero, inevitablemente sufre en un mundo que no entiende la luz.

El amor sufrido no es un amor derrotado. Es un amor que permanece incluso cuando amar cuesta.

Pero el amor divino no solo sufre por nosotros… sufre con nosotros.

Por eso Dios dice en Oseas: *"Con cuerdas humanas los atraje, con cuerdas de amor; y fui para ellos como los que alzan el yugo de sobre su cerviz, y puse delante de ellos la comida."* (Oseas 11:4)

Este no es un amor distante… Es un amor que se acerca. Un amor que se inclina. Un amor que carga el peso del otro. Un amor que siente la tensión del yugo sobre la cerviz del amado… y decide levantarlo Él mismo.

- El amor sufrido es el amor que se involucra.
- El amor que no observa desde lejos.
- El amor que entra en la historia del amado y carga con él.

Por eso Sofonías describe a Dios con una ternura que rompe toda imagen rígida: *"Jehová tu Dios está en medio de ti... se gozará sobre ti con alegría, callará de amor, se regocijará sobre ti con cánticos."* (Sofonías 3:17)

"Callará de amor."

El amor humano grita cuando duele... El amor divino calla. No porque ignore el dolor, sino porque lo sostiene. Lo guarda. Lo transforma.

El amor que calla es el amor que protege.

- ❖ El amor que no humilla.
- ❖ El amor que no expone.
- ❖ El amor que no abandona.
- ❖ El amor que no se rinde.

El amor sufrido es el amor que permanece incluso cuando el amado se aleja. Es el amor que espera incluso cuando el amado tarda. Es el amor que sigue amando incluso cuando el amado hiere.

El amor de Dios no sufre porque sea débil... Sufre porque es eterno.

- ✓ Porque no se apaga.
- ✓ Porque no se retrae.
- ✓ Porque no se endurece.
- ✓ Porque no se rinde.

El amor sufrido es el amor que dice: "Yo sigo aquí.", "Yo sigo amando.", "Yo sigo esperando.", "Yo sigo creyendo.", "Yo sigo sosteniendo."

El amor sufrido es el amor que no abandona al amado...

...ni siquiera cuando amar duele.

EL AMOR... *Que Libera y Salva*

El amor de Dios no es un amor contemplativo. Es un amor que entra en la historia, que desciende al valle, que se mete en la batalla, que rompe cadenas, que abre puertas, que rescata al cautivo y que salva al perdido.

El amor divino no observa la opresión desde lejos. La enfrenta. La desafía. La destruye.

Por eso Dios declara en el Salmo 91: *"Por cuanto en mí ha puesto su amor, yo también lo libraré; lo pondré en alto, por cuanto ha conocido mi nombre."* (Salmos 91:14)

Aquí el amor se convierte en liberación.

No es un amor pasivo… Es un amor que actúa. Un amor que interviene. Un amor que se mueve.

Observa la secuencia divina:

1. El hombre pone su amor en Dios.
2. Dios responde liberando.
3. Dios exalta.
4. Dios protege.
5. Dios salva.

El amor que libera es el amor que dice:

"No permitiré que lo que te ató siga gobernando tu vida."

"No permitiré que la oscuridad dicte tu destino."

"No permitiré que el enemigo tenga la última palabra."

El amor divino no solo consuela al cautivo… lo saca de la cárcel.

Por eso el salmista proclama: *"Los salvó por amor de su nombre, para hacer notorio su poder."* (Salmos 106:8)

Dios no salva por obligación... No salva por presión... No salva por necesidad... Salva por amor.

El amor que salva es el amor que se mueve hacia el peligro para rescatar al amado.

- ❖ Es el amor que entra al mar para abrirlo.
- ❖ Es el amor que entra al horno para acompañar.
- ❖ Es el amor que entra al pozo para levantar.
- ❖ Es el amor que entra a la muerte para vencerla.

El amor que salva no es un amor simbólico. Es un amor histórico. Es un amor que actúa en el tiempo. Es un amor que cambia destinos. Es un amor que transforma historias.

El amor humano puede desear salvar... pero no siempre puede. El amor divino puede y quiere.

Por eso el salmista dice: *"Él envió su palabra, y los sanó, y los libró de su ruina."* (Salmos 107:20)

- ➢ El amor que libera es el amor que habla.
- ➢ El amor que salva es el amor que actúa.
- ➢ El amor que restaura es el amor que interviene.

El amor que libera es el amor que rompe cadenas que el hombre no puede romper. El amor que salva es el amor que abre puertas que el hombre no puede abrir. El amor que rescata es el amor que entra donde el hombre no puede entrar.

El amor de Dios no solo siente... libera.

No solo observa... salva.

No solo acompaña... transforma.

El amor que libera y salva es el amor que dice:

"Tú no naciste para vivir atado."

"Tú no naciste para vivir oprimido."

"Tú no naciste para vivir perdido."

"Tú naciste para ser libre... porque Yo te amo."

EL AMOR... *Fuerte y Permanente*

Hay amores que comienzan intensos y se apagan con el tiempo. Hay amores que prometen eternidad y duran apenas una estación. Hay amores que arden como fuego... pero se consumen como paja.

El amor de Dios no es así...

El amor de Dios no se desgasta, no se diluye, no se debilita, no se enfría.

El amor de Dios es un fuego que no consume al amado, pero consume todo lo que amenaza al amado.

Por eso el Cantar de los Cantares —el libro más íntimo, más poético y más revelador del amor divino— declara:

"Ponme como un sello sobre tu corazón,
como una marca sobre tu brazo;
porque fuerte es como la muerte el amor,
duros como el Seol los celos;
sus brasas, brasas de fuego,
llama de Jehová."
(Cantares 8:6)

Aquí el amor no es emoción...

- Es sello.

- Es marca.
- Es pertenencia.
- Es identidad.
- Es fuego divino.

El texto no dice que el amor es “como una llama”. Dice que es “llama de Jehová”. Es decir: el amor no es un fuego humano… es un fuego eterno.

Un fuego que no destruye al amado, pero sí destruye todo lo que intenta separarlo de Dios.

El amor fuerte es el amor que no retrocede.

- ✓ El amor que no se rinde.
- ✓ El amor que no se apaga.
- ✓ El amor que no se negocia.
- ✓ El amor que no se divide.

Por eso el versículo siguiente declara: *“Las muchas aguas no podrán apagar el amor, ni lo ahogarán los ríos.”* (Cantares 8:7)

Las aguas representan: pruebas, crisis, traiciones, distancias, silencios, pecados, temporadas oscuras, tormentas internas, ataques externos.

Pero ninguna de ellas puede apagar el amor divino. Porque el amor de Dios no depende del clima emocional del hombre. Depende de la esencia eterna del YO SOY.

El amor fuerte es el amor que permanece cuando todo lo demás cambia. Es el amor que sostiene cuando las fuerzas fallan. Es el amor que guarda cuando la fe tiembla. Es el amor que cubre cuando la identidad se fractura.

El amor permanente es el amor que no se cansa. El amor que no se agota. El amor que no se desvanece. El amor que no se olvida.

El amor humano puede prometer permanencia… pero solo el amor divino cumple permanencia. Porque el amor de Dios no está hecho de emociones… está hecho de eternidad.

El amor fuerte es el amor que dice:

- ✓ "Yo no te dejaré."
- ✓ "Yo no te soltaré."
- ✓ "Yo no te abandonaré."
- ✓ "Yo no me apagaré."
- ✓ "Yo no cambiaré."
- ✓ "Yo no me iré."

El amor permanente es el amor que sigue ardiendo incluso cuando el amado ya no siente el calor. Es el amor que sigue brillando incluso cuando el amado está en oscuridad. Es el amor que sigue llamando incluso cuando el amado está lejos.

El amor de Dios no es un fuego que consume… es un fuego que preserva.

No es un fuego que destruye… es un fuego que purifica.

No es un fuego que asusta… es un fuego que protege.

El amor fuerte y permanente es el amor que nunca deja de ser.

EL AMOR... *De Pacto*

El amor humano promete... pero no siempre cumple. El amor divino cumple porque promete. Y promete porque ama.

El amor de Dios no es un amor que cambia con las estaciones del corazón humano. Es un amor que se cimenta en un pacto eterno, un pacto que no depende de la fidelidad del hombre, sino de la fidelidad del Dios que ama.

Por eso, cuando Israel se sintió abandonado, olvidado, desechado, Dios respondió no con explicaciones... sino con pacto.

En Isaías 62, Dios declara: "Nunca más te llamarán Desamparada... sino que serás llamada Hefzibá ('Mi deleite está en ti'), y tu tierra, Beula ('Desposada')." (Isaías 62:4)

Dios no solo restaura la relación... restaura el nombre.

El amor de pacto es el amor que renombra. El amor que dice: "Tú no eres lo que viviste. Tú eres lo que Yo declaro sobre ti."

El amor de pacto no se basa en el comportamiento del hombre. Se basa en la esencia de Dios.

Por eso, cuando Israel se aleja, Dios no cancela Su amor... lo reafirma.

En Jeremías 31, Dios pronuncia una de las declaraciones más profundas de toda la Escritura: *"Con amor eterno te he amado; por tanto, te prolongué mi misericordia."* (Jeremías 31:3)

El amor eterno es el fundamento del pacto eterno... Dios no ama porque el hombre es constante. Dios ama porque Él es constante.

El amor de pacto es el amor que permanece incluso cuando el amado falla.

Es el amor que dice:

- ✓ "Yo no te dejaré."
- ✓ "Yo no te abandonaré."
- ✓ "Yo no romperé Mi palabra."
- ✓ "Yo no olvidaré Mi promesa."

El amor de pacto es el amor que se compromete con el futuro del amado. Es el amor que se ata a la historia. Es el amor que se vincula a la identidad. Es el amor que se entrega a la restauración.

El amor humano firma contratos… El amor divino establece pactos.

Un contrato se rompe cuando una parte falla… Un pacto se sostiene porque Dios no falla.

Por eso, cuando Dios habla de Su relación con Su pueblo, no usa el lenguaje de la transacción… usa el lenguaje del matrimonio, del compromiso, de la alianza eterna.

El amor de pacto es el amor que dice:

"Yo te escogí."

"Yo te sellé."

"Yo te uní a Mí."

"Yo te pertenezco y tú me perteneces."

"Mi amor no depende de tu fuerza, sino de Mi fidelidad."

El amor de pacto es el amor que permanece incluso cuando el amado se aleja. Es el amor que busca incluso cuando el amado se esconde. Es el amor que llama incluso cuando el amado no escucha. Es el amor que restaura incluso cuando el amado se rompe.

El amor de pacto es el amor que no se rinde. El amor que no se cansa. El amor que no se apaga. El amor que no se olvida.

El amor de pacto es el amor que dice:

"Yo soy tu Dios...

...y tú eres Mi pueblo."

EL AMOR... Que Restaura

El amor de Dios no se conforma con rescatar. El amor de Dios quiere restaurar.

No quiere solo sacar al hombre del pozo... quiere sanar las heridas que el pozo dejó.

No quiere solo liberar de la opresión... quiere reconstruir la identidad que la opresión quebró.

No quiere solo perdonar el pecado... quiere restaurar el corazón que el pecado deformó.

Por eso Isaías, al recordar la historia de Israel, declara una de las frases más conmovedoras de toda la Escritura: *"En toda angustia de ellos Él fue angustiado, y el ángel de Su presencia los salvó; en Su amor y en Su clemencia los redimió, y los trajo, y los levantó, y los llevó todos los días de la antigüedad."* (Isaías 63:9)

Aquí el amor no solo salva... acompaña.

No solo acompaña... levanta.

No solo levanta... lleva.

No solo lleva... sostiene.

El amor que restaura es el amor que entra en la angustia del amado.

- No observa desde lejos.
- No analiza desde arriba.
- No juzga desde la distancia.
- Se angustia con él.

"En toda angustia de ellos Él fue angustiado."

Este es el misterio del amor divino: Dios no solo ve el dolor… lo siente. No solo reconoce la herida… la carga. No solo identifica la caída… se inclina para levantar.

El amor que restaura es el amor que no abandona al herido en el camino.

- Es el amor que se detiene.
- Es el amor que cura.
- Es el amor que venda.
- Es el amor que acompaña.
- Es el amor que reconstruye.

Por eso el salmista declara: *"Él sana a los quebrantados de corazón, y venda sus heridas."* (Salmos 147:3)

El amor humano puede consolar… pero solo el amor divino sana.

- Solo el amor divino entra en la herida sin destruir.
- Solo el amor divino toca la fractura sin romper.
- Solo el amor divino restaura sin humillar.

El amor que restaura es el amor que devuelve dignidad. Es el amor que dice:

"No eres tu herida."

"No eres tu caída."

"No eres tu pasado."

"No eres tu vergüenza."

"Tú eres lo que Yo formé… y Yo te restauraré."

El amor que restaura no se cansa. No se rinde. No se desespera. No abandona el proceso. No se frustra con la lentitud del corazón humano.

El amor que restaura es paciente. Es constante. Es fiel. Es tierno. Es profundo.

El amor que restaura es el amor que toma los pedazos y los vuelve a unir… Es el amor que toma la historia rota y la reescribe… Es el amor que toma la identidad fracturada y la reconstruye… Es el amor que toma la vida desgastada y la renueva.

El amor de Dios no solo salva… restaura.

No solo restaura… transforma.

No solo transforma… embellece.

El amor que restaura es el amor que dice:

"Yo haré nuevas todas las cosas…

…incluyéndote a ti."

EL AMOR... *Eterno*

El amor humano tiene un inicio. Comienza en un encuentro, en una emoción, en una historia, en un momento. Y muchas veces termina en otro momento.

El amor de Dios no tiene inicio... porque Dios no tiene inicio. Y no tiene fin... porque Dios no tiene fin.

Por eso, cuando Dios habla a través de Jeremías, no dice: "Te amé desde que naciste." Ni: "Te amé desde que te escogí." Ni: "Te amé desde que te arrepentiste."

Dice algo infinitamente más grande: *"Con amor eterno te he amado; por tanto, te prolongué mi misericordia."* (Jeremías 31:3)

El amor eterno no comienza cuando el hombre aparece. El amor eterno precede al hombre. Precede a la creación. Precede al tiempo. Precede a la historia.

El amor eterno es el amor que existía antes del Génesis. El amor que ya estaba en el corazón del Padre antes de decir: "Sea la luz."

El amor eterno es el amor que no depende del tiempo... el tiempo depende de él.

Por eso Pablo, al intentar describir lo indescriptible, declara: "El amor nunca deja de ser." (1 Corintios 13:8)

...Nunca...

- No deja de ser cuando el hombre falla.
- No deja de ser cuando el hombre duda.
- No deja de ser cuando el hombre cae.
- No deja de ser cuando el hombre se aleja.
- No deja de ser cuando el hombre se rompe.

El amor eterno no se apaga porque no nació de una emoción. Nació de la esencia del Ser divino.

Por eso Pablo continúa diciendo que la fe y la esperanza son grandes… pero el amor es mayor (1 Corintios 13:13).

Porque la fe terminará cuando veamos cara a cara.

La esperanza terminará cuando todo se cumpla.

Pero el amor… el amor no terminará jamás.

El amor eterno es el amor que sostiene la historia. Es el amor que sostiene el pacto. Es el amor que sostiene la identidad. Es el amor que sostiene la creación.

Es el amor que sostiene al hombre incluso cuando el hombre no puede sostenerse a sí mismo.

El amor eterno es el amor que no cambia con las estaciones del alma.

- Es el amor que no se debilita con el tiempo.
- Es el amor que no se desgasta con la historia.
- Es el amor que no se altera con las circunstancias.

El amor eterno es el amor que dice:

"Yo te amé antes de que existieras."

"Yo te amo ahora, en tu fragilidad."

"Yo te amaré cuando todo esto pase."

"Yo te amaré cuando el tiempo ya no exista."

El amor eterno es el amor que no se puede medir… porque no tiene principio ni fin.

El amor eterno es el amor que no se puede romper… porque no está hecho de emociones, sino de eternidad.

El amor eterno es el amor que no se puede perder… porque no depende del hombre, sino de Dios.

El amor eterno es el amor que nunca deja de ser… porque Dios nunca deja de ser.

EL AMOR… *Imprescindible*

Hay dones que impresionan. Hay talentos que brillan. Hay palabras que conmueven. Hay sacrificios que parecen grandes. Pero sin amor… todo eso se convierte en ruido, en vacío, en nada.

Pablo lo dice con una claridad que corta como espada: *"Si yo hablase lenguas humanas y angélicas, y no tengo amor, vengo a ser como metal que resuena, o címbalo que retiñe."* (1 Corintios 13:1)

Lenguas humanas y angélicas. Es decir: el lenguaje más elevado, la expresión más sublime, la comunicación más perfecta. Pero sin amor… solo queda ruido.

El amor no es un adorno espiritual… Es el alma de toda expresión espiritual.

Pablo continúa: *"Y si tuviese profecía, y entendiese todos los misterios y toda ciencia; y si tuviese toda la fe, de tal manera que trasladase los montes, y no tengo amor, nada soy."* (1 Corintios 13:2)

Aquí Pablo no está minimizando los dones. Está revelando su dependencia.

- La profecía sin amor se vuelve arrogancia.
- La ciencia sin amor se vuelve orgullo.
- La fe sin amor se vuelve presunción.

Sin amor, el hombre puede hacer cosas grandes… pero no es grande.

Puede mover montañas… pero no puede mover corazones.

Puede entender misterios… pero no puede reflejar a Dios.

Porque Dios no es profecía…

…Dios no es ciencia….

…Dios no es fe…

…Dios es amor.

Pablo lleva la idea aún más lejos: *"Y si repartiese todos mis bienes para dar de comer a los pobres, y si entregase mi cuerpo para ser quemado, y no tengo amor, de nada me sirve."* (1 Corintios 13:3)

Aquí el apóstol destruye la ilusión más peligrosa: la idea de que el sacrificio, por sí solo, es amor.

No lo es.

El sacrificio puede nacer del orgullo. La generosidad puede nacer del ego. La entrega puede nacer de la necesidad de aprobación. La renuncia puede nacer del deseo de ser visto.

Pero el amor… el amor nace solo de Dios.

El amor imprescindible es el amor que da sentido a todo lo demás.

- Es el amor que convierte el don en bendición.
- Es el amor que convierte la fe en vida.

- Es el amor que convierte la entrega en adoración.
- Es el amor que convierte la acción en eternidad.

Sin amor:

- la fe pierde su raíz
- la esperanza pierde su dirección
- los dones pierden su propósito
- el sacrificio pierde su valor
- la vida pierde su esencia

El amor no es una parte del camino… Es el camino.

Por eso Pablo concluye: *"Ahora permanecen la fe, la esperanza y el amor, estos tres; pero el mayor de ellos es el amor."* (1 Corintios 13:13)

La fe es grande… La esperanza es hermosa… Pero el amor… el amor es imprescindible.

Porque la fe terminará cuando veamos.

La esperanza terminará cuando recibamos.

Pero el amor… el amor nunca terminará.

El amor imprescindible es el amor que sostiene todo lo que somos.

Es el amor que da vida a todo lo que hacemos.

Es el amor que revela a quién pertenecemos.

Sin amor, nada sirve…

…Con amor, todo florece.

EL AMOR... *Como Concepto y Esencia*

El amor humano es un concepto... El amor divino es una esencia. El amor humano se aprende... El amor divino es. El amor humano cambia... El amor divino permanece.

Por eso Juan no dice:

"Dios tiene amor."

Ni:

"Dios muestra amor."

Ni:

"Dios siente amor."

Dice algo infinitamente más profundo: *"Dios es amor."* (1 Juan 4:8)

Esta frase no es poética. Es ontológica. No describe un atributo...describe la sustancia del Ser eterno.

El amor no es una cualidad divina. Es la esencia divina. Es el fundamento de todo lo que Dios hace, dice, piensa y revela.

Por eso, cuando Moisés escucha el Nombre en Éxodo 34, lo que recibe no es una lista de características... es una descripción del Ser: *"Jehová, Jehová, fuerte, misericordioso y piadoso; tardo para la ira, y grande en misericordia y verdad."* (Éxodo 34:6)

Cada palabra aquí es un destello del amor. Cada atributo es una expresión de la esencia. Cada frase es una ventana hacia el corazón del YO SOY.

El amor como concepto es limitado... El amor como esencia es infinito.

El amor humano se define por experiencias… El amor divino se define por eternidad.

El amor humano se expresa en emociones… El amor divino se expresa en existencia.

Por eso Pablo, al intentar describir lo indescriptible, declara: *"El amor nunca deja de ser."* (1 Corintios 13:8)

Nunca.

Porque no es una emoción que nace y muere. Es una esencia que es.

El amor como esencia es el amor que sostiene la creación.

- ✓ Es el amor que da origen al tiempo.
- ✓ Es el amor que da forma a la historia.
- ✓ Es el amor que define la identidad.
- ✓ Es el amor que sostiene el pacto.
- ✓ Es el amor que explica la justicia.
- ✓ Es el amor que fundamenta la misericordia.

El amor como esencia es el amor que no cambia cuando el hombre cambia.

- Es el amor que no se apaga cuando el hombre se enfría.
- Es el amor que no se retrae cuando el hombre se aleja.
- Es el amor que no se rompe cuando el hombre se rompe.

El amor como concepto puede ser debatido… El amor como esencia solo puede ser revelado.

Por eso Juan dice: *"En esto se mostró el amor de Dios para con nosotros: en que Dios envió a su Hijo unigénito al mundo, para que vivamos por Él."* (1 Juan 4:9)

El amor no se explica... Se encarna... Se manifiesta... Se revela... Se entrega.

El amor como esencia es el amor que sostiene el universo.

El amor como concepto es el amor que el hombre intenta comprender.

Pero el amor como esencia es el amor que Dios es.

El amor humano busca definiciones... El amor divino es la definición.

El amor humano intenta comprender a Dios... El amor divino explica a Dios.

- El amor como esencia es el fundamento de la eternidad.
- El amor como esencia es el fundamento del ser.
- El amor como esencia es el fundamento del Nombre.

El amor como esencia es el amor que dice:

“Yo soy.”

“Yo era.”

“Yo seré.”

“Yo soy amor.”

EL AMOR... *Como Mandamiento*

El amor no es una sugerencia. No es una recomendación espiritual. No es una opción entre muchas virtudes.

El amor es mandamiento.

No porque Dios quiera imponer una carga... sino porque quiere revelar un camino.

El amor es el mandamiento que abre todos los demás mandamientos. Es la llave que interpreta la Ley. Es el corazón que da vida a la obediencia.

Por eso Jesús, cuando le preguntan cuál es el mandamiento más importante, no duda, no titubea, no matiza.

Responde con claridad absoluta: *"Amarás al Señor tu Dios con todo tu corazón, y con toda tu alma, y con toda tu mente."* (Mateo 22:37)

Este no es un amor parcial. No es un amor emocional. No es un amor ocasional. Es un amor total.

Un amor que involucra:

- ✓ el corazón → afectos
- ✓ el alma → identidad
- ✓ la mente → pensamiento
- ✓ la fuerza (según Marcos 12:30) → voluntad

El amor como mandamiento no es un sentimiento que se espera… es una decisión que se practica.

Pero Jesús no se detiene ahí.

Añade algo que transforma toda la ética del Reino: *"Y el segundo es semejante: Amarás a tu prójimo como a ti mismo."* (Mateo 22:39)

Aquí el amor deja de ser vertical y se vuelve horizontal.

Deja de ser adoración y se convierte en relación.

Deja de ser intimidad con Dios y se convierte en responsabilidad con el otro.

El amor como mandamiento no es solo amar a Dios… es amar como Dios.

Por eso Jesús, en la noche más íntima de Su ministerio, declara: *"Un mandamiento nuevo os doy: Que os améis unos a otros; como Yo os he amado, que también os améis unos a otros."* (Juan 13:34)

Este es el punto más alto del mandamiento. Ya no es "amar al prójimo como a uno mismo". Es amar al prójimo como Cristo nos amó.

El estándar ya no es el amor humano... El estándar es el amor divino. El amor como mandamiento no es un ideal... es un llamado. No es una teoría... es una práctica. No es una emoción... es una obediencia.

El amor como mandamiento revela tres verdades:

1. El amor es la voluntad de Dios para el hombre.

No hay obediencia sin amor.

No hay santidad sin amor.

No hay madurez sin amor.

2. El amor es la evidencia del discípulo.

Jesús lo dijo claramente: *"En esto conocerán todos que sois mis discípulos, si tuviereis amor los unos con los otros."* (Juan 13:35)

No dijo: "si predican bien", "si oran fuerte", "si conocen la Escritura", "si hacen milagros".

Dijo: "si aman."

3. El amor es la medida del corazón.

Todo lo demás puede imitarse… El amor no.

El amor como mandamiento es el amor que se elige. El amor que se practica. El amor que se encarna. El amor que se vuelve estilo de vida.

El amor como mandamiento es el amor que dice: "Esto no es opcional. Esto es esencial. Esto es obediencia. Esto es identidad. Esto es Reino."

EL AMOR… *Como Fruto*

El amor no solo se ordena… se produce. No solo se exige… se manifiesta. No solo se enseña… se evidencia.

El amor como fruto no es el amor que el hombre fabrica con esfuerzo humano. Es el amor que el Espíritu Santo genera en el interior del creyente.

Es el resultado natural de una vida conectada a la fuente. Por eso Pablo declara: *"Mas el fruto del Espíritu es amor…"* (Gálatas 5:22)

Observa que no dice: "Los frutos del Espíritu son…" sino: "El fruto".

Un solo fruto…

…Una sola esencia…

…Una sola raíz…

Y la primera expresión de ese fruto es el amor.

Todo lo demás, gozo, paz, paciencia, benignidad, bondad, fe, mansedumbre, templanza, son expresiones del amor.

Son colores del mismo fruto.

Son manifestaciones de la misma vida.

El amor como fruto no es un logro humano... Es una evidencia divina. Es la señal de que el Espíritu está vivo, activo y reinando en el corazón.

Por eso Jesús lo explica con una imagen que atraviesa siglos: *"Yo soy la vid, vosotros los pámpanos; el que permanece en mí, y yo en él, éste lleva mucho fruto..."* (Juan 15:5)

El amor no nace del esfuerzo... nace de la permanencia. No nace de la disciplina... nace de la conexión. No nace de la voluntad humana... nace de la vida divina fluyendo en el alma.

El amor como fruto es el amor que brota sin forzarlo. Es el amor que aparece porque la raíz está viva. Es el amor que se manifiesta porque la savia del Espíritu circula.

El amor como fruto revela tres verdades profundas:

1. El amor es evidencia de vida espiritual.

Un árbol vivo da fruto... Un árbol muerto no. El amor no es un adorno espiritual... Es una señal vital... Es el pulso del Espíritu en el alma.

2. El amor es resultado, no requisito.

No producimos amor para ser aceptados... Producimos amor porque ya fuimos aceptados. No amamos para ganar a Dios... Amamos porque Dios nos ganó.

3. El amor es inevitable cuando la raíz es Cristo.

Un pámpano no decide si dará uvas… Las da porque está unido a la vid.

Así también el creyente no produce amor por obligación… lo produce por naturaleza espiritual.

El amor como fruto es el amor que fluye… El amor que brota… El amor que se manifiesta sin esfuerzo artificial… El amor que nace de la vida divina dentro del hombre.

El amor como fruto es el amor que dice: "No soy yo… es Cristo en mí." "No es mi fuerza… es Su Espíritu." "No es mi mérito… es Su vida."

El amor como fruto es la evidencia de que el cielo está sembrado en el corazón.

EL AMOR… *Como Vinculo Perfecto*

Hay virtudes que embellecen. Hay dones que edifican. Hay disciplinas que fortalecen.

Pero solo una realidad une. Solo una realidad integra. Solo una realidad perfecciona.

Esa realidad es el amor.

Por eso Pablo, escribiendo a una iglesia que luchaba con tensiones internas, con diferencias, con heridas y con inmadurez, declara: *"Y sobre todas estas cosas vestíos de amor, que es el vínculo perfecto."* (Colosenses 3:14)

El amor no es un accesorio. Es la prenda que sostiene todas las demás. Es el hilo que une cada virtud. Es el lazo que mantiene unido lo que de otra manera se rompería.

El amor como vínculo perfecto es el amor que: une lo que está dividido, sana lo que está roto, integra lo que está disperso y completa lo que está incompleto.

El amor no solo acompaña la madurez espiritual… la produce.

Por eso Pablo, en Efesios, describe el crecimiento del cuerpo de Cristo con una imagen orgánica, viva, profunda: *"Siguiendo la verdad en amor, crezcamos en todo en aquel que es la cabeza, esto es, Cristo… de quien todo el cuerpo, bien concertado y unido entre sí por todas las coyunturas que se ayudan mutuamente, según la actividad propia de cada miembro, recibe su crecimiento para ir edificándose en amor."* (Efesios 4:15–16)

El amor no es solo el vínculo perfecto… es también el ambiente del crecimiento.

- Es el clima donde la vida espiritual florece.
- Es la atmósfera donde la unidad se vuelve posible.
- Es la sustancia que permite que cada parte del cuerpo funcione en armonía.

El amor como vínculo perfecto revela tres verdades profundas:

1. El amor une lo que la carne divide.

La carne divide por orgullo, por miedo, por inseguridad, por ego. El amor une porque ve más allá del yo. El amor une porque reconoce la imagen de Dios en el otro. El amor une porque busca la paz y la edificación.

2. El amor completa lo que las virtudes no pueden completar.

La paciencia sin amor se vuelve tolerancia fría… La humildad sin amor se vuelve autoanulación… La mansedumbre sin amor se vuelve pasividad… La fe sin amor se vuelve dureza… La verdad sin amor se vuelve arma.

El amor es lo que convierte cada virtud en algo vivo.

3. El amor perfecciona porque es la esencia de Cristo.

Cristo no une a la iglesia por doctrina solamente. Ni por estructura. Ni por tradición.

La une por amor.

El amor como vínculo perfecto es el amor que sostiene la comunidad.

- Es el amor que mantiene la unidad.
- Es el amor que evita la ruptura.
- Es el amor que cura la herida.
- Es el amor que restaura la confianza.
- Es el amor que protege la comunión.

El amor como vínculo perfecto es el amor que dice:

"Lo que Dios unió, yo no lo rompo."

"Lo que Dios formó, yo lo cuido."

"Lo que Dios sembró, yo lo protejo."

"Lo que Dios ama, yo lo abrazo."

El amor como vínculo perfecto es el amor que hace posible la vida en comunidad.

- ✓ Es el amor que hace posible la madurez.
- ✓ Es el amor que hace posible la unidad.
- ✓ Es el amor que hace posible la plenitud.

El amor como vínculo perfecto es el amor que completa.

EL AMOR... *Como Plenitud*

La plenitud no es exceso. No es abundancia desordenada. No es tener mucho.

La plenitud es estar completo.

Es llegar al estado para el cual fuimos creados. Es vivir en la forma más alta de nuestra identidad.

Y según la Escritura, esa plenitud tiene un nombre: amor.

Por eso Pablo, orando por la iglesia, no pide poder, ni dones, ni milagros, ni revelaciones profundas. Pide algo infinitamente más grande: *"Para que seáis llenos de toda la plenitud de Dios."* (Efesios 3:19)

¿Y cómo se llega a esa plenitud?

El mismo versículo lo explica: "...conociendo el amor de Cristo, que excede a todo conocimiento..."

La plenitud no se alcanza acumulando información... Se alcanza conociendo amor.

No se alcanza entendiendo doctrinas... Se alcanza experimentando amor.

No se alcanza perfeccionando conducta... Se alcanza permaneciendo en amor.

El amor como plenitud es el amor que llena todos los espacios internos. Es el amor que ocupa los vacíos. Es el amor que sana las grietas. Es el amor que ordena el caos. Es el amor que completa lo incompleto.

Por eso Jesús declara: *"Permanezcan en mi amor."* (Juan 15:9)

No dice: "Permanezcan en mi poder."

Ni: "Permanezcan en mi sabiduría."

Ni: "Permanezcan en mi verdad."

Dice: "Permanezcan en mi amor."

Porque el amor es el ambiente donde la plenitud se vuelve posible.

El amor como plenitud revela tres verdades profundas:

1. El amor es la forma final de la madurez espiritual.

Pablo lo dice sin rodeos: *"El vínculo perfecto."* (Colosenses 3:14)

Perfecto → completo → maduro → pleno.

La madurez no es conocimiento...

...La madurez no es experiencia...

...La madurez no es antigüedad...

...La madurez es amor.

2. El amor es la medida de la semejanza a Cristo.

Juan lo resume así: *"El que permanece en amor, permanece en Dios, y Dios en él."* (1 Juan 4:16)

Permanecer en amor es permanecer en Dios... Permanecer en Dios es permanecer en plenitud.

3. El amor es la atmósfera donde todo lo demás florece.

La fe crece en amor. La esperanza se fortalece en amor. Los dones se purifican en amor. La comunidad se edifica en amor. La identidad se afirma en amor. La vida se ordena en amor.

El amor como plenitud es el amor que llena…

- El amor que completa.
- El amor que madura.
- El amor que transforma.
- El amor que eleva.
- El amor que estabiliza.
- El amor que sostiene.

El amor como plenitud es el amor que dice:

“Ya no falta nada.”

“Ya no estás incompleto.”

“Ya no estás fragmentado.”

“Ya no estás vacío.”

“Mi amor te llena… y en mi amor eres pleno.”

La plenitud no es un estado emocional… Es un estado espiritual.

- ✓ Es el alma en su forma más alta.
- ✓ Es el corazón en su diseño original.
- ✓ Es la vida en su expresión más verdadera.

El amor como plenitud es el amor que nos devuelve a casa.

EL AMOR… *Como Propósito*

El ser humano busca propósito en muchas cosas: en el éxito, en la familia, en la vocación, en la espiritualidad, en la influencia, en la realización personal.

Pero según la Escritura, el propósito más alto, más profundo y más verdadero del ser humano es uno solo: amar.

No amar como emoción…

No amar como filosofía…

No amar como ideal…

Amar como naturaleza, como misión, como destino.

Por eso Jesús resume toda la Ley y los Profetas en un solo eje: *"De estos dos mandamientos depende toda la ley y los profetas."* (Mateo 22:40)

Todo, absolutamente todo, se sostiene en el amor:

- La obediencia nace del amor.
- La santidad nace del amor.
- La justicia nace del amor.
- La misericordia nace del amor.
- La identidad nace del amor.
- La misión nace del amor.

El amor no es un aspecto de la vida espiritual… Es el propósito de la vida espiritual.

Por eso Pablo declara: *"El fin del mandamiento es el amor…"* (1 Timoteo 1:5)

El fin → el objetivo → la meta → el propósito.

Todo lo que Dios ordena, enseña, corrige y forma tiene un destino final: producir amor.

El amor como propósito revela que Dios no está formando religiosos… está formando amadores. No está formando expertos… está formando corazones semejantes al suyo.

El amor como propósito revela tres verdades profundas:

1. El amor es el propósito de la creación.

Dios no creó al hombre para que lo sirviera primero… sino para que lo amara.

El servicio nace del amor, no al revés.

Por eso Juan dice: *"Nosotros le amamos a Él, porque Él nos amó primero."* (1 Juan 4:19)

La creación nace del amor…

La redención nace del amor…

La eternidad nace del amor.

2. El amor es el propósito de la transformación espiritual.

Dios no transforma al hombre para hacerlo más útil… lo transforma para hacerlo más amoroso.

La madurez espiritual no se mide por dones, sino por amor. No se mide por conocimiento, sino por amor. No se mide por disciplina, sino por amor.

Por eso Pablo dice: *"Si no tengo amor, nada soy."* (1 Corintios 13:2) Nada… No importa lo que haga… No importa lo que logre…. No importa lo que produzca.

Sin amor, el propósito se pierde.

3. El amor es el propósito de la eternidad.

La eternidad no será un lugar de tareas… será un lugar de amor perfecto. La eternidad no será un lugar de esfuerzo… será un lugar de comunión plena. La eternidad no será un lugar de distancia… será un lugar de unidad absoluta.

Por eso Pablo dice: *"El mayor de ellos es el amor."* (1 Corintios 13:13)

Porque el amor es lo único que cruza la frontera del tiempo. La fe terminará. La esperanza terminará. Los dones terminarán. Pero el amor… el amor no terminará jamás.

El amor como propósito es el amor que define la vida:

- Es el amor que orienta la historia.
- Es el amor que da sentido al sufrimiento.
- Es el amor que explica la redención.
- Es el amor que sostiene la misión.
- Es el amor que revela a Dios.

El amor como propósito es el amor que dice:

"Fuiste creado para amar."

"Fuiste salvado para amar."

"Fuiste transformado para amar."

"Fuiste enviado para amar."

"Fuiste destinado a amar."

El amor como propósito es el amor que convierte la existencia en significado.

EL AMOR... *Como Identidad*

El ser humano suele definirse por muchas cosas: por su historia, por sus heridas, por sus logros, por sus fracasos, por sus dones, por sus luchas, por sus roles.

Pero ninguna de esas cosas es la identidad verdadera.

La identidad verdadera no nace del pasado… nace de Dios.

No nace de la experiencia… nace del diseño.

No nace del dolor… nace del amor.

Por eso Juan declara una de las frases más revolucionarias de toda la Escritura*: "Mirad cuál amor nos ha dado el Padre, para que seamos llamados hijos de Dios."* (1 Juan 3:1)

No dice: "para que seamos perdonados", ni "para que seamos usados", ni "para que seamos transformados".

Dice: "para que seamos llamados hijos."

La identidad del creyente no es siervo.

- No es discípulo.
- No es adorador.
- No es ministro.
- No es líder.
- No es santo.
- No es justo.

Todo eso es verdad… pero no es lo primero.

Lo primero es hijo.

Y ser hijo significa que la identidad está definida por el amor del Padre.

El amor como identidad revela que:

- no somos lo que hacemos
- no somos lo que sentimos
- no somos lo que logramos
- no somos lo que perdimos
- no somos lo que otros dijeron
- no somos lo que el pecado deformó

Somos lo que Dios amó.

Por eso Juan continúa: *"Amados, ahora somos hijos de Dios..."* (1 Juan 3:2)

No "seremos" … No "quizás" … No "si nos portamos bien" … No "si alcanzamos cierto nivel espiritual".

Ahora.

En este instante...

En esta condición…

En esta fragilidad…

En esta historia…

En este cuerpo…

En esta vida…

El amor como identidad es el amor que define quiénes somos incluso cuando no sentimos que lo somos.

Por eso Pablo declara: *"El Espíritu mismo da testimonio a nuestro espíritu, de que somos hijos de Dios."* (Romanos 8:16)

La identidad no se siente… se revela.

No se construye… se recibe.

No se gana… se hereda.

El amor como identidad revela tres verdades profundas:

1. El amor define quiénes somos, no lo que hacemos.

El mundo define por desempeño… Dios define por pertenencia.

El mundo dice: “Eres lo que logras.”

Dios dice: “Eres lo que Yo amo.”

2. La identidad no nace del hombre, nace del Padre.

No somos hijos porque actuamos como hijos… Actuamos como hijos porque somos hijos.

La identidad precede la conducta… La identidad precede la transformación… La identidad precede la obediencia.

3. La identidad en el amor es la base de toda sanidad.

La vergüenza se rompe cuando la identidad se afirma. El miedo se disipa cuando la identidad se establece. La culpa se desvanece cuando la identidad se revela. La inseguridad se derrite cuando la identidad se abraza.

El amor como identidad es el amor que dice:

“Tú eres mío.”

“Tú me perteneces.”

“Tú llevas mi nombre.”

“Tú llevas mi imagen.”

"Tú llevas mi esencia."

"Tú llevas mi amor."

El amor como identidad es el amor que no cambia cuando fallamos.

- Es el amor que no se retira cuando dudamos.
- Es el amor que no se rompe cuando nos rompemos.
- Es el amor que no se apaga cuando nos alejamos.

El amor como identidad es el amor que sostiene el alma cuando todo lo demás se tambalea.

El amor como identidad es el amor que dice: "No eres tu pasado. No eres tu herida. No eres tu error. No eres tu sombra. Eres hijo. Eres amado. Eres mío."

EL AMOR... *Como Destino Eterno*

El amor no solo explica de dónde venimos... Explica hacia dónde vamos. No solo revela quiénes somos ahora... Revela quiénes seremos para siempre. No solo ilumina el presente... Ilumina la eternidad.

La Biblia no describe el cielo como un lugar de tareas, ni de jerarquías, ni de logros espirituales.

Lo describe como un lugar de amor perfecto, un estado donde ya no hay distancia, ni miedo, ni culpa, ni separación.

Por eso Juan declara: *"Dios es amor; y el que permanece en amor, permanece en Dios, y Dios en él."* (1 Juan 4:16)

La eternidad no es un lugar geográfico. Es un estado de permanencia en el amor. Es vivir en la atmósfera para la cual fuimos creados. Es existir en la esencia misma de Dios.

El amor como destino eterno revela que la historia humana no termina en juicio… termina en unidad.

No termina en separación… termina en comunión.

No termina en incertidumbre… termina en plenitud.

Por eso Pablo, al hablar del futuro, declara: *"Entonces conoceré como fui conocido."* (1 Corintios 13:12)

Conocer como fuimos conocidos significa entrar en una relación sin velos, sin sombras, sin heridas, sin distancias.

Significa experimentar el amor de Dios sin las limitaciones del tiempo, del cuerpo, de la fragilidad humana.

El amor como destino eterno revela tres verdades profundas:

1. La eternidad es el cumplimiento del amor.

Todo lo que ahora vemos en parte, allí será pleno. Todo lo que ahora sentimos fragmentado, allí será completo. Todo lo que ahora buscamos, allí será encontrado.

Por eso Pablo dice: *"El amor nunca deja de ser."* (1 Corintios 13:8)

Nunca → ni en la tierra, ni en el cielo, ni en la eternidad.

2. La eternidad es la restauración total del vínculo con Dios.

Aquí amamos con debilidad… Allá amaremos con plenitud. Aquí amamos con interrupciones… Allá amaremos sin final. Aquí amamos con heridas… Allá amaremos sin dolor.

Por eso Apocalipsis describe el final así: *"Enjugará Dios toda lágrima de los ojos de ellos…"* (Apocalipsis 21:4)

El amor eterno no solo consuela… cura para siempre.

3. La eternidad es el destino para el cual fuimos creados.

No fuimos creados para el miedo. No fuimos creados para la culpa. No fuimos creados para la soledad. No fuimos creados para la muerte.

Fuimos creados para el amor eterno.

Por eso Jesús ora al Padre diciendo: *"Padre, aquellos que me has dado, quiero que donde yo estoy, también ellos estén conmigo..."* (Juan 17:24)

El deseo de Cristo no es funcional…

Es relacional…

Es amor puro…

Es eternidad compartida.

El amor como destino eterno es el amor que dice:

"Tu historia no termina aquí."

"Tu dolor no es tu final."

"Tu fragilidad no define tu eternidad."

"Tu destino es Mi amor… para siempre."

El amor como destino eterno es el amor que nos espera al final del camino. Es el amor que nos recibe. Es el amor que nos completa. Es el amor que nos transforma en lo que siempre fuimos destinados a ser.

El amor como destino eterno es el amor que no tiene fin.

EL AMOR... *Qué Se Entrega (Introducción a la Cruz)*

El amor, hasta este punto, ha sido descrito en sus formas más altas: eterno, imprescindible, esencia, mandamiento, fruto, vínculo, plenitud, propósito, identidad, destino.

Pero si el amor se quedara solo en palabras, sería incompleto... Si se quedara solo en intención, sería insuficiente... Si se quedara solo en sentimiento, sería frágil.

El amor verdadero se entrega.

Por eso Jesús no vino solo a enseñar amor. No vino solo a hablar de amor. No vino solo a revelar amor.

Vino a encarnar el amor.

Y la encarnación del amor no culmina en un discurso... culmina en una cruz.

Por eso Juan declara la frase que sostiene toda la fe cristiana: *"Porque de tal manera amó Dios al mundo, que ha dado a su Hijo unigénito..."* (Juan 3:16)

El amor no se dijo...

...El amor se dio.

El amor que se entrega es el amor que no se reserva nada... Es el amor que no se protege a sí mismo.

- Es el amor que no calcula pérdidas.
- Es el amor que no negocia condiciones.
- Es el amor que no busca garantías.

El amor que se entrega es el amor que se vacía.

Por eso Pablo, al describir el misterio de Cristo, escribe: *"Se despojó a sí mismo..."* (Filipenses 2:7)

El amor no solo da cosas… El amor se da a sí mismo:

- ❖ El amor que se entrega es el amor que baja.
- ❖ El amor que desciende.
- ❖ El amor que se humilla.
- ❖ El amor que se hace vulnerable.
- ❖ El amor que se expone al rechazo, al dolor, a la traición, a la muerte.

El amor que se entrega es el amor que dice:

"Mi vida por la tuya."

"Mi dolor por tu libertad."

"Mi sangre por tu redención."

"Mi cruz por tu eternidad."

Por eso Jesús declara: *"Nadie tiene mayor amor que este: que uno ponga su vida por sus amigos."* (Juan 15:13)

Aquí el amor alcanza su forma más alta.

No es una emoción…

No es una palabra…

No es una intención…

Es sacrificio.

El amor que se entrega es el amor que no huye del costo:

- ✓ Es el amor que mira la cruz y dice: "Vale la pena."
- ✓ Es el amor que mira al hombre y dice: "Él lo vale."
- ✓ Es el amor que mira al Padre y dice: "Hágase tu voluntad."

El amor que se entrega es el amor que sostiene la historia de la salvación… Es el amor que sostiene la redención… Es el amor que sostiene la esperanza… Es el amor que sostiene la eternidad.

El amor que se entrega es el amor que dice:

"Yo iré."

"Yo pagaré."

"Yo cargaré."

"Yo moriré."

"Yo te amaré hasta el final."

El amor que se entrega es el amor que hace posible la Cruz.

EL AMOR… *Sacrificial (La lógica de la Cruz)*

La Cruz no es solo un símbolo. Es una lógica. Una estructura espiritual. Una ecuación divina donde el amor toma forma de sacrificio.

El amor humano puede dar mucho… pero rara vez da todo.

El amor divino, en cambio, no se reserva nada. No se protege. No se limita. No se guarda. Se entrega hasta el extremo.

Por eso Pablo declara: *"Mas Dios muestra su amor para con nosotros, en que siendo aún pecadores, Cristo murió por nosotros."* (Romanos 5:8)

Aquí está la lógica del amor sacrificial:

- no murió cuando éramos dignos
- no murió cuando éramos buenos

- no murió cuando éramos agradecidos
- no murió cuando lo buscábamos

Murió siendo aún pecadores.

El amor sacrificial no espera reciprocidad. No espera madurez. No espera respuesta. No espera cambio.

Ama primero...

Ama más...

Ama hasta el final.

Por eso Jesús declara: *"Yo pongo mi vida por las ovejas."* (Juan 10:15)

No dice: "Mi vida me la quitan."

Sino: "Yo la pongo."

El sacrificio no es un accidente. Es una decisión. Es un acto voluntario. Es la expresión más pura del amor.

El amor sacrificial es el amor que asume el costo que el otro no puede pagar. Es el amor que carga la culpa que el otro no puede cargar. Es el amor que enfrenta la muerte que el otro no puede vencer.

Por eso Isaías, siglos antes de la Cruz, lo vio y lo escribió con precisión profética: *"Mas él herido fue por nuestras rebeliones, molido por nuestros pecados; el castigo de nuestra paz fue sobre él, y por su llaga fuimos nosotros curados."* (Isaías 53:5)

Aquí está la lógica divina:

Él herido → nosotros sanados

Él castigado → nosotros en paz

Él molido → nosotros restaurados

Él cargó → nosotros fuimos libres

El amor sacrificial es sustitución. Es intercambio. Es entrega. Es justicia y misericordia abrazándose en un solo acto.

El amor sacrificial revela tres verdades profundas:

1. El amor verdadero siempre implica costo.

No hay amor sin renuncia…

No hay amor sin entrega…

No hay amor sin sacrificio.

El amor que no cuesta, no transforma… El amor que no entrega, no libera… El amor que no se expone, no salva.

2. El sacrificio de Cristo no fue emocional, fue intencional.

No fue un impulso. No fue un accidente. No fue una tragedia. Fue un plan.

Por eso Jesús dice: *"Por eso me ama el Padre, porque yo pongo mi vida, para volverla a tomar."* (Juan 10:17)

El sacrificio no fue derrota… Fue estrategia. Fue victoria disfrazada de muerte. Fue amor vestido de sangre.

3. El sacrificio revela el valor del amado.

La Cruz no revela cuánto sufrió Cristo… revela cuánto vales tú.

El amor sacrificial es el amor que dice:

"Prefiero morir antes que perderte."

"Prefiero cargar tu culpa antes que verte condenado."

"Prefiero mi cruz antes que tu eternidad sin mí."

El amor sacrificial es el amor que sostiene el universo moral de Dios.

- ✓ Es el amor que reconcilia justicia y misericordia.
- ✓ Es el amor que paga sin destruir.
- ✓ Es el amor que salva sin anular la santidad.
- ✓ Es el amor que abraza sin negar la verdad.

El amor sacrificial es el amor que dice:

"Yo tomaré tu lugar."

"Yo cargaré tu peso."

"Yo asumiré tu sentencia."

"Yo derramaré mi sangre."

"Yo te amaré hasta la muerte…

y más allá de la muerte."

El amor sacrificial es la lógica de la Cruz…

…La Cruz es la lógica del amor.

EL AMOR... *Que Perdona* *(La sangre como lenguaje del amor)*

El amor puede hablar muchos lenguajes: habla en ternura, habla en paciencia, habla en fidelidad, habla en presencia.

Pero en la Cruz, el amor habló su idioma más alto:

el idioma de la sangre.

La sangre no es solo un símbolo. Es un lenguaje espiritual, una declaración eterna, una voz que no se apaga.

Por eso Hebreos declara algo sorprendente: *"La sangre de Cristo... habla mejor que la de Abel."* (Hebreos 12:24)

La sangre de Abel clamaba justicia... La sangre de Cristo clama perdón.

- ✓ La sangre es el verbo del amor.
- ✓ La sangre es la gramática de la redención.
- ✓ La sangre es la poesía del perdón.

El amor que perdona no es un amor que minimiza el pecado... Es un amor que lo enfrenta. No es un amor que ignora la culpa... Es un amor que la carga. No es un amor que evade la justicia... Es un amor que la satisface.

Por eso Jesús, en la mesa antes de la Cruz, toma la copa y dice: *"Esta es mi sangre del nuevo pacto, que por muchos es derramada para perdón de los pecados."* (Mateo 26:28)

La sangre no solo limpia... La sangre perdona.

La sangre no solo cubre... La sangre restaura.

La sangre no solo borra... La sangre reconcilia.

El amor que perdona es el amor que decide no recordar.

- Es el amor que decide no acusar.
- Es el amor que decide no condenar.
- Es el amor que decide no abandonar.

Por eso el salmista, siglos antes, lo vio y lo cantó: *"Cuanto está lejos el oriente del occidente, hizo alejar de nosotros nuestras rebeliones."* (Salmos 103:12)

- El amor que perdona no archiva.
- El amor que perdona elimina.
- El amor que perdona no suspende.
- El amor que perdona libera.

El amor que perdona revela tres verdades profundas:

1. El perdón no nace del hombre, nace de la sangre.

El hombre puede disculparse. El hombre puede intentar reparar. El hombre puede cambiar. Pero solo la sangre perdona.

Por eso Juan declara: *"La sangre de Jesucristo su Hijo nos limpia de todo pecado."* (1 Juan 1:7)

Todo → no algunos.

Todo → no los menos graves.

Todo → no los repetidos.

Todo → todo.

2. El perdón no es un sentimiento, es un acto consumado.

No depende de cómo te sientes... Depende de lo que Cristo hizo.

Por eso Jesús dijo: *"Consumado es."* (Juan 19:30)

No dijo: "Comenzado es."

Ni: "Intentado es."

Ni: "Progresando va."

Dijo: "Consumado."

El perdón no está en proceso… Está terminado.

3. El perdón no es barato, es costoso.

La gracia es gratuita para el hombre… pero no fue barata para Dios.

- El amor que perdona es el amor que paga el precio completo.
- Es el amor que derrama sangre para que tú derrames libertad.
- Es el amor que se sacrifica para que tú respires.

El amor que perdona es el amor que dice:

"Yo cubro tu deuda."

"Yo cargo tu culpa."

"Yo borro tu expediente."

"Yo rompo tus cadenas."

"Yo declaro tu libertad."

El amor que perdona es el amor que transforma la vergüenza en identidad.

El amor que perdona es el amor que convierte la culpa en comunión.

El amor que perdona es el amor que convierte la distancia en abrazo.

El amor que perdona es el amor que habla en sangre… y la sangre dice:

“Eres libre.”

“Eres limpio.”

“Eres mío.”

EL AMOR… *Que Redime* (La Cruz como intercambio)

La Cruz no es solo un acto de perdón. Es un acto de redención. Perdonar limpia la culpa. Redimir recupera el valor. Perdonar borra el pecado. Redimir rescata al pecador. Perdonar quita la mancha. Redimir rompe las cadenas.

Por eso Pablo declara: *“En quien tenemos redención por su sangre, el perdón de pecados.”* (Efesios 1:7)

Observa el orden: primero redención, luego perdón. Porque el perdón es parte de la redención, pero la redención es más grande que el perdón.

La redención es un intercambio.

Un precio pagado…

Una compra realizada…

Una liberación ejecutada…

Por eso Jesús declara: *"El Hijo del Hombre no vino para ser servido, sino para servir, y para dar su vida en rescate por muchos."* (Marcos 10:45)

Rescate → precio → intercambio → redención.

El amor que redime es el amor que paga lo que tú no podías pagar. Es el amor que asume la deuda que tú no podías cubrir. Es el amor que cancela el acta que te condenaba.

Por eso Pablo escribe: *"Anulando el acta de los decretos que había contra nosotros... la quitó de en medio y la clavó en la cruz."* (Colosenses 2:14)

La redención no es simbólica...

Es legal...

Es espiritual...

Es eterna.

El amor que redime revela tres verdades profundas:

1. La redención revela el valor del ser humano.

El precio pagado determina el valor del objeto. Si Dios pagó con sangre... entonces tu valor es incalculable.

- No vales por tu conducta.
- No vales por tu historia.
- No vales por tu desempeño.
- Vales por el precio que Dios decidió pagar.

Y Dios pagó con Cristo.

2. La redención no solo te libera del pecado, te libera del dueño equivocado.

Antes de Cristo, el hombre estaba:

- bajo culpa
- bajo condenación
- bajo esclavitud
- bajo tinieblas
- bajo dominio ajeno

Pero la redención cambia de dueño… Cambia de reino… Cambia de autoridad.

Por eso Pablo declara: *"Él nos libró de la potestad de las tinieblas, y nos trasladó al reino de su amado Hijo."* (Colosenses 1:13)

La redención no solo te limpia… te traslada.

3. La redención no solo te saca de algo, te introduce en algo.

No es solo libertad… Es pertenencia. No es solo rescate… Es adopción. No es solo salida… Es entrada.

Por eso Pedro lo proclama así: *"Fuisteis rescatados... no con cosas corruptibles, como oro o plata, sino con la sangre preciosa de Cristo."* (1 Pedro 1:18–19)

La redención no te deja vacío:

Te devuelve identidad…

Te devuelve dignidad…

Te devuelve propósito…

Te devuelve herencia.

El amor que redime es el amor que dice:

"Yo pago por ti."

"Yo te compro de vuelta."

"Yo te saco de donde estabas."

"Yo te devuelvo a casa."

"Yo restauro tu valor."

"Yo rompo tus cadenas."

"Yo cancelo tu deuda."

"Yo te hago mío."

El amor que perdona limpia... El amor que redime rescata.

El amor que perdona restaura la relación... El amor que redime restaura la identidad.

El amor que perdona mira tu pecado... El amor que redime mira tu valor.

El amor que perdona te libera del pasado... El amor que redime te introduce en un futuro.

El amor que redime es la economía eterna de la Cruz.

EL AMOR... *Que Reconcilia (La Cruz como puente)*

El pecado no solo ensucia. El pecado separa. Rompe comunión. Crea distancia. Levanta muros. Corta vínculos. Desconecta al hombre de Dios, del prójimo y de sí mismo.

Por eso la Cruz no solo limpia ni solo rescata... La Cruz reconcilia.

La reconciliación es más que perdón. Más que redención. Más que restauración.

La reconciliación es volver a unir lo que estaba separado.

Por eso Pablo declara: *"Y por medio de Él reconciliar consigo todas las cosas... haciendo la paz mediante la sangre de su cruz."* (Colosenses 1:20)

La sangre no solo perdona... La sangre hace paz.

La sangre no solo limpia... La sangre construye puentes.

La sangre no solo libera... La sangre une.

El amor que reconcilia es el amor que toma dos extremos y los vuelve a juntar. Es el amor que toma al hombre y a Dios y los vuelve a acercar. Es el amor que toma al enemigo y lo convierte en hijo. Es el amor que toma al distante y lo trae a casa.

Por eso Pablo escribe: *"Estabais lejos... pero ahora en Cristo Jesús, vosotros que en otro tiempo estabais lejos, habéis sido hechos cercanos por la sangre de Cristo."* (Efesios 2:13)

Lejos → cercanos.

Separados → unidos.

Extraños → familia.

La reconciliación es el milagro de la cercanía.

El amor que reconcilia revela tres verdades profundas:

1. La reconciliación no es humana, es divina.

El hombre puede intentar reparar relaciones... Puede pedir perdón... Puede cambiar...Pero solo Dios puede reconciliar.

Porque la reconciliación no es solo restaurar una relación rota… es restaurar la comunión con el Creador.

Por eso Pablo dice: *"Dios estaba en Cristo reconciliando consigo al mundo…"* (2 Corintios 5:19)

No el hombre buscando a Dios… Dios buscando al hombre.

2. La reconciliación no solo une al hombre con Dios, une al hombre con el hombre.

La Cruz no solo derriba el muro espiritual… derriba también el muro social, emocional, relacional.

Por eso Pablo declara: *"Él es nuestra paz, que de ambos pueblos hizo uno, derribando la pared intermedia de separación."* (Efesios 2:14)

La Cruz destruye:

- orgullo
- enemistad
- resentimiento
- división
- prejuicio
- distancia

La Cruz no solo salva individuos… forma un pueblo.

3. La reconciliación no solo restaura relación, restaura identidad.

No solo vuelves a hablar con Dios… Vuelves a pertenecer a Dios. No solo vuelves a acercarte… Vuelves a ser parte.

Por eso Jesús cuenta la parábola del hijo pródigo no como historia moral, sino como reconciliación: *"Este mi hijo muerto era, y ha revivido; se había perdido, y es hallado."* (Lucas 15:24)

La reconciliación no es solo regreso… Es resurrección relacional.

El amor que reconcilia es el amor que dice:

"No quiero distancia."

"No quiero muros."

"No quiero separación."

"Quiero cercanía."

"Quiero comunión."

"Quiero familia."

"Quiero que vuelvas."

El amor que perdona limpia la culpa. El amor que redime rescata el valor. Pero el amor que reconcilia restaura la relación.

El amor que reconcilia es el amor que convierte enemigos en hijos. Es el amor que convierte extraños en familia. Es el amor que convierte distancia en abrazo.

El amor que reconcilia es la Cruz como puente.

EL AMOR… *Que Vence* ***(La victoria sobre la muerte)***

La Cruz parece derrota… Parece fracaso… Parece final… Parece silencio… Parece oscuridad.

Pero la Cruz es una trampa divina… Una emboscada eterna… Una estrategia perfecta donde el amor se disfraza de debilidad para destruir al enemigo más antiguo: la muerte.

Por eso Pablo declara con voz de triunfo: *"Sorvida es la muerte en victoria."* (1 Corintios 15:54)

- La muerte no fue evitada… Fue devorada.
- No fue esquivada… Fue vencida.
- No fue ignorada… Fue derrotada desde adentro.

El amor que vence es el amor que entra en la tumba… y sale caminando. Es el amor que baja al polvo… y se levanta con gloria. Es el amor que enfrenta la oscuridad… y la convierte en amanecer.

Por eso Jesús declara: *"Yo soy la resurrección y la vida."* (Juan 11:25)

No dice: "Yo tengo resurrección."

Ni: "Yo doy vida."

Dice: "Yo soy."

La victoria no es un evento:

- ✓ Es una persona.
- ✓ Es Cristo.
- ✓ Es amor encarnado.

El amor que vence revela tres verdades profundas:

1. La muerte no fue el final de Cristo; Cristo fue el final de la muerte.

La muerte pensó que había ganado. Pensó que había apagado la luz. Pensó que había detenido el plan. Pensó que había silenciado al Verbo.

Pero la muerte no sabía que estaba abriendo la puerta a su propia destrucción.

Por eso Pablo proclama: *"¿Dónde está, oh muerte, tu aguijón? ¿Dónde, oh sepulcro, tu victoria?"* (1 Corintios 15:55)

La pregunta no busca respuesta. Es burla. Es triunfo. Es declaración de supremacía.

2. La victoria de Cristo es victoria para nosotros.

Cristo no venció para sí mismo… Cristo venció por nosotros.

Por eso Pablo dice: *"Mas gracias sean dadas a Dios, que nos da la victoria por medio de nuestro Señor Jesucristo."* (1 Corintios 15:57)

La victoria no se gana… Se recibe.

La victoria no se conquista… Se hereda.

La victoria no se trabaja… Se abraza.

3. El amor vence porque el amor no puede morir.

La muerte solo puede tocar lo que es temporal… Pero el amor es eterno. La muerte solo puede tocar lo que es humano… Pero el amor es divino. La muerte solo puede tocar lo que es débil… Pero el amor es omnipotente.

Por eso Pedro declara: *"A quien Dios levantó, rompiendo los dolores de la muerte, por cuanto era imposible que fuese retenido por ella."* (Hechos 2:24)

Imposible.

La muerte no tenía fuerza suficiente. No tenía autoridad suficiente. No tenía derecho suficiente.

- El amor es más fuerte que la muerte.
- El amor es más profundo que la tumba.
- El amor es más poderoso que el infierno.

El amor que vence es el amor que dice:

"No te dejaré en la tumba."

"No te dejaré en la oscuridad."

"No te dejaré en el miedo."

"No te dejaré en la muerte."

El amor que perdona limpia...

El amor que redime rescata...

El amor que reconcilia une...

Pero el amor que vence libera para siempre.

El amor que vence es el amor que abre la tumba. Es el amor que rompe cadenas eternas. Es el amor que declara victoria sobre lo inevitable. Es el amor que transforma la muerte en puerta. El amor que vence es Cristo resucitado.

EL AMOR... *Que Resucita* *(La vida que vuelve a levantarse)*

La muerte no es solo un final biológico. Es un símbolo espiritual. Es la representación de todo lo que se apaga, se rompe, se enfría, se pierde, se hunde, se desvanece.

Hay muertes en el alma.

- Muertes en la fe.
- Muertes en la esperanza.
- Muertes en los sueños.
- Muertes en la identidad.
- Muertes en la relación con Dios.

Pero el amor no solo vence la muerte… El amor resucita.

Por eso Pablo declara: *"Y a vosotros, estando muertos en pecados... os dio vida juntamente con Él."* (Colosenses 2:13)

No dice: "Les mejoró la vida."

Ni: "Les corrigió la vida."

Ni: "Les limpió la vida."

Dice: "Les dio vida."

Vida donde había muerte...

Luz donde había sombra...

Movimiento donde había quietud...

Esperanza donde había vacío.

El amor que resucita no solo rompe la tumba… llama por nombre al que está dentro.

Por eso Jesús, frente a la tumba de Lázaro, no ora un discurso largo. No hace un ritual complejo. No negocia con la muerte.

Solo dice: *"¡Lázaro, ven fuera!"* (Juan 11:43)

El amor que resucita es el amor que llama. El amor que convoca. El amor que despierta. El amor que ordena vida donde la muerte reinaba.

El amor que resucita revela tres verdades profundas:

1. La resurrección no es un evento; es una persona.

Jesús no dijo: "Yo traigo resurrección."

Ni: "Yo hago resurrección."

Dijo: "Yo soy la resurrección y la vida." (Juan 11:25)

La resurrección no es un milagro externo… Es Cristo mismo entrando en la historia humana.

2. La resurrección no solo cambia el futuro; cambia el presente.

La resurrección no es solo una promesa para después de la muerte. Es una fuerza activa ahora.

Por eso Pablo declara: *"El Espíritu que levantó a Jesús de los muertos vivificará también vuestros cuerpos mortales."* (Romanos 8:11)

Vivificará → dará vida → encenderá → restaurará.

La resurrección no es solo un destino… Es una energía divina que opera hoy.

3. La resurrección no solo levanta cuerpos; levanta historias.

La resurrección no es solo un milagro físico... Es un milagro existencial.

Levanta:

- ✓ la fe que murió
- ✓ la esperanza que se apagó
- ✓ la identidad que se quebró
- ✓ la relación que se enfrió
- ✓ el propósito que se perdió
- ✓ el corazón que se cerró

Por eso Jesús dice: *"He venido para que tengan vida, y para que la tengan en abundancia."* (Juan 10:10)

Vida → no supervivencia.

Abundancia → no escasez emocional.

Plenitud → no fragmentación.

El amor que resucita es el amor que dice:

"No estás terminado."

"No estás perdido."

"No estás muerto."

"No estás roto para siempre."

"Yo te levanto."

"Yo te llamo."

"Yo te despierto."

"Yo te hago vivir otra vez."

El amor que perdona limpia. El amor que redime rescata. El amor que reconcilia une. El amor que vence libera. Pero el amor que resucita crea vida nueva.

El amor que resucita es el amor que transforma tumbas en testimonios. Es el amor que convierte finales en comienzos. Es el amor que convierte cenizas en belleza. Es el amor que convierte muerte en vida.

El amor que resucita es Cristo levantándose... y levantándote con Él.

EL AMOR... *Que Intercede* *(El amor que sigue actuando)*

La Cruz no fue el final del amor. Fue el comienzo de una nueva forma de amor.

Un amor que no solo salva... intercede.

Un amor que no solo perdona... defiende.

Un amor que no solo reconcilia... representa.

Un amor que no solo resucita... acompaña.

Por eso Pablo declara una de las verdades más gloriosas del evangelio: *"Cristo... está a la diestra de Dios, el que también intercede por nosotros."* (Romanos 8:34)

La obra de Cristo no terminó en la resurrección... Cristo no volvió al cielo para descansar... Volvió al cielo para interceder.

El amor que intercede es el amor que no se cansa. Es el amor que no se rinde. Es el amor que no se olvida. Es el amor que no abandona.

El amor que intercede es el amor que sigue hablando tu nombre en el cielo.

Por eso Hebreos declara: *"Él vive siempre para interceder por ellos."* (Hebreos 7:25)

Siempre → no a veces.

Siempre → no cuando lo mereces.

Siempre → no cuando estás fuerte.

Siempre → siempre.

El amor que intercede revela tres verdades profundas:

1. La intercesión es la continuación del sacrificio.

La Cruz fue el acto… La intercesión es la aplicación.

La Cruz fue la victoria… La intercesión es la administración de esa victoria.

Cristo no intercede para convencer al Padre. Intercede para aplicar lo que ya ganó.

Por eso Juan declara: *"Abogado tenemos para con el Padre, a Jesucristo el justo."* (1 Juan 2:1)

Abogado → defensor → representante → voz a tu favor.

Cristo no te acusa… Cristo te defiende.

2. La intercesión es el amor que sostiene al débil.

Hay días en que no puedes orar. Días en que no puedes creer. Días en que no puedes levantarte. Días en que no puedes sostenerte.

Pero Cristo sí.

Por eso Jesús le dijo a Pedro: *"Yo he rogado por ti, para que tu fe no falte."* (Lucas 22:32)

Tu fe puede fallar… La intercesión de Cristo, no.

3. La intercesión es el amor que te mantiene en gracia.

No permaneces en Cristo por tu fuerza… Permaneces en Cristo por Su intercesión. No te mantienes salvo por tu disciplina… Te mantienes salvo por Su fidelidad.

Por eso Hebreos declara: *"Puede salvar perpetuamente a los que por Él se acercan a Dios."* (Hebreos 7:25)

Perpetuamente → completamente → eternamente.

La salvación no es frágil…

La salvación no es inestable…

La salvación no depende de ti…

Depende de Él.

El amor que intercede es el amor que dice:

"No estás solo."

"No estás desprotegido."

"No estás sin voz."

"No estás sin defensa."

"No estás sin cobertura."

"No estás sin gracia."

El amor que perdona te limpia. El amor que redime te rescata. El amor que reconcilia te acerca. El amor que vence te libera. El amor que resucita te levanta…

…Pero el amor que intercede te sostiene.

EL AMOR… *Que Transforma* *(La vida después de la Cruz)*

La Cruz no solo cambia tu destino… Cambia tu vida. Cambia tu interior. Cambia tu naturaleza. Cambia tu forma de existir.

La Cruz no es solo un evento histórico. Es una fuerza transformadora que sigue actuando en el corazón humano.

Por eso Pablo declara: *"De modo que si alguno está en Cristo, nueva criatura es; las cosas viejas pasaron; he aquí todas son hechas nuevas."* (2 Corintios 5:17)

Nueva criatura → no versión mejorada.

Nueva criatura → no reparación superficial.

Nueva criatura → no maquillaje espiritual.

Nueva criatura → nuevo ser.

El amor que transforma no es cosmético… Es creacional. El amor que transforma no pule… Rehace. El amor que transforma no ajusta… Reconfigura. El amor que transforma no mejora… Resucita.

El amor que transforma revela tres verdades profundas:

1. La transformación es obra del Espíritu, no del esfuerzo humano.

El hombre puede cambiar hábitos. Puede modificar conductas. Puede ajustar decisiones. Pero solo el Espíritu puede transformar el corazón.

Por eso Pablo declara: *"Somos transformados de gloria en gloria en la misma imagen, como por el Espíritu del Señor."* (2 Corintios 3:18)

Transformados → proceso continuo.

De gloria en gloria → crecimiento progresivo.

Por el Espíritu → no por disciplina humana.

2. La transformación no es instantánea, pero es inevitable.

La salvación es instantánea... La transformación es progresiva. Pero ambas son seguras.

Donde Cristo entra, algo cambia... Donde Cristo permanece, todo cambia.

Por eso Pablo escribe: *"Cristo en vosotros, la esperanza de gloria."* (Colosenses 1:27)

Cristo en ti → transformación inevitable.

Esperanza → certeza futura.

Gloria → destino final.

3. La transformación produce un nuevo estilo de vida: el amor.

La señal de la transformación no es el conocimiento. No es la disciplina. No es la experiencia. No es la antigüedad...Es el amor.

Por eso Jesús declara: *"En esto conocerán todos que sois mis discípulos, si tuviereis amor los unos con los otros."* (Juan 13:35)

El amor no es un fruto opcional... Es la evidencia de que la transformación es real.

El amor que transforma es el amor que dice:

"No te dejaré igual."

"No te dejaré roto."

"No te dejaré en sombras."

"No te dejaré en tu versión antigua."

"Voy a rehacerte."

"Voy a renovarte."

"Voy a reconstruirte."

"Voy a formarte a Mi imagen."

El amor que perdona te limpia. El amor que redime te rescata. El amor que reconcilia te acerca. El amor que vence te libera. El amor que resucita te levanta. El amor que intercede te sostiene... Pero el amor que transforma...te convierte en alguien nuevo.

El amor que transforma es Cristo viviendo en ti... Cristo formándose en ti... Cristo expresándose a través de ti.

El amor que transforma es la vida después de la Cruz.

EL AMOR... *Que Envía (La misión del creyente)*

El amor no es estático. El amor no se queda encerrado. El amor no se guarda para sí mismo.

El amor, cuando es verdadero, se mueve, se expande, se derrama, se comparte. Por eso la vida después de la Cruz no es solo transformación interna.

Es misión.

El amor que transforma te cambia... El amor que envía te usa.

Por eso Jesús, después de resucitar, no da un discurso teológico. Da una comisión: *"Como el Padre me envió a mí, así yo os envío a vosotros."* (Juan 20:21)

El amor que envía es el amor que replica el movimiento del Padre.

El Padre envió al Hijo...

...El Hijo envía a los hijos.

La misión no nace de la obligación... Nace del amor. Por eso Pablo declara: *"El amor de Cristo nos impulsa."* (2 Corintios 5:14)

Impulsa → empuja → mueve → activa.

El amor que envía revela tres verdades profundas:

1. La misión no es una tarea; es una continuación del amor de Dios.

No predicamos para cumplir un deber... Predicamos porque el amor nos desborda.

No servimos para ganar puntos... Servimos porque el amor nos mueve.

No alcanzamos a otros por estrategia... Alcanzamos porque el amor nos quema por dentro.

Por eso Jesús declara: *"Id por todo el mundo y predicad el evangelio a toda criatura."* (Marcos 16:15)

El amor que envía no tiene fronteras...

No tiene límites...

No tiene barreras.

2. La misión no es solo hablar; es encarnar el amor.

El mundo no necesita discursos vacíos. Necesita amor visible. Necesita amor encarnado. Necesita amor en acción.

Por eso Jesús dice: *"Así alumbre vuestra luz delante de los hombres, para que vean vuestras buenas obras y glorifiquen a vuestro Padre que está en los cielos."* (Mateo 5:16)

La misión no es solo predicar...

Es vivir...

Es mostrar...

Es encarnar.

3. La misión no es individual; es comunitaria.

El amor que envía no envía a solitarios. Envía a un cuerpo. Envía a una iglesia. Envía a una familia espiritual.

Por eso Jesús ora: *"Como tú me enviaste al mundo, así yo los he enviado al mundo."* (Juan 17:18)

No dice: "Lo envío."

Dice: "Los envío."

La misión es plural… La misión es compartida… La misión es cuerpo en movimiento.

El amor que envía es el amor que dice:

"No te transformé para que te quedes quieto."

"No te salvé para que te encierres."

"No te llené para que te guardes."

"Te envío."

"Te envío con propósito."

"Te envío con poder."

"Te envío con amor."

El amor que transforma te rehace… Pero el amor que envía te convierte en testigo.

El amor que envía es Cristo diciendo:

"Ve."

"Habla."

"Sirve."

"Ama."

"Extiende lo que recibiste."

"Sé mi carta viva."

"Sé mi luz." ……. "Sé mi abrazo en el mundo."

El amor que envía es la misión del creyente.

EL AMOR... *Que Permanece* (*La vida en el Espíritu*)

Después de la Cruz, después de la resurrección, después de la misión… queda una pregunta esencial:

¿cómo se sostiene la vida espiritual? ¿cómo se mantiene el fuego? ¿cómo se conserva la comunión? ¿cómo se vive el amor día tras día?

La respuesta no es disciplina… No es fuerza de voluntad… No es emoción… No es constancia humana.

La respuesta es permanencia.

Por eso Jesús declara: *"Permaneced en mí, y yo en vosotros."* (Juan 15:4)

Permanecer → habitar → quedarse → echar raíces → vivir conectado.

El amor que permanece no es un amor que visita… Es un amor que habita.

El amor que permanece no es un amor que aparece en momentos altos… Es un amor que sostiene en los momentos bajos.

El amor que permanece revela tres verdades profundas:

1. La permanencia es obra del Espíritu, no del esfuerzo humano.

Jesús no dijo: "Esfuércense por permanecer."

Ni: "Intenten permanecer."

Dijo: "Permaneced en mí."

Y luego explicó cómo: *"El Espíritu de verdad... estará en vosotros."* (Juan 14:17)

El Espíritu no solo visita... Permanece.

...Y porque Él permanece, tú puedes permanecer.

La permanencia no es una carga... Es un regalo.

2. La permanencia produce fruto, no esfuerzo.

Jesús lo dice con claridad absoluta: *"El que permanece en mí, y yo en él, éste lleva mucho fruto; porque separados de mí nada podéis hacer."* (Juan 15:5)

El fruto no es resultado del esfuerzo... Es resultado de la conexión.

El árbol no se esfuerza por dar fruto... El árbol permanece. Y el fruto aparece.

Así es la vida en el Espíritu.

3. La permanencia es la forma más alta del amor.

El amor que permanece es el amor que no se va. El amor que no cambia. El amor que no se apaga. El amor que no se rompe.

Por eso Pablo declara: "El amor nunca deja de ser." (1 Corintios 13:8)

Nunca → ni en la prueba.

Nunca → ni en la sequía.

Nunca → ni en la noche oscura.

Nunca → nunca.

El amor que permanece es el amor que sostiene la fe. Es el amor que sostiene la esperanza. Es el amor que sostiene la vida espiritual.

El amor que permanece es el amor que dice:

"No te suelto."

"No te dejo."

"No te abandono."

"No te pierdo."

"No te cambio por nada."

"Mi Espíritu te sostendrá."

"Mi presencia será tu hogar."

"Mi amor será tu raíz."

El amor que transforma te rehace… El amor que envía te mueve… Pero el amor que permanece te sostiene.

El amor que permanece es Cristo habitando en ti… y tú habitando en Él.

El amor que permanece es la vida en el Espíritu.

EL AMOR... *QUE VUELVE (La esperanza escatológica)*

El amor no solo tiene pasado. No solo tiene presente. El amor tiene futuro.

La historia no termina en la Cruz. No termina en la resurrección. No termina en la misión. No termina en la iglesia.

La historia termina con el regreso del Amor.

Por eso Jesús declara con absoluta claridad: *"Vendré otra vez."* (Juan 14:3)

No dice: "Quizás."

Ni: "Si todo sale bien."

Ni: "Si el mundo lo merece."

Dice: "Vendré."

El amor que vuelve es el amor que no abandona la historia. Es el amor que no deja al mundo en manos del caos. Es el amor que no permite que la injusticia tenga la última palabra. Es el amor que regresa para restaurarlo todo.

Por eso los ángeles, en la ascensión, anuncian: *"Este mismo Jesús... así vendrá como le habéis visto ir."* (Hechos 1:11)

- ✓ El mismo Jesús.
- ✓ El mismo amor.
- ✓ La misma gloria.
- ✓ La misma ternura.
- ✓ La misma voz.
- ✓ El mismo rostro.

El amor que vuelve revela tres verdades profundas:

1. El regreso de Cristo es la culminación del amor.

La primera venida fue redención… La segunda venida será restauración.

La primera venida fue humildad… La segunda venida será gloria.

La primera venida fue semilla… La segunda venida será cosecha.

Por eso Apocalipsis declara: *"He aquí, viene con las nubes, y todo ojo le verá."* (Apocalipsis 1:7)

El amor que vuelve no será secreto…

Será visible…

Será universal…

Será innegable…

2. El regreso de Cristo es la esperanza que sostiene al creyente.

La esperanza cristiana no es optimismo. No es pensamiento positivo. No es evasión emocional.

La esperanza cristiana es una persona que vuelve.

Por eso Pablo escribe: *"Aguardando la esperanza bienaventurada y la manifestación gloriosa de nuestro gran Dios y Salvador Jesucristo."* (Tito 2:13)

Esperanza → no incertidumbre.

Bienaventurada → gozosa, segura, firme.

Manifestación → aparición visible.

El amor que vuelve es la esperanza que sostiene al alma en la noche.

3. El regreso de Cristo es justicia perfecta y amor perfecto al mismo tiempo.

El mundo clama por justicia… El corazón humano clama por restauración… La creación clama por liberación.

Y Cristo volverá para responder a todos esos clamores.

Por eso Pedro declara: *"Nosotros esperamos, según sus promesas, cielos nuevos y tierra nueva, en los cuales mora la justicia."* (2 Pedro 3:13)

La justicia no será un concepto…

Será un ambiente…

Será un hogar…

Será la atmósfera de la eternidad.

El amor que vuelve es el amor que dice:

"No te dejaré en este mundo roto."

"No te dejaré en esta historia incompleta."

"No te dejaré en esta lucha eterna."

"Volveré por ti."

"Volveré para restaurarlo todo."

"Volveré para hacer nuevas todas las cosas."

"Volveré porque te amo."

El amor que transforma te rehace…

El amor que envía te mueve…

El amor que permanece te sostiene…

Pero el amor que vuelve te promete un final glorioso.

El amor que vuelve es Cristo regresando… no para juzgarte como enemigo, sino para abrazarte como hijo.

El amor que vuelve es la esperanza escatológica.

EL AMOR… *Que Corona* (*La consumación final*)

Toda historia tiene un final. Pero la historia del amor de Dios no termina en silencio, ni en sombra, ni en incertidumbre.

Termina en gloria.

La Cruz fue el inicio… La resurrección fue la victoria.

El Espíritu fue la compañía… La misión fue el movimiento.

La permanencia fue la estabilidad… El regreso será la restauración.

Pero la consumación final… es corona.

Por eso Pablo declara: *"Por lo demás, me está guardada la corona de justicia, la cual me dará el Señor, juez justo, en aquel día."* (2 Timoteo 4:8)

La corona no es un premio por desempeño… Es un regalo de amor… Es la afirmación final del Padre sobre sus hijos… Es la declaración eterna de que la historia terminó bien.

El amor que corona no es orgullo.

- ❖ Es plenitud.
- ❖ Es culminación.
- ❖ Es consumación.

El amor que corona revela tres verdades profundas:

1. La corona es identidad consumada.

Aquí somos hijos… Allá seremos hijos manifestados.

Aquí somos herederos… Allá seremos herederos coronados.

Por eso Juan declara: *"Seremos semejantes a Él, porque le veremos tal como Él es."* (1 Juan 3:2)

La corona no es un objeto… Es una transformación final… Es la identidad plenamente revelada.

2. La corona es victoria eterna.

La vida cristiana tiene luchas. Tiene pruebas. Tiene lágrimas. Tiene noches. Tiene heridas.

Pero ninguna de esas cosas tiene la última palabra.

Por eso Apocalipsis declara: *"Sé fiel hasta la muerte, y yo te daré la corona de la vida."* (Apocalipsis 2:10)

La corona no es solo recompensa...

Es vida eterna…

Es victoria definitiva…

Es triunfo irreversible.

3. La corona es amor celebrado.

La eternidad no será un tribunal… Será una boda.

Por eso Juan escribe: *"Gocémonos y alegrémonos... porque han llegado las bodas del Cordero."* (Apocalipsis 19:7)

La corona es celebración:

- ✓ Es fiesta.
- ✓ Es unión.
- ✓ Es comunión perfecta.
- ✓ Es amor sin velos.
- ✓ Es amor sin distancia.
- ✓ Es amor sin fin.

El amor que corona es el amor que dice:

"Lo lograste."

"Llegaste."

"Terminaste la carrera."

"Guardaste la fe."

"Mi gracia te sostuvo."

"Mi Espíritu te formó."

"Mi presencia te acompañó."

"Mi amor te trajo hasta aquí."

El amor que transforma te rehace… El amor que envía te mueve… El amor que permanece te sostiene… El amor que vuelve te promete… Pero el amor que corona… te recibe.

El amor que corona es Cristo extendiendo la mano, mirándote a los ojos, y diciendo: *"Bien, buen siervo y fiel... entra en el gozo de tu Señor."* (Mateo 25:23)

El amor que corona es la consumación final...

Es el cierre perfecto...

Es el destino eterno...

Es la gloria que no termina.

"Y les he dado a conocer tu nombre, y lo daré a conocer aún, para que el amor con que me has amado, esté en ellos, y yo en ellos."

(Juan 17:26)

www.ingramcontent.com/pod-product-compliance
Lightning Source LLC
LaVergne TN
LVHW010628110826
845149LV00014B/2803

9798993756875